어느 시장에서 사업을 할 것인가

가장 가치 있는
시장기회를 발견하는 3단계
시장기회내비게이터

WHERE TO PLAY

저자 Marc Gruber · Sharon Tal
역자 변남석 · 함성훈 · 박재현 · 최용석

도서출판 청람

Where to Play by Marc Gruber and Sharon Tal

Authorized translation from the English language edition, entitled WHERE TO PLAY is published by arrangement with Pearson Education Limited.

추천의 글

"Mark와 Sharon이 제안한 시장기회내비게이터는 우리의 사업모델캔버스 및 가치제안캔버스와 매끄럽게 연결되어 쓸 수 있도록 설계되어 창업자와 혁신가들이 기술을 사업화할 수 있도록 도와줄 것이다. 당신이 시장기회를 보다 더 잘 식별하고, 평가하고, 전략을 세우고자 한다면, 이 매우 실용적인 워크시트, 맵 그리고 목표도에 큰 관심을 가지고 즐겁게 사용할 것이다. Marc와 Sharon의 생각과 더불어 도구 모음과 사례 연구의 매력에 빠져보라."

Alex Osterwalder와 Yves Pigneur, 베스트셀러 〈*Business Model Generation*〉의 서사

"창업 분야에서 세계적으로 저명한 두 전문가가 창업자를 위해 시장기회에 대해 '어떻게 접근할까'라는 책을 쓴다면, 이는 정말 매우 가치 있는 책일 수밖에 없다. Marc Gruber와 Sharon Tal은 초보 창업자와 경험 있는 창업자에게 딱 맞는 책을 만들었다. 이 책은 시장기회를 식별하는 단계별 계획과 매우 가치 있는 팁을 포함하고 있다. 린스타트업 방법론과 사업모델캔버스를 보완하는 가치 있는 책이다!"

Eric von Hippel, 매사추세츠 공과대학교 슬로안(Solan)경영대학원, T. Wilson 혁신 교수

"기업가정신 사상가로부터 시장기회의 핵심 사항에 대해 혁신적인 사고를 하는 단계별 안내서가 나왔다. 다른 사람의 이야기라는 일반적인 사례에 의존하지 않고, 저자들은 독자들이 주도적으로 자신의 기회를 창출하고, 평가하고 실행할 준비를 하도록 격려하고 있다. 기업가정신 책 중 이보다 더 실무적으로 유용한 책을 본 적이 없다."

Dean A. Shepherd, 노트르담대학교 멘도자(Mendoza)경영대학, Ray and Milann Siegfried 기업가정신 교수

"Gruber와 Tal은 창업자가 실행에 들어가기 전에 그들의 기회를 식별하고 분석하는 시각적으로 흥미로운 방법을 고안했다. 이 책은 사업모델캔버스 및 린스타트업 방법론과 아주 좋은 짝을 이룬다. 그리고 무엇보다 이 책은 어떻게 집중을 할지와 무엇을 하지 않을지도 말해준다!"

Henry Chesbrough, 캘리포니아 버클리대학교 하스(Haas)경영대학원 교수, 〈*Open Innovation*〉 저자

"사려 깊은 연구와 설득력 있는 사례를 사용해서 〈어느 시장에서 사업을 할 것인가(*Where to play*)〉는 신규 벤처를 론칭할 때 집중과 유연성의 균형을 어떻게 잡을 것인가에 중요한 안내를 제공한다. 이 책은 린스타트업모델에 기반해 어떤 시장을 먼저 공략할 것인지에 대해 의미 있는 통찰을 제공한다."

Tina Seelig, 스탠퍼드대학교 공과대학 실무교수

"〈어느 시장에서 사업을 할 것인가(*Where to play*)〉는 야심찬 창업자가 반드시 대답해야 하는 가장 어려운 질문 중 하나에 대해 바로 공략을 한다: '어떤 목표시장에 진입해야 하는가?' 이 책은 시각적이고, 적용하기 쉬우며, 상식으로 가득 차 있다. 만약 내가 오늘 사업을 시작해야 한다면, 나는 이 책 없이는 출발점을 떠나지 않겠다."

John Mullins, 런던경영대학교 교수, 베스트셀러 〈*The New Business Road Test*〉와 〈*The Customer-Funded Business*〉 저자

어느 시장에서 사업을 할 것인가

가장 가치 있는 시장기회를 발견하는 3단계

차례

저자 소개 | viii
감사의 글 | x
저작권 인용 감사 | xi
역자 머리말 | xii
이 책의 효과적인 활용을 위한 용어 설명 | xiv

PART 01 **개요**
1.1 올바른 방향으로 달리고 있는가 | 2
1.2 시장기회내비게이터 핵심 요약 | 12

PART 02 **시장기회내비게이터:** 가장 가치 있는 시장기회를 발견하는 3단계
2.1 시장기회발굴 | 27
2.2 시장기회매력도평가 | 51
2.3 민첩집중전략설계 | 103

PART 03 **시사점 및 추가적인 혜택**
3.1 민첩집중전략의 시사점 | 159
3.2 진행 중에 시장기회내비게이터 사용 | 166
3.3 다른 도구와 함께 시장기회내비게이터 사용 | 168

04 **스타트업을 넘어:** 다음 사람들을 위한 시장기회내비게이터

4.1 기존 기업을 위한 시장기회내비게이터 | 179

4.2 투자자를 위한 시장기회내비게이터 | 184

4.3 기술이전부서를 위한 시장기회내비게이터 | 186

4.4 교육자와 액셀러레이터를 위한 시장기회내비게이터 | 188

05 **맺음말:** 시장기회내비게이터의 시장기회내비게이터 | 193

워크시트 | 209

찾아보기 | 214

저자 소개

〈어느 시장에서 사업을 할 것인가(*Where to Play*)〉는 시장기회내비게이터라고 부르는 견고한 토대를 가진 새로운 사업 도구를 제시한다. 이 책은 15년 이상의 엄밀한 연구를 기반으로 창업자들을 컨설팅하고 가르친 실무 경험과 결합하여 개발되었다. 시장기회내비게이터의 기초를 이루는 논리를 개발하면서 다양한 산업 및 국가의 수많은 사례를 연구하고 분석했다. 그 결과는 단순하고 매력적인 도구로, 충실한 의사결정을 도와주는 적절한 깊이를 가지고 있다.

Marc Gruber는 혁신, 기업가정신과 기술사업화 분야의 세계적 연구자다. 그는 스위스 로잔에 있는 스위스 연방공과대학(EPFL)의 부총장으로 기업가정신과 기술사업화과정의 책임자이다. 그는 경영학 분야 실증 연구 저널 중 1위인 〈*Academy of Management Journal*〉의 부편집장을 역임했다. 그는 혁신적인 연구를 인정받아 다수의 '사상가(Thought Leader)'상을 수상했다. Marc는 유럽, 미국과 아시아에서 강의, 컨설팅, 고위경영자 교육 프로그램에 관여하고 있으며, 정기적으로 유럽 전역의 스타트업과 사내기업가정신 경연대회의 심사위원으로 참여하고 있다.

Sharon Tal은 이스라엘 테크니온(Technion) 공과대학 기업가정신센터의 공동 설립자이자 전 책임자이며, 하이테크 스타트업의 마케팅 분야에서 저명한 강사이다. 그녀는 학생들과 스타트업을 대상으로 정기적으로 세미나와 워크샵을 개최하며,

창업자를 도와주는 많은 기관에 멘토로 봉사하고 있다. Sharon은 마케팅에 풍부한 경험이 있으며, 여러 산업 분야의 회사에서 마케팅 관리자로 근무했다. 그녀는 또한 전략컨설팅에도 해박한 경험이 있다. 그녀의 박사학위는 수많은 스타트업의 진입 의사결정이 성과 및 유연성에 미치는 결과를 연구했다.

감사의 글

이 책을 쓰는 것은 수많은 피드백, 반복 그리고 시험하는 과정이었다. 특별히 우리는 수년간에 걸쳐 귀중한 피드백과 고무적인 논의를 해준 다음 사람들에게 감사를 표한다: Ayala Berenson, Tali Hadasa Blank, Bart Clarysse, Erwin Danneels, Shirah Foy, Marc Grandillon, Uzi de Haan, Yonathan Lerner, Ian MacMillan, John Mullins, Argyro Nikiforou, Alex Osterwalder, Nettra Pan, Yves Pigneur, Keren Rubin, Galia Schwartz, Gal Shaul, Jana Thiel, James Thompson과 Saar Yoskovitz. 이 책에 있는 아이디어를 구체화하도록 여러분들이 도와준 것에 대해 우리는 정말 감사합니다!

우리는 그리고 이 책을 실재하도록 만드는 데 도와준 사람들에게 감사드린다. 특별히 우리는 출판사의 지원에 감사드리고, 특히 Eloise Cook과 그녀의 전문적인 팀에 감사드린다. 우리는 또한 이 책의 처음 개요부터 마지막 상세한 내용까지 같이한 디자이너 Dana Shimoni에게 큰 감사를 드린다. Dana, 당신이 최고에요!

가장 중요하지만 마지막으로 우리는 수년간에 걸친 우리 가족의 끝없는 지원에 감사를 드린다. 책을 쓰는 것은 긴 여정인데 가족들은 우리에게 크나큰 격려와 영감을 주며 같이 걸었다. 우리 가족들이 없었다면 이 책은 쓸 수 없었을 것이다!

저작권 인용 감사

저자들은 다음 저작권 자료를 사용할 수 있게 해주어 감사드린다.

도표

3.3절 〈*Business Model Generation*〉(Osterwalder, A., Pigneur, Y., In Clark, T. & Smith, A., 2010), Strategyzer(https://strategyzer.com); 3.3절 〈*Value Proposition Design*〉, Hoboken Wiley(Osterwalder, A., Pigneur, Y., Bernarda, G. & Smith, A., 2015). Strategyzer(https://strategyzer.com)

사진과 그림

출판사는 다음 사진과 그림을 사용할 수 있게 해주어 감사드린다.

Saar Yoskovitch/Gal Shaul/Augury, FLYABILITY SA, FujiFilm Holdings Corporation, Marc Gruber/Sharon Tal

역자 머리말

역자들이 이 책에 관심을 가지게 된 계기는 세계적인 창업 열풍과 많은 유니콘 기업의 성공 사례를 접하면서, 어떻게 하면 한국에서도 다양한 창업활동에 이 책의 내용을 접목시켜서 스타트업의 성공 가능성을 높일 수 있을까 고민하면서 시작되었다.

지금까지 창업을 위한 다양한 책들이 출판되었다. 대부분 기업가정신 및 창업 프로세스에 대한 내용 중심으로 서술되었고 실무적인 측면에서는 사업모델설계 및 고객개발을 강조한 린스타트업 방법론이 많이 소개되었다. 반면에 4차 산업혁명 시대에 다양한 융복합기술의 출현으로 시장기회를 초기부터 명확하게 정의하기 어렵게 되었고 빠른 시장기회의 변화는 창업자와 기업에게 항상 준비된 상태를 요구하게 된다. 이에 따라 아이디어를 빨리 구현, 검증하는 개발과정뿐 아니라 어떤 시장기회를 추구할 것인지 검토하는 앞 단계의 활동이 더욱 중요해졌다.*

이 책의 원 저자들은 시장기회 탐색의 관점에서 수십년간 스타트업의 성공요인에 대한 연구와 창업자들을 컨설팅하고 가르친 실무 경험을 바탕으로 저술하였으며, 역자들 또한 대학에서 창업교육을 하고, 직접 스타트업을 창업하거나 기업에서 신사업을 개발한 경험으로 이 책의 유용함을 높게 평가하게 되었다.

이 책은 기존의 창업 프로세스, 린스타트업 방법론과 연결하여 시장기회를 보는 새롭고 쉬운 프레임워크와 도구를 소개하는 것으로 그 접근방법이 매우 매력적이다. 이 책은 시장기회를 발굴, 평가하고, 추진전략을 수립하는 3단계를 제시하며, 단계별로 워크시트와 상세 검토방법 그리고 실제 스타트업들의 사례를 통해 쉽게 따라 하며 마치 창업의 바다를 항해할 때 내비게이터처럼 활용할 수 있도록 구성되어 있다.

---

* Steve Blank. How to Stop Playing "Target Market Roulette": A new addition to the Lean toolset. https://steveblank.com/2019/05/07/how-to-stop-playing-target-market-roulette-a-new-addition-to-the-lean-toolset/

이 책은 혁신을 사업화하는 스타트업뿐 아니라 기존 기업에서의 사내벤처나 신사업 개발, 연구기관 및 대학교에서의 기술사업화에도 유용하게 활용할 수 있다. 또한 대학교, 액셀러레이터 등에서 창업자나 예비창업자 교육에 활용할 수 있다. 특히 현재 창업을 시작하는 사람들뿐 아니라 기존에 사업을 하고 있는 사람들도 새로운 시장기회에 대한 고민을 할 때 한 단계씩 따라 하면서 진행할 수 있을 것이다.

이 책의 출간을 지원해주고 온라인 강의를 제작하여 벤처창업과정에 활용해준 중앙대학교 창업교육지원센터에 감사드린다. 또한 번역 출판을 흔쾌히 결정해준 도서출판 청람 이수영 대표와 책의 활용이 쉽도록 복잡한 용어와 워크시트, 도표를 깔끔하게 편집해준 편집관계자 여러분께도 감사드린다.

2021년 5월

역자 일동

이 책의 효과적인 활용을 위한 용어 설명

이 책에는 3개의 워크시트와 3개의 도해도가 활용된다. 독자들이 이 책을 최대로 활용하는 데 도움이 되도록 이 책에서 사용하는 핵심 용어를 먼저 소개한다. 용어는 가능한 스타트업과 기존 기업에서 일반적으로 활용하는 것을 그대로 사용하였으며 일부는 원 저작의 의미를 명확히 하기 위해 한글과 영어가 병기된 표현을 사용하였다. 상세 내용은 본문 1.2 시장기회내비게이터 핵심 요약을 보기 바란다.

시장기회내비게이터(Market Opportunity Navigator)

창업과정에서 시장기회를 발굴, 평가하고, 우선순위를 정하는 일련의 과정을 안내하는 것으로, 마치 내비게이터가 항해할 때 방향을 정하고 진로를 안내하는 도구로 활용되는 것처럼 창업과정에서 가장 매력적인 시장기회를 찾아가는 것을 도와주는 도구라는 의미로 용어를 정했다. 내비게이터는 항해사, 조종장치 등으로 번역되나 이 책에서는 '내비게이터(Navigator)'를 원어 그대로 사용하였다.

시장기회(Market Opportunity)

사업기회(Business Opportunity)는 일반적인 기회 또는 초기 단계의 넓은 범위의 기회를 의미하는 반면에, 시장기회는 사업기회가 구체화된 특정한 애플리케이션과 고객세그먼트가 결합된 것을 의미한다. 이 책에서는 '시장기회'라는 용어를 사용한다.

시장기회세트(Market Opportunity Set)

발굴한 여러 시장기회 대안의 모음이다. 세트(Set)를 원어 그대로 사용하였다.

매력도맵(Attractiveness Map)

시장기회의 잠재력과 난이도를 평가한 것을 2×2 도표에 시각화하여 표시한 것이다. 맵(Map)을 원어 그대로 사용하였다.

민첩집중전략(Agile Focus Strategy)

시장기회를 추진할 때 하나의 대안만이 아니라 그 다음 성장대안과 실패할 경우 예비대안을 초기부터 같이 고려하는 전략을 말한다. 이를 통해 우선순위가 가장 높은 시장기회에 집중하면서도(Focus) 다음 단계에 민첩하게(Agile) 대응할 수 있게 된다. 애자일(Agile)은 일반적으로 원어 표현대로 사용하나 집중전략과 결합해서 이 책에서는 '민첩집중전략'으로 사용하였다.

민첩집중목표도(Agile Focus Dartboard)

민첩집중전략을 알기 쉽게 시각화한 도표이다. 집중하는 전략을 표현하기 위해 원저작에서는 다트보드 과녁판을 사용했으나 이 책에서는 목표도로 번역하여 '민첩집중목표도'라고 사용하였다.

"창업자의 딜레마: 집중, 집중, 집중 – 그런데 어디에?"
David Roth, 포브스 매거진

"집중에 대해 생각할 때 가장 어려운 것.
집중은 '예'라고 말하는 것이라고 생각한다.
그러나 집중은 '아니다'라고 말하는 것이다."
Steve Jobs, 애플 공동창업자

"발명하는 것은 집요함과 유연함을
둘 다 거의 동시에 가지는 것이다.
어려운 것은 어느 쪽을 언제 택하느냐다!"
Jeff Bezos, 아마존 창업자

"당신은 더 좋은 아이디어가 나올 때 알아볼 준비가
되어 있어야 한다.
그리고 그때 가장 어려운 것은 때로는
그 전의 아이디어를 버리는 것이다."
Paul Graham, Y콤비네이터 공동창업자

**만약 당신이 이런 어려움을 조금이라도 겪었다면,
이 책이 필요하다.**

이 책에서 시장기회내비게이터를 제공한다:
다음 작업을 도와줄 것이다.

유망한 시장기회를 발견하여

시장기회의 가치를 평가하고

전략적 중점을 현명하게 설정해서

초점을 잃지 않고 민첩성을 유지하면서
올바른 방향으로 달려라!

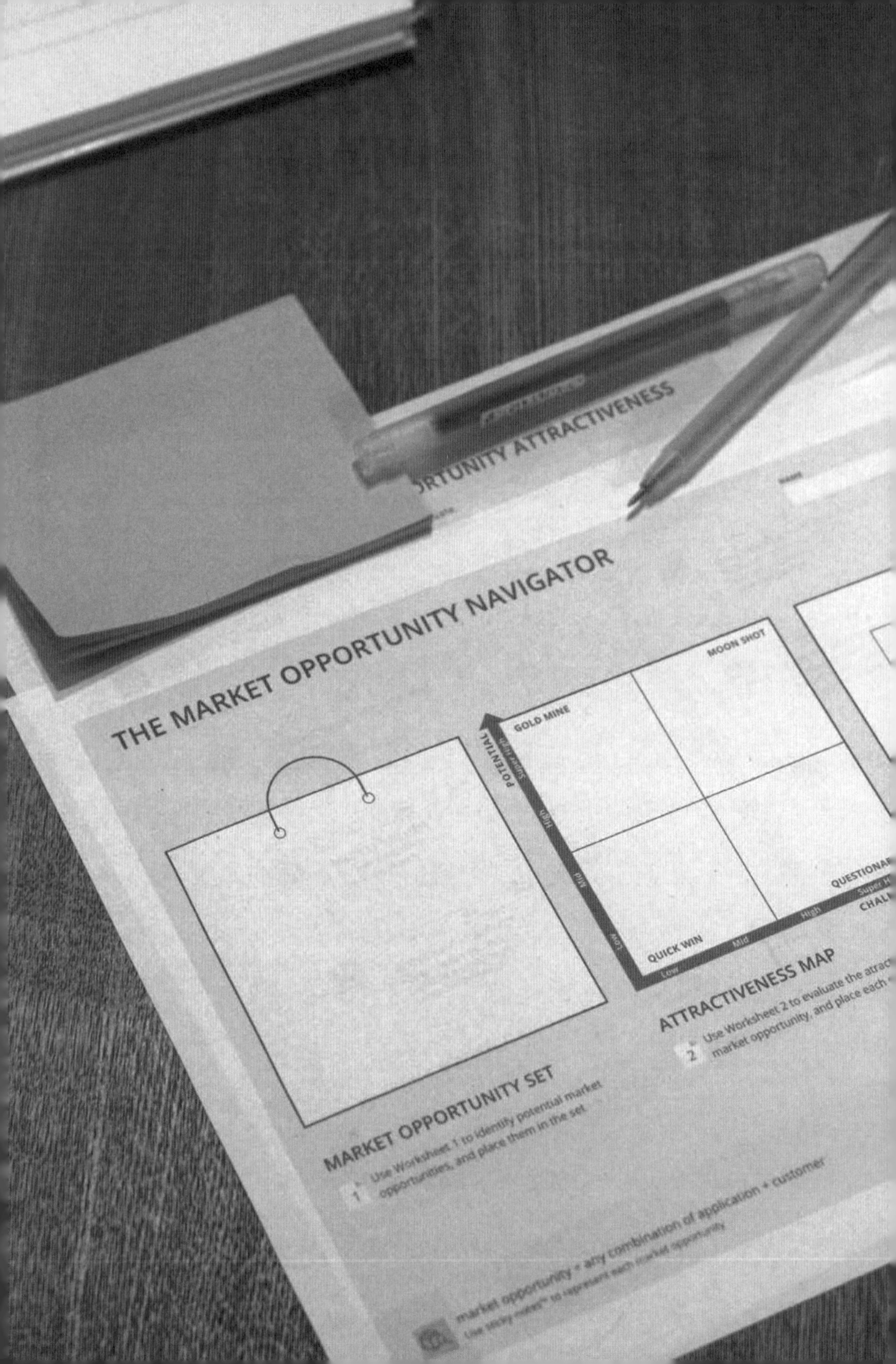
THE MARKET OPPORTUNITY NAVIGATOR
GOLD MINE
MOON SHOT
POTENTIAL
QUICK WIN
ATTRACTIVENESS MAP
MARKET OPPORTUNITY SET
Use Worksheet 1 to identify potential market opportunities, and place them in the set
market opportunity = any combination of application + customer

1

개요

1.1 올바른 방향으로 달리고 있는가
1.2 시장기회내비게이터 핵심 요약

1.1 올바른 방향으로 달리고 있는가

혁신적인 아이디어를 사업화하는 것은 끝이 없는 달리기와 같다

혁신적인 아이디어를 사업화하는 것은 장애물을 계속 만나면서도 앞으로 나가는 시도를 하며 진척을 이루는 것인데, 이는 끝없는 노력이 필요하다. 그것은 단지 뛰는 것이 아니다. 창업자와 혁신가는 더 빨리 뛰도록 훈련받는다. 신제품이나 서비스의 수용에 시간은 가장 강력한 적이다. 속도는 혁신이 성공하기 위한 결정적인 요소이다.

그런데 제대로 된 방향이 아니라면 그냥 달리든 더 빨리 달리든 쓸모없는 일이다. 가치 있는 시장기회를 추구하지 않거나 적합한 시장에서 사업을 하지 않는다면 당신과 다른 사람의 시간, 에너지, 자원을 낭비하는 것이다.
그러나 적합한 방향을 찾는 것이 항상 명백하지는 않다. 당신의 고유한 자원과 역량이 특정 고객군들의 니즈를 충족해서 벤처의 잠재적인 시장기회를 여러 개 만들어 낼 수도 있을 것이다. 또는 당신의 창업과정에 여러 경로를 만들 수도 있을 것이다.

빨리 달리기 전에 먼저 적합한 방향인지 확인하라. 왜냐하면 …

다른 경로는 다른 결과를 가져온다

시장기회들은 가치창출 잠재력, 즉 당신이 매출을 하고 성공할 수 있는 역량이라는 측면에서 모두 다르다.

당신이 선택하는 시장에 따라 벤처가 결정된다

당신이 선택하는 시장에 따라 벤처의 여러 요소가 형성될 것이다. 그 결정은 특히 상당한 투자가 필요한 경우에는 되돌리기가 쉽지 않을 것이다.

스스로에게 다음과 같은 것을 질문해보았는가

- □ 블록버스터 기회를 어떻게 알아볼 수 있을까?
- □ 그런 기회를 놓쳤는가?
- □ 불확실성이 클 경우에 어떻게 가장 가치 있는 대안을 알아볼 수 있을까?
- □ 그럴듯해 보이는 기회들을 어떻게 포기할 수 있을까?
- □ 동시에 여러 기회를 추구해야 하는가?

시장기회내비게이터는 시장 선택과 가장 가치 있는 시장기회들을 체계적으로 찾도록 도와줄 것이다.

요약: 시장기회내비게이터는 당신이 제대로 된 방향으로 달리도록 도와줄 것이다.

당신은 어느 한 방향에 묶여있지는 않는가

일단 당신의 방향을 선택하면 페이스를 늦추지 않고도 민첩함을 유지하도록 해야 한다. 당신의 노력, 자원, 관심을 선정한 경로를 나가는 데 집중해야 한다. 그와 동시에 필요한 경우 경로를 변경할 수 있도록 역량을 키워야 한다.

왜냐하면 미처 예상하지 못한 일들이 일어날 수 있기 때문이다: 최선의 노력을 기울여 가장 유망한 경로를 선택하더라도 막다른 골목에 막힐 수 있으며 피봇(pivot)을 해야 할 때도 있을 것이다; 또는 더 매력적인 새로운 기회를 발견할 수도 있을 것이다; 아니면 단지 다음 성장기회를 보다 효율적이고 효과적으로 활용할 수도 있을 것이다. 요약하면 당장은 볼 수 없지만 새로운 교차점이 나타날 수 있으며 그것들을 최대한 활용할 수 있도록 해야 한다는 것이다.

선택한 방향으로 달리면서도 민첩하다는 것은 무슨 뜻인가? 그것은 당신이 가진 대안을 이해하면서 몇 개는 변화 가능성에 대해 지금은 열어놓아야 한다는 것이다. 그래서 향후에 다른 좋은 기회를 추구하지 못하게 되지 않도록 하는 것이다.
선택한 대안의 가능성을 의식적으로 열어둔다면 좀 더 모듈화된 기술을 개발하거나 지적재산권을 넓게 구축하거나 또는 브랜드 이름을 나중에 다른 방향으로 전환할 수 있도록 할 수 있을 것이다. 그렇게 하면 향후 좀 더 유연하게 활용할 수 있는 자원과 역량을 구축할 수 있을 것이다.

스타트업들은 특히 민첩하면서도 집중하는 것이 매우 중요하다. 자원을 집중하면서도 다른 경로를 열어놓지 못하고, 변화에 대응하지 못하거나 효율적으로 적응하지 못하면 창업의 경주에서 질 수밖에 없다.

혁신가의 도전과제: 집중과 민첩성

스스로에게 다음과 같은 것을 질문해보았는가

- □ 시장 선택이 그렇게 중요하다면 어떻게 헤징할 수 있는가?
- □ 어떻게 날카롭게 집중하면서도 동시에 유연할 수 있는가?
- □ 선택한 경로에 대한 자신감을 깨뜨리는 새로운 정보에 어떻게 대응해야 하는가?
- □ 경로의 다음 갈림길에서는 어떻게 해야 하는가?

시장기회내비게이터는 기회를 전략적으로 구분하고 어떤 대안을 예비대안이나 추가 성장을 위한 대안으로 남겨놓을지 결정하는 데 도움을 줄 것이다. 그렇게 해서 집중하면서도 동시에 민첩함을 유지할 수 있게 해준다.

시장기회 선택을 도와주는 3단계

이 책은 당신의 시장기회전략을 설계하고 목표시장을 선택하는 데 필요한 3단계를 안내해줄 것이다.

1. 넓게 탐색한다

어떤 시장기회들이 있는가?

달리기 전에 당신이 있는 곳의 지형을 이해하고 가능한 경로들을 찾는 것이 중요하다. 1단계는 다양한 대안들을 만들어내기 위해 시장기회들을 체계적이고 폭넓게 탐색하는 방법을 안내해줄 것이다.

2. 깊게 평가한다

가장 매력적인 시장기회들은 어떤 것인가?

다음은 대안들을 평가하고 장점과 단점을 이해하는 것이 핵심이다. 2단계에서는 어떻게 기회들을 평가해서 편견 없이 매력도를 비교할 수 있는지 안내할 것이다.

3. 전략을 수립한다

어떤 시장기회에 집중해야 하는가?

이 단계는 현명하게 선택하는 단계이다. 가장 유망한 대안에 집중하는 것만이 아니라 민첩함을 유지하는 방법이다. 3단계는 최소 노력으로 위험을 줄이고 가치창출을 최대화하는 민첩집중전략을 수립하도록 안내해줄 것이다.

전체적으로 이 책은 실무적으로 아래 과정을 진행하도록 해줄 것이다.

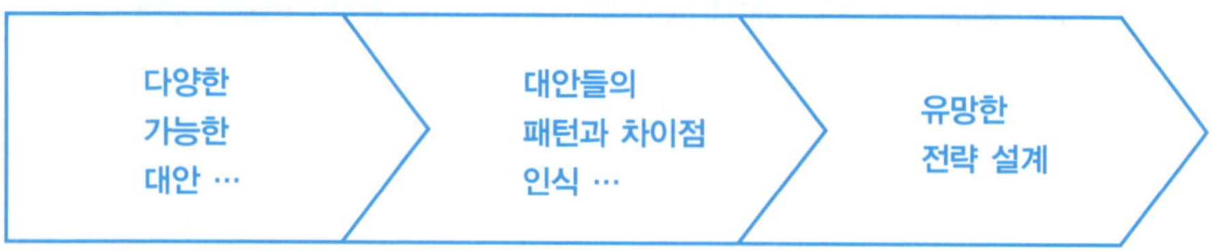

불확실성하에서 사업화 노력을 관리

민첩집중전략은 바로 추진할 시장기회와 예비대안이나 성장대안으로 남겨놓을 기회를 명확히 정의해서 불확실성하에서 통찰력과 민첩함을 갖추고 스타트업을 경영할 수 있도록 해줄 것이다.

이러한 포트폴리오는 적합한 방향으로 달리면서도 민첩함을 유지하기 위해서는 필수적이다. 그 포트폴리오는 궁극적으로 당신 회사를 어떻게 설계하고 만들 것인가에 대해 중대한 시사점을 줄 것이다.

당신이 다음을 하기 전에 …

□ 기술개발
□ 특허출원
□ 신규 직원 채용
□ 이해관계자 관여
□ 회사문화 육성
□ 브랜드 이름 선정
□ 마케팅 자료개발

☑ 시장기회내비게이터를 적용하고 민첩집중전략을 설계하라!

가치창출 잠재력을 향상시켜라

3단계의 시장기회내비게이터는 …

의사결정을 지원해준다

가치 있는 기회를 식별하고 가치창출 잠재력을 높이는 정보에 기반한 의사결정을 가능하게 해준다. 편견이 적게 투영되고 직관에 너무 의존하지 않는 의사결정이 가능하다.

공통의 언어를 만들어준다

팀원 및 이해관계자들과 의사소통하고 공유하고 토론할 수 있게 해주고, 학습을 촉진시키고, 당신의 잠재력을 보여주고 좀 더 쉽게 합의를 이룰 수 있게 해준다.

지속적으로 안내를 제공해준다

시간이 경과하며 경로에 갈림길이 나오거나, 새로운 정보에 의해 기존 전략에 의심이 들 때마다 과거와 현재의 의사결정을 추적하고 유지해주며 업데이트해준다. 인생의 다른 일에 있어서 길잡이처럼, 시장기회내비게이터는 필요하면 경로를 다시 계산할 수 있게 도와줄 것이다. 당신의 학습도우미이다

시장기회내비게이터는 다음 조직에서 활용할 수 있다

스타트업

불확실성하에서 스타트업은 종종 성공에 이르는 경로를 찾기 위해 헤맨다. 스타트업은 제한된 자원으로 가장 가치 있는 기회에 집중하면서 다른 한편으로는 다른 기회에도 헤징을 해야 한다. 시장기회내비게이터는 창업자들이 창업과정에서 대안을 식별해서 매핑해보고 성공으로 이르는 경로를 선택할 수 있도록 도와줄 것이다.

기존 기업

기존 기업은 종종 현 자산으로 얻을 수 있는 가장 가치 있는 기회를 만들고 성장기회를 식별하는 데 어려움을 겪을 수 있다. 시장기회내비게이터는 기존 기업들이 다음 큰 사업기회가 무엇인지를 찾고 혁신과정을 현명하게 관리해서, 기업가적인 노력의 성공 가능성을 높이도록 도와줄 수 있다.

기술이전부서

연구기관은 종종 혁신적인 기술들을 어떻게 사업화하거나 분사시킬지 고민한다. 잠재력이 있는 응용 분야와 고객을 찾아내는 것은 매우 어렵지만 이런 기관들에게 중요하다. 시장기회내비게이터는 연구기관의 혁신결과를 특허출원하고 어떻게 누구에게 라이선스해야 할지 결정하는 데 도움을 줄 것이다.

투자자

투자자들은 항상 유망한 사업을 찾고 있다. 특정한 시장기회에 투자하려고 하지만 또한 민첩함의 가치를 중요하게 여긴다. 투자자들은 시장기회내비게이터를 기회의 매력도를 평가하고 관심 있는 기회가 생겼을 때 관련 포트폴리오를 만드는 것을 촉진하는 선별 도구로 이용할 수 있다.

교육자, 액셀러레이터

대학에서 창업과정, 기술사업화를 가르치고 있든가 액셀러레이터(accelerators)나 인큐베이터(incubators)에서 창업자를 지원해주고 있든가, 이 책은 그 과정에서 고려해야 하는 주요한 사항들을 명쾌하게 보여주고 쉽게 적용할 수 있는 양식을 제공해준다.

시장기회내비게이터를 다른 도구와 같이 활용하라

시장기회내비게이터는 잠재력이 있는 시장기회를 식별, 평가하고 집중할 수 있게 해주는 활용하기 쉬운 도구이다. 전략을 신중하게 수립할수 있도록 해줄 뿐만 아니라 창업을 진행하고 학습하는 과정에서 성찰하고 조정할 수 있게 해준다.

이러한 학습과정을 넓고 완전하게 하기 위해서 시장기회내비게이터를 다른 핵심적인 방법 및 도구들과 같이 사용하기를 권한다. 특히 시장기회내비게이터는 Alexander Osterwalder와 Yves Pigneur가 개발한 '사업모델캔버스' 및 '가치제안캔버스' 그리고 Eric Ries와 Steve Blank가 개발한 '린스타트업 방법론'과 매끄럽게 연결되도록 만들어졌다.

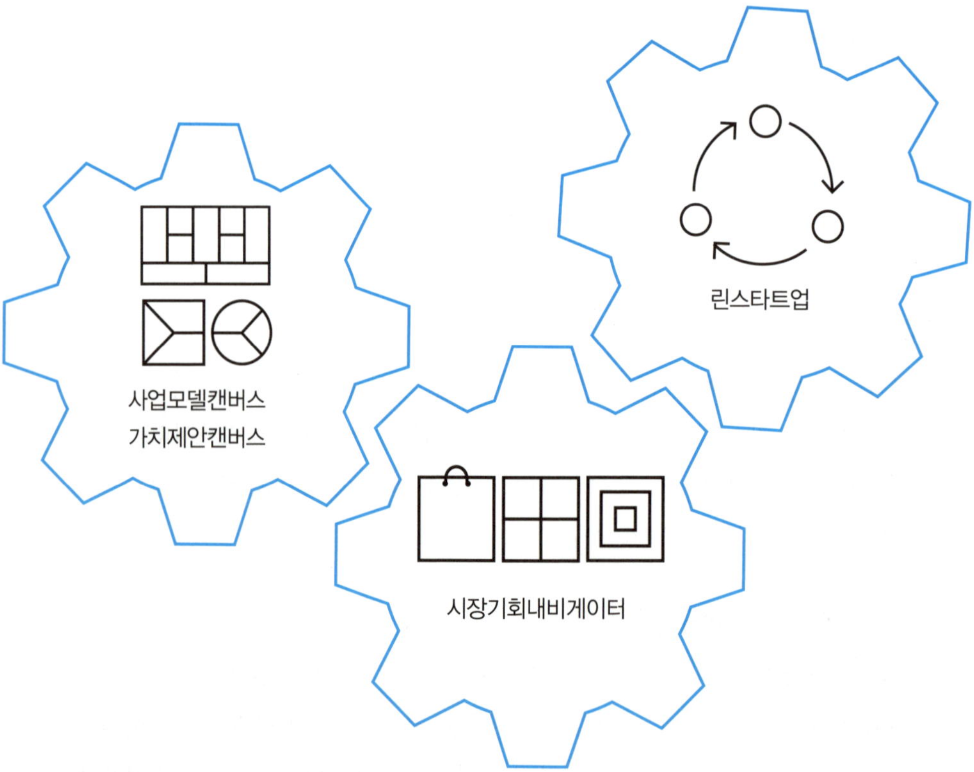

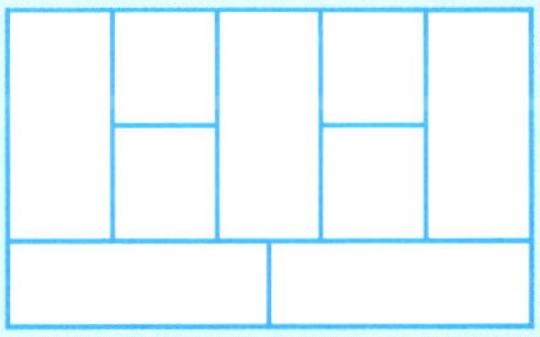
사업모델캔버스

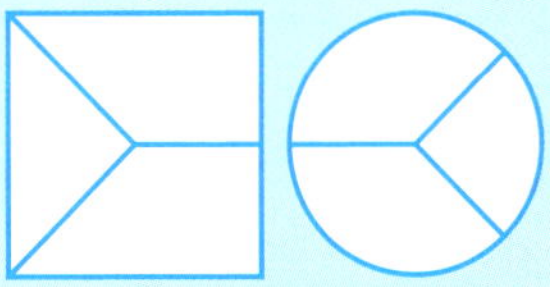
가치제안캔버스

사업모델캔버스와 가치제안캔버스 사업모델캔버스와 가치제안캔버스는 고객과 회사에 가치를 창출해주는 전략을 설계하는 프레임워크를 제공한다. 시장기회내비게이터는 사업모델캔버스와 가치제안캔버스의 미시적인 계획에 더해 기회에 대한 거시 전망이라는 중요한 수준의 분석을 더해준다. 세 개의 도구는 상호 강화작용을 하며 창업 노력에 적합한 풍요한 토양을 찾는 종합적인 기획을 가능하게 해줄 것이다.

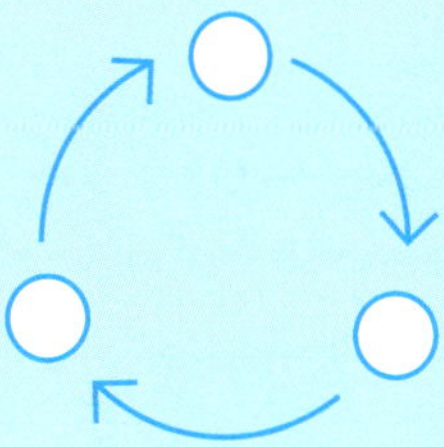
린스타트업

린스타트업 린스타트업 방법론은 신속한 시장테스트와 지속적인 피보팅을 통해 고객을 발견하고 개발하는 중요한 검증과정을 제공해준다.
시장기회내비게이터와 린스타트업 방법론을 결합해서 성공하는 전략을 검증할 수 있다. 시장기회내비게이터는 신속한 린사이클을 반복하면서도 현재 시험하고 있는 경로에 더해 큰 그림을 놓치지 않고 볼 수 있도록 지속적으로 기획하고, 통찰하고, 조정하는 도구를 제공해준다.

이 세 가지의 도구의 결합은 창업과 혁신과정에서 개별 도구가 제공해주지 못하는 근본적인 질문에 대해 이해할 수 있도록 도와줄 것이다. 전체는 부분의 합보다 크다. **이 강력한 결합을 활용해 성공전략을 수립하라.**
어떻게 이 결합을 활용해 최대로 성과를 얻어낼지 자세한 내용은 3.3절을 참고하라.

1.2 시장기회내비게이터 핵심 요약

시장기회내비게이터는 시장기회전략을 완성하고 목표시장을 찾는 것을 도와주도록 만들어졌다. 시장기회내비게이터는 구조화되고 적용하기 쉬운 프레임워크를 제공하고 현명한 전략을 수립하기 위해 고려해야 하는 세 개의 주요한 질문을 다룬다: (1) 어떤 시장기회들이 존재하는가? (2) 우리에게 가장 매력적인 시장기회는 무엇인가? (3) 어떤 시장기회에 집중해야 하는가?

시장기회내비게이터는 단계별로 이 질문들을 다룬다. 맞춤 워크시트가 최적의 답을 찾을 수 있도록 해주며, 결과물을 시각적으로 표현해서 선택이 보다 명백하게 보이도록 할 것이다. 세 개의 핵심 질문에 맞춰 시장기회내비게이터는 세 부분으로 구성되어 있다. 시장기회발굴, 시장기회매력도평가, 민첩집중전략설계다.

시장기회발굴: 시장기회세트

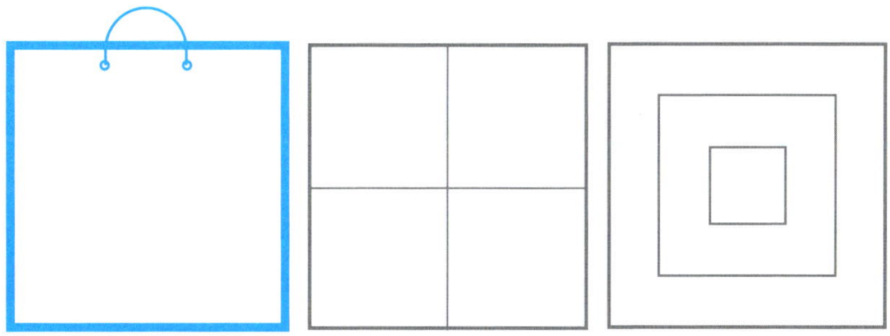

무엇인가?

당신의 핵심 자원과 역량으로 접근할 수 있는 잠재적인 시장기회세트를 발굴하는 단계다. 시장기회세트는 여러 고객형태별로 다양한 니즈와 연결된 대안들이다.

왜 중요한가?

시장기회들은 매력도가 모두 다르다. 시장기회들의 모음은 그 자체로 자산이며 가장 유망한 대안에 집중할 수 있는 가능성을 높여준다. 또한 필요한 경우 플랜 B나 시간이 지나며 새로운 성장기회를 발견할 수 있는 기반을 제공해준다. "멀리 뛰기 전에 먼저 내다보라"는 현명한 전략을 설정하는 데 있어 첫 번째 단계이다.

어떻게 하는가?

가치 있는 시장기회를 발견하기 위해서는 당신의 핵심 역량의 본질적인 기능성을 평가하고, 핵심 역량을 활용해 여러 종류의 고객에 대해 어떤 애플리케이션을 만들 수 있는지 이해해야 한다.

워크시트 1은
이 과정을 안내해줄 것이다.

시장기회매력도평가: 매력도맵

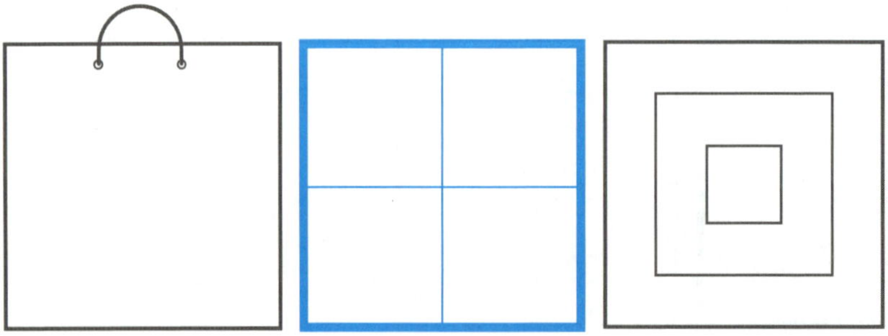

무엇인가?

시장기회들은 매력도가 서로 크게 다를 수 있으므로 그 가치를 이해해야 한다. 매력도맵은 시장기회들의 평가내용을 시각적으로 표현하여 긍정적인 면과 부정적인 면을 더 잘 파악하고 비교할 수 있게 해준다.

왜 중요한가?

이러한 시각화는 특정한 시점에서 가장 가치 있는 대안을 결정하는 데 도움을 줄 것이다. 직관이나 편견이 개입하는 것을 줄이고 정보에 기반해서 주 시장기회를 결정할 수 있도록 해준다.

어떻게 하는가?

가능성이 있는 시장기회의 매력도는 가치창출 잠재력과 그 가치를 획득하는 난이도에 기반해서 판단한다. 각 대안을 두 축으로 평가해서 맵상에 위치를 결정한다.

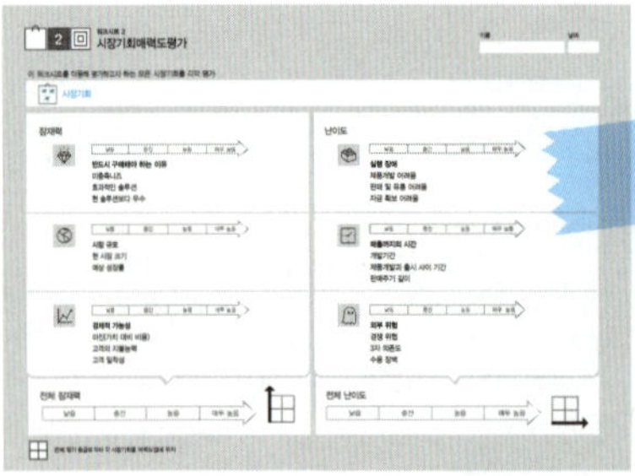

워크시트 2가
이 과정을 안내해줄 것이다.

민첩집중전략설계: 민첩집중목표도

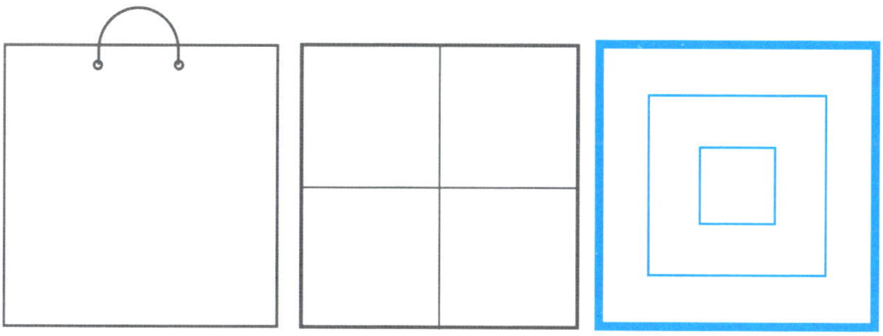

무엇인가?

민첩집중목표도는 민첩집중전략을 보여준다. 민첩집중전략은 의식적으로 다른 시장대안에 대해 열어놓음으로써 집중과 유연성 간의 긴장에 균형을 잡는다. 위험을 완화시키고, 최소한의 노력으로 가치를 높이는 균형을 만들어준다.

왜 중요한가?

민첩집중전략은 위험을 헤징하고 동시에 역량을 활용해서 자원을 보다 효과적으로 할당하고 치명적인 외통수에 갇힐 가능성을 피하게 해준다. 민첩집중전략은 당신이 벤처를 어떻게 설계하고 구축하는가에 중대한 시사점을 준다.

어떻게 하는가?

주 시장기회를 선택한 후에 매력도와 주 시장과의 관련성을 기준으로 예비대안이나 추가성장에 적합한 다른 대안을 분석한다. 이 분석을 통해 어떤 대안을 동시에 추진할지, 나중을 위해 예비로 남겨놓을지, 지금은 무시할지를 결정한다.

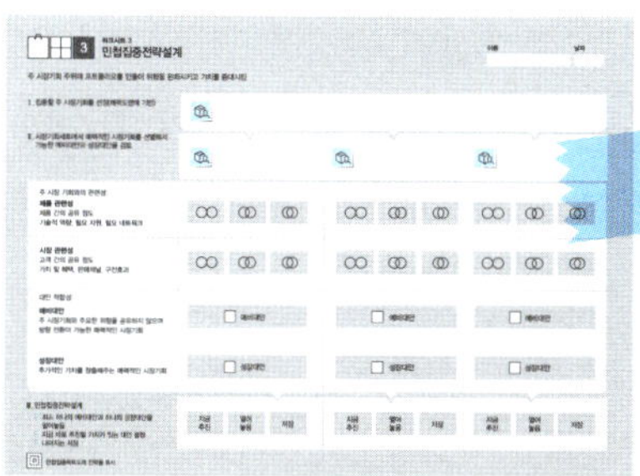

워크시트 3은
이 과정을 안내해줄 것이다.

시장기회내비게이터를 적용하기에 앞서

1. 시장기회내비게이터는 프로세스이다

시장기회내비게이터를 활용하는 것은 관심과 시간을 필요로 하는 하나의 프로세스이다. 이러한 시간을 바치는 것은 창업자와 혁신가들이 "그냥 해라" 하는 일반적인 경향에 비춰 반직관적일 수 있다. 제품을 만들어 시장에 나가는 것을 반복하는 것이 시간을 더 잘 쓰는 것처럼 보일 수 있다. 그러나 사전에 사업을 꼼꼼하게 고민해보고 중요한 변수들을 찾아내는 것이 성공하는 데 보다 빠르고, 비용이 덜 들게 해준다.

결과만이 아니라 과정을 중요하게 생각하라

시장기회내비게이터가 현명한 전략을 설계하도록 도와주지만 그 과정에서 학습하는 것도 중요하다. 시장기회내비게이터는 사업의 강점, 경쟁구도, 고객, 장애물을 확인하는 것을 도와줄 것이다. 시장기회내비게이터를 활용해 시장기회에 대한 가정을 명확히 하고 사실을 확인하는 과정을 거칠 것이다. 이 과정을 지름길로 가거나 일부분을 건너뛰려고 하지 마라. 과정상에서 얻은 지식은 매우 유용할 것이다.

가능한 한 반복적으로 하라

시장기회 탐색과정은 선형적인 프로세스로 보일 수 있지만 그렇지 않다. 지식이 쌓이고 새로운 시장기회가 발견되면서 단계들을 왔다 갔다 하게 될 것이다.

습관으로 만들어라

시장기회내비게이터는 초기 시장진입 결정을 안내해줄 것이지만, 그 이상일 것이다. 상황이 지속적으로 변화하고 새로운 변수들이 추가적인 관심을 필요로 할 것이다. 시장기회내비게이터를 항상 옆에 두는 도구로 사용해서 지속적으로 학습하고 상황을 업데이트하라. 전략적인 변화가 필요하다면 쉽게 알아볼 수 있을 것이다. 시장기회내비게이터는 더 좋은 아이디어가 나올 때 그것을 알아볼 수 있게 도와주고 이전 것을 버리는 어려움을 극복할 수 있게 해줄 것이다.

2. 필요에 따라 적절한 단계를 활용하라

비록 시장기회내비게이터를 구조적이고 단계적인 방식으로 설명하지만, 사실 시장기회내비게이터를 다른 순서로 또는 특별한 질문이나 고민에 맞게 부분적으로만 사용하는 것이 가능하고 때로는 그렇게 하는 것이 더 유용할 수도 있다.

시작점을 다르게 할 수 있다

시장기회내비게이터를 이미 알고 있는 내용이나 결정한 상황에 맞춰 다른 단계에서 시작할 수도 있다. 예를 들어, 시장기회내비게이터를 새로운 시장기회를 찾는 것이 아니라 잠재적인 대안을 비교하거나, 이미 추구하고 있는 목표시장을 중심으로 적절한 포트폴리오를 구축하는 데 사용할 수 있다.

시장주도형

어떤 회사들은 특정한 시장니즈를 공략하기 위해 시작할 수도 있다. 이 접근방법은 전형적으로 '시장주도형(Market Pull)'이라고 부를 수 있다. 당신의 회사가 이 범주에 속한다면 시장기회내비게이터를 활용해 초기 목표시장을 평가할 수 있을 것이다. 그 기회가 추진할 만하다면 그것을 중심으로 민첩집중전략을 수립할 수 있다. 만약에 그 기회가 별로라면 시장기회내비게이터는 참여할 만한 더 가치 있는 시장을 발견하는 것을 도와줄 것이다.

기술주도형

어떤 회사들은 기술발명으로 시작해 그 기술의 잠재적인 사용기회를 찾으려고 한다. 그런 접근방식은 '기술주도형(Technology Push)'이라 불린다. 당신 회사가 이 범주에 속한다면 시장기회내비게이터를 통해 그 기술혁신으로부터 나올 가능성이 있는 시장기회를 발견, 평가하고 민첩집중전략을 수립할 수 있을 것이다.

3. 효율적으로 일하라

시장기회내비게이터는 목표시장을 찾을 때 따져봐야 되는 초석이 되는 질문들을 제시하지만 답을 주지는 않는다. 답을 효과적으로 찾는 데 참고가 되는 중요한 팁은 다음과 같다.

'분석 마비'에 걸리지 않도록 하라

분석 마비는 잘 알려진 현상이다. 가능한 한 모든 정보를 모으기 전에는 중요한 결정을 내리기 주저하는 관리자를 말한다. 여기서 제시하는 프레임워크를 활용해서 전략을 정하기 전에 포괄적으로 자료를 모으라고 하지만 적절한 시점에서 멈추는 것이 필요하다. 불확실성은 절대로 완전하게 없어지지 않는다. 완벽한 자료에만 의존하기보다 적절한 정보와 학습된 통찰력에 기반한 의사결정을 할 준비를 해야 한다. 부족한 분석과 지나친 분석 사이의 명확한 경계는 환상이라는 것을 인식해야 한다.

편견을 주의하라

인간은 결코 빈 책상이 아니다. 우리는 과제를 대할 때 신념, 성향, 열정 등을 가지고 한다. 이런 것은 자연스러운 것이다. 하지만 시장기회내비게이터를 단순히 직관을 합리화하는 데 사용하지는 마라. 가능한 한 객관적으로 하고 신념이 아니라 증명된 지식에 기반해서 평가를 하라. 시장기회내비게이터를 주관적인 의견을 반영하는 것이 아니라 당신을 바라보는 거울로 활용하라.

가능한 한 많은 토론을 하라

시장기회내비게이터라는 구조가 주는 가치는 당신의 생각과 고려사항을 명확히 드러내고 다른 사람과 토론하게 하는 것이다. 프레임워크와 용어를 활용해서 당신이 분석한 것을 동료 및 이해관계자와 논의하라. 그렇게 함으로써 당신의 추론을 풍부하게 하고 잘못된 방향으로 분석이 쏠릴 수 있는 편견을 피할 수 있을 것이다.

자주 묻는 질문

우리가 개발하는 기술은 특수해서 특정한 제품에만 적용된다고 생각한다. 우리에게도 시장기회내비게이터가 유용할까?

물론 어떤 기술이나 역량은 더 대체가 가능한 것도 있다. 그런 기술은 여러 애플리케이션과 시장 영역에 보다 쉽게 적용이 가능하다. 그렇지만 어떤 기술이라도 현재 적용되는 제품에서 떼어내서 그 자체의 고유한 기능성을 고려해서 특징지을 수 있다. 시장기회내비게이터는 새로운 시장기회를 발견하도록 도와주고 어느 한 제품에 얽매이거나 민첩함을 잃지 않도록 해줄 것이다.

스타트업에서는 할 일이 여러 가지로 많고 시간은 없다. 왜 이 과정에 시간을 투자해야 하는가?

사실 시간은 창업자에게 매우 희소한 자원이다. 우리도 그것을 알고 있다. 그렇지만 시간이 희소한 만큼 현명하게 활용해야 한다. 우리는 본성적으로 문제해결과 단기적인 문제에 집중하는 경향이 있다. 시장기회를 선택하는 것은 매우 중요한 의사결정이다. 특정한 경로에 몰입하기 전에 시간을 가지고 폭넓게 대안을 생각하라. 현명하게 선택을 하고 뒤늦게 후회하지 않도록 하라. 시장기회내비게이터를 활용할 때 '학습곡선'을 고려해야 한다. 처음 시작할 때는 대개 상당한 투자가 필요하다. 시간이 지나면서 잘 사용해서 적은 노력으로도 효과를 얻을 수 있을 것이다.

창업자와 투자자의 흔한 가정은 스타트업은 자원이 아주 부족하므로 '극선명 집중'을 가진 접근을 해야 한다는 것이다. 민첩집중 접근 방식과 어떻게 연결되는가?

우리는 이 질문에 대해 수백 개 회사를 포함해서 포괄적인 연구를 했다. 우리 연구 결과는 대부분의 회사에게 좁은 한 가지 경로에만 집중을 하는 접근 방식은 성과가 잘 나오지 않는다는 것이었다! 반면에 폭넓은 접근 방식 – 의식적으로 연관된 시장대안을 열어놓은 – 으로 추진한 회사들이 민첩성 때문에 그렇지 않은 회사들보다 더 성과가 좋았다는 것이다. 극선명 집중은 유연성을 포기한 것이고, 민첩집중은 집중과 유연함 사이의 절묘한 균형을 유지하도록 도와준다.

2

시장기회내비게이터:
가장 가치 있는 시장기회를 발견하는 3단계

2.1 시장기회발굴

2.2 시장기회매력도평가

2.3 민첩집중전략설계

시장기회내비게이터 사용하기

시장기회내비게이터는 복잡한 의사결정과정을 명확하고 쉽게 할 수 있는 과제로 만들도록 설계되었다.
시장기회내비게이터는 주 설계판 하나와 세 개의 워크시트로 구성되어 있다.
시장기회내비게이터의 주 설계판은 현명한 시장기회전략을 수립하는 데 중요한 세 부분으로 이루어져 있다.

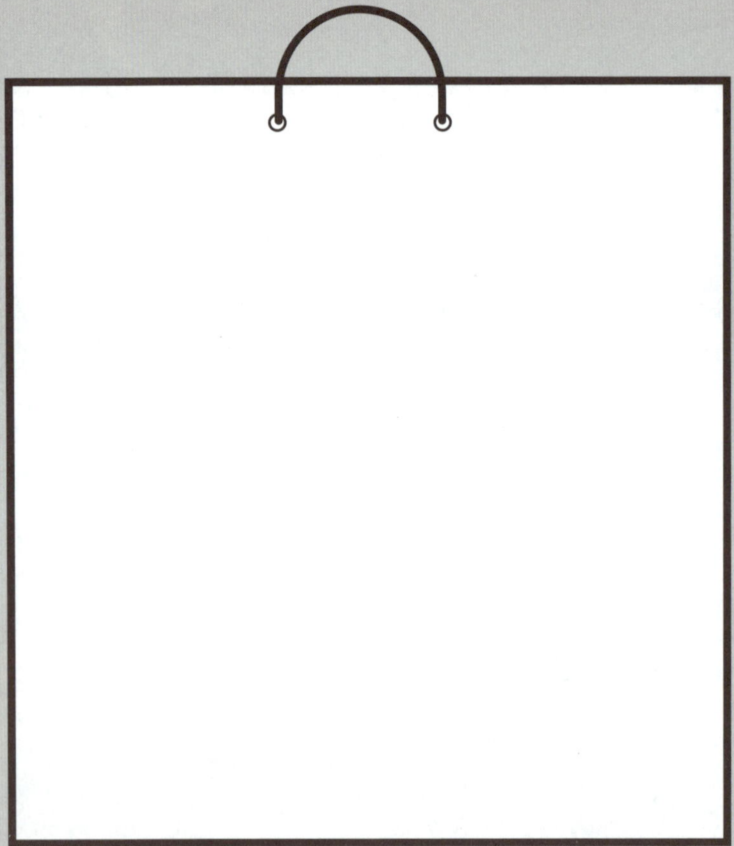

시장기회세트

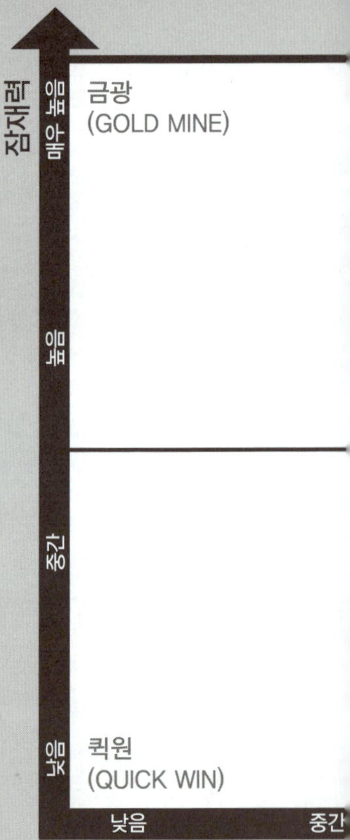

매력도맵

점착식 메모지를 이용하여 고려하고 있는 시장기회를 하나씩 표현하시오.
시장기회내비게이터에 붙이시오: 시장기회세트, 매력도맵, 민첩집중목표도.

웹사이트에서 워크시트를 다운로드하거나 이 책 맨 뒤에서 워크시트를 복사하시오.

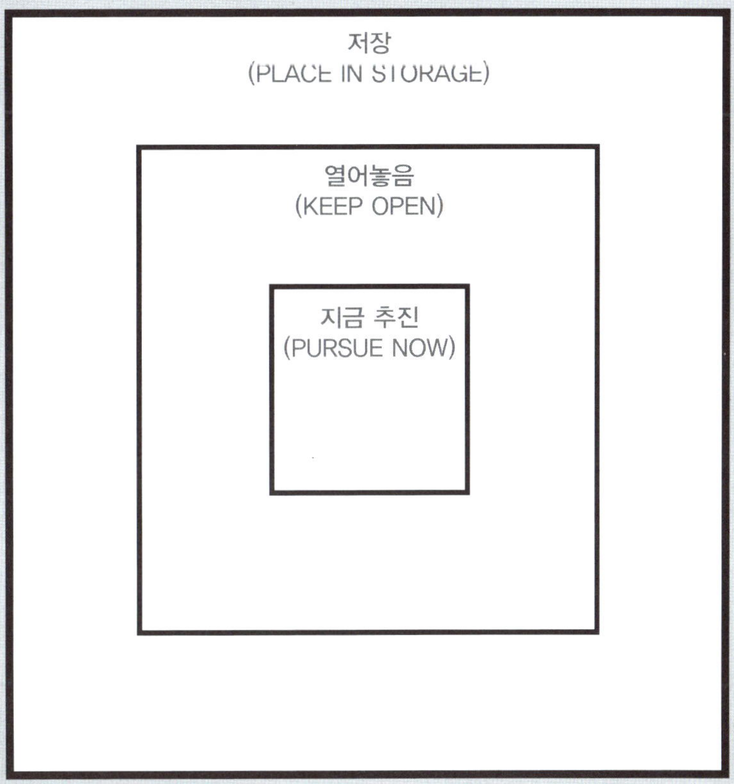

민첩집중목표도

세 개의 워크시트가 세 개의 주요한 결과물을 언도록 해준다

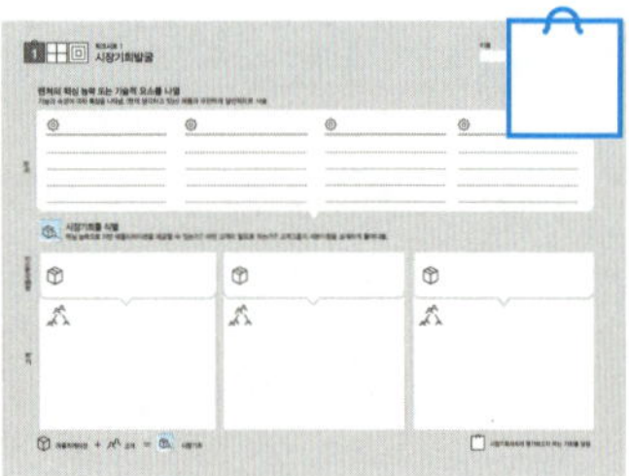

워크시트 1

시장기회를 발굴하라

당신의 핵심 능력－상정하고 있는 특정한 제품과 무관하게－을 설명하고, 그 역량을 활용할 수 있는 다양한 애플리케이션과 그것이 필요한 잠재적인 고객을 식별하는 법을 발견하라. 기대하는 결과는 당신의 시장기회세트이다.

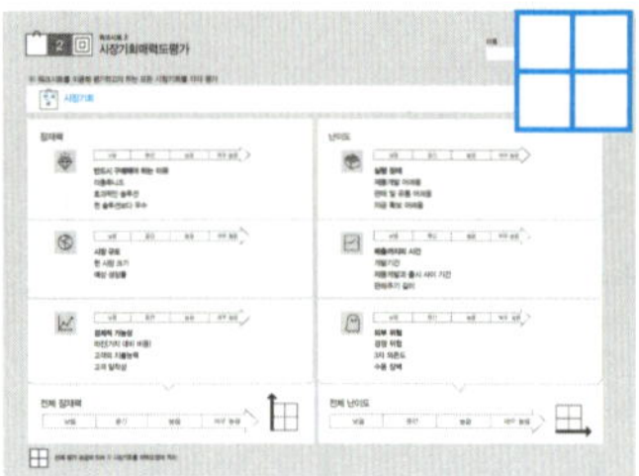

워크시트 2

시장기회매력도를 평가하라

각 대안을 두 가지 축－기회의 잠재력과 가치 획득의 난이도－을 기준으로 평가하는 법을 발견하라. 이 평가과정의 결과는 매력도맵에 나타낸다.

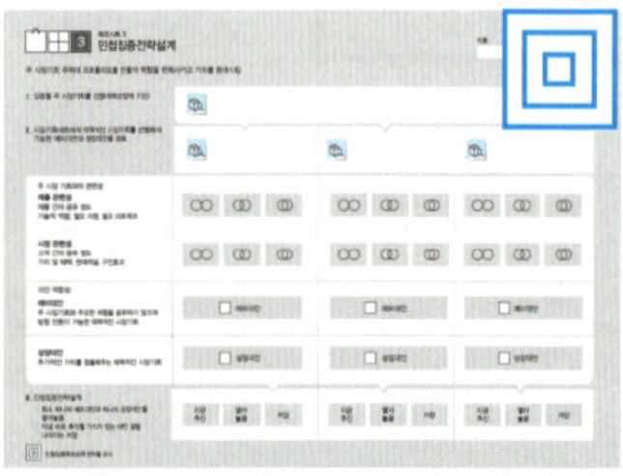

워크시트 3

민첩집중전략을 설계하라

주 시장기회가 선정되고 나면 가능한 예비대안과 성장대안을 어떻게 평가할지 발견하라. 가치와 관련성을 검토해서 어떤 기회는 지금 추진하고, 어떤 것은 나중을 위해 열어놓을지, 어떤 것은 저장하고 있을지 결정할 수 있을 것이다. 결과물('민첩집중전략')은 민첩집중목표도에 나타낸다.

워크시트를 작성하고 나면 가장 중요한 이정표－가장 유망한 경로를 결정하는 완전한 시장기회내비게이터－에 도달한 것이다.

시장기회내비게이터에서 과정과 결과 모두 가치 있고 중요하다는 점을 명심하라. 둘 다 당신의 학습을 통찰하고, 생각하는 바를 의사소통하고, 전략을 결정하는 것을 도와줄 것이다.

시장기회내비게이터의 내부로 들어갈 준비가 되었다. 단계별로 안내할 것이다.

잠깐 시작하기 전에 …
Augury의 창업자인 Saar와 Gal을 만나보자.

Saar와 Gal은 친구 사이로 항상 스타트업을 창업하기를 원했다. 2011년 어느 날, 소프트웨어 엔지니어인 Gal이 다니던 회사에서 정상적으로 작동하지 않는 기계를 진단하러 인도로 출장을 가게 되었다. 수천 마일 날아 출장을 가서 방에 들어가 명쾌한 기계 소리를 들어보니 문제는 소프트웨어가 아니라 기계 자체의 오작동이었다. 그 순간 그에게 아이디어가 떠올랐다: 기계를 신단하기 위해 소리를 들어보는 무언가를 개발할 수는 없을까?

빠르게 기술탐색을 해본 결과 이런 기술을 개발하는 것은 어렵지만 가능하다는 것을 알았다. 이 프로젝트를 시작하면서 Saar와 Gal은 기계는 온 세상 – 복잡한 공장부터 간단한 가선기기까시 – 에 존새한나는 것을 바로 깨딜았다. 그들은 '어떤 기계 소리'를 들어봐야 한다는 것을 알 수 있을까? 그리고 어떤 시장기회에 집중해야 하는가?

시장기회내비게이터의 3단계를 밟아가면서 Gal과 Saar와 같이 초기 시장기회 결정과정을 따라가보자.

2.1 시장기회발굴

당신의 자원과 역량은 대개는 대체 가능할 것이다. 그것들은 한 시장 영역의 고객을 위한 제품이나 서비스를 만들기 위해 활용되는 것이 아니라 여러 시장 영역의 다양한 고객을 위해 활용될 수 있다는 것이다. 여러 시장기회를 창출하기 위해 '지렛대'로 활용될 수 있다.

시장기회

시장기회는 당신의 역량을 특정 고객군에 적용하는 애플리케이션의 조합이라고 정의한다.

여러 시장기회를 발견하는 것은 매우 중요하다. 왜냐하면 모든 시장기회가 똑같지 않기 때문이다. 어떤 기회는 성장 잠재력이 클 수 있고 어떤 기회는 경쟁이 별로 없을 수도 있고, 또 다른 기회들은 어렵고 진입하는 데 비용이 많이 들어가므로 피해야 하는 것일 수 있다. 따라서 큰 시장기회를 찾아내는 것은 실제적인 우위 요소로, 사업을 성장시키고 혁신에서 최대의 가치를 거둘 수 있는 풍요로운 기반이다! 조악한 기회를 찾는 데 시간을 낭비하지 마라. 도약하기 전에 살펴라!

그리고 시장기회를 발견하는 것만큼 중요한 결과물로, 여러 기회를 확인한 후에 추가적인 성장 가능성을 제공하거나, 필요할 때 피봇할 수 있는 포트폴리오를 갖게 될 것이다. 여러분은 여러 기회가 주는 힘을 활용해 민첩성과 조종능력을 향상시킬 수 있을 것이다.

시장기회세트는 당신 회사의 진정한 자산이다!

이 장에서는 어떻게 여러 갈림길이 있는 시장기회를 확인하고 당신이 이미 생각하고 있는 것과 비슷한 기회와 멀리 떨어진 기회를 구별할 수 있는지 보여줄 것이다. 워크시트 1은 이 과정을 안내해줄 것이다. 시장기회세트를 결과물로 얻어 사업 성공에 이르는 경로를 전략적으로 선택할 수 있게 될 것이다.

요점

잠재적인 시장기회를 식별하는 것은 쉬운 일은 아니다. 다양한 고객니즈를 이해하고 어떻게 해결할 것인가 질문하고, 관찰하고, 실험하고 네트워킹하는 것이 필요하다.* 워크시트 1은 이 네 가지 행동을 하면서 가능한 시장기회를 발상하는 데 도움을 줄 것이다. 당신의 자원과 역량을 이미 개발했든지 혹은 개발하려고 준비하든 간에 당신이 이미 상정하고 있는 제품에서 자원과 역량을 분리해 대체 가능한 방식으로 생각하도록 해줄 것이다.

궁극적으로는 이러한 구조적인 사고 프로세스를 활용해 여러 고객의 다양한 니즈에 접근할 수 있도록 당신의 사고를 열어줄 것이다. 그것은 실제로도 인지 유연성을 향상시켜 유망한 다른 기회에 보다 더 주의를 기울이게 해줄 것이다.

과정만큼 결과도 중요하다. 대안을 가지고 있음으로써 선택이라는 힘을 가지게 될 뿐 아니라 민첩성도 얻을 수 있다. 대안은 당신이 현명하게 활용할 줄 안다면 당신 벤처의 실물자산이 된다는 것을 명심하라. 따라서 이 단계의 핵심 요점은 당신이 오래 가져온 가정(예를 들어, "이것은 나에게 완벽한 시장이야" 같은)을 버리고 당신의 신념을 검증하고, 다른 어떤 것이 앞에 있을지 탐색하는 것이다. 당신은 나중에 이것을 후회하지 않을 것이다.

연구결과 통찰

벤처캐피털이 투자한 80개 이상의 기술 스타트업을 대상으로 초기 시장진입 시 다수의 시장기회를 가지고 있는 것의 효과를 연구했다.
창업 초기에 중요한 두 가지 통찰을 결과로 얻었다.
첫째는 연쇄 창업자가 앞의 스타트업 경험을 통해 얻은 주요한 요소 하나는 초기에 추구할 시장기회를 정하기 전에 여러 시장기회세트를 만드는 것이었다.
둘째는 창업자들은 시장기회세트를 찾아냄으로써 주요한 성과를 창출할 수 있다는 것을 보여주었다.**

* The Innovator's DNA/ Dyer, Gregersen & Christensen(2011)
** Look before you leap: Market opportunity identification in emerging technology firms'/ Gruber, MacMillan & Thompson(2008)

워크시트 1

시장기회발굴

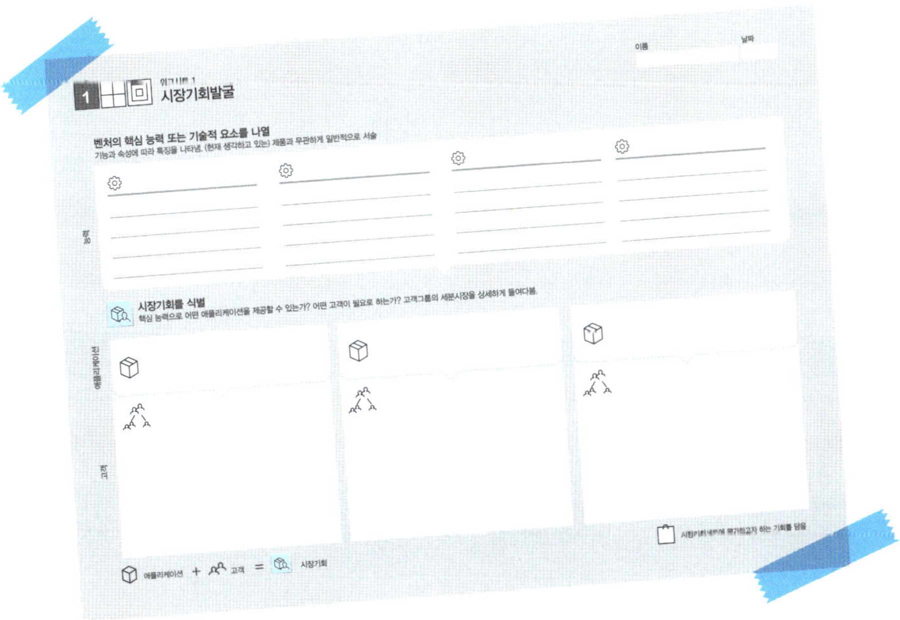

워크시트 1은 시장기회세트를 만드는 것을 도와줄 것이다. 간단한 2단계로 구성되어 있다.

첫째, 당신의 고유한 역량, 즉 핵심기술요소를 생각해보라 – 특정한 제품에 응용되는 것과 무관하게. 특별히 이러한 요소가 어떤 것을 가능하게 하는지(기능)와 주요한 속성을 나열해보라.

둘째, 이러한 기술 요소들을 조합하거나 다른 기술 요소를 추가하면서 만들 수 있는 가능한 다양한 애플리케이션을 찾아봐라. 이렇게 하면서 누가 이러한 다양한 애플리케이션을 필요로 할지 생각해봐라. 이러한 고객들을 더 구분해보면 더 많은 기회를 식별할 수 있을 것이다.

확인된 시장기회세트는 다음 단계에서 평가를 한다.

워크시트 1

시장기회발굴

벤처의 핵심 능력 또는 기술적 요소를 나열

기능과 속성에 따라 특징을 나타냄. (현재 생각하고 있는) 제품과 무관하게 일반적으로 서술

능력

시장기회를 식별

핵심 능력으로 어떤 애플리케이션을 제공할 수 있는가?
어떤 고객이 필요로 하는가? 고객그룹의 세분시장을 상세하게 들여다봄.

애플리케이션

고객

애플리케이션 + 고객 = 시장기회

이름

날짜

시장기회세트에 평가하고자 하는 기회를 담음

1단계: 고유한 능력과 기술

이 과정은 당신(벤처)의 고유한 능력 또는 핵심 기술(여러 가지를 개발 중이라면 복수의 기술들)을 잘 이해하는 것으로 시작한다. 당신의 고유한 능력이 시장기회를 식별하는 기반이 될 것이기 때문에 능력이나 기술이 무엇을 할 수 있는지 – 어떤 특성을 가지고 있고, 어떤 기능을 수행하는지 – 를 이해하는 것이 근본적으로 중요하다.

> 능력, 기술이라는 것은 '자원과 역량의 집합체'를 의미하는 것으로 당신이 지금 보유하고 있거나, 개발하고 있거나, 개발하려고 계획하고 있는 것들이다.

능력을 떼어내고 맥락을 활용하라!

당신의 능력으로 잠재적으로 무엇을 할 수 있는지 잘 이해하기 위해서는 능력을 '그 자체'로 생각해야 한다. 능력을 처음에 생각했던 특정한 제품이나 고객니즈와 분리해서 일반적인 관점으로 상상해보라.

워크시트 1의 상단에 당신의 기술이나 고유한 능력을 형성하는 핵심 요소들을 적어라. 예를 들면, 고유한 능력은 특정한 공정에 대해 당신이나 당신 벤처가 보유하고 있는 중요한 노하우일 수도 있고, 당신이 개발한 희소한 자원일 수도 있고 또는 특별한 역량(제조 같은)일 수도 있다. 기술들은 고유한 기능성(예, 패턴인식)을 기반으로 또는 구조 디자인(예, 나노 크기의 카메라)에 따라 핵심 요소로 나눌 수 있다.

보통은 어떤 요소와 능력은 보다 근원적이고 어떤 것은 본질적으로 특수하다. 즉 상정하고 있는 특정 제품에 특정 기능성이 필요하기 때문에 그렇다. **당신의 기술 요소와 능력을 가장 일반적인 형식으로 생각하고 서술하길 바란다. 왜냐하면 그것들이 다양한 애플리케이션의 기초를 형성할 것이기 때문이다!**

핵심 기술 요소와 능력을 적고 나면, 그것들이 수행하는 기능과 주 속성을 간략하게 서술하라. 이 서술은 새로운 시장기회를 탐색할 때 중요한 도움이 될 것이다.

Augury의 기술은 'Auguscope'라는 기기를 이용해 초음파 소리와 진동을 기록한다. 알고리듬이 같은 기계의 기존 녹음이나 다른 유사한 기계의 녹음과 비교한다. 그리고 사용자에게 진단내용과 처방을 보여준다. 사용자는 잘 디자인된 사용자 인터페이스로 시스템을 조작하고 모바일과 웹애플리케이션에서 맞춤 리포트를 생성할 수 있다.

어떤 기계를 '듣는 것'이냐, 어떤 고객이냐에 관계없이 Saar와 Gal–Augury의 두 창업자–는 세 개의 고유한 기술 요소를 설명할 수 있다.

1. 기계의 소리를 기록할 수 있는 하드웨어 기기. 이 하드웨어 기기는 진동센서와 초음파센서를 포함하며 작고 휴대 가능하고, 높은 샘플링 레이트로 작동할 것이다.

2. Augury는 그 플랫폼의 '두뇌'–소리를 듣는 것만으로 기계의 건강상태를 진단할 수 있는–를 개발할 것이다. 이 알고리듬은 유사한 기계의 기존 데이터와 새로운 데이터를 비교하고 실시간으로 변화를 감지할 것이다. 그 소리들은 회사의 서버에 녹음, 저장되면서 빅데이터를 처리할 수 있도록 설계될 것이다. 알고리듬은 기계학습을 적용해서 시간이 지나면서 더 강력해지고 영리해질 것이며, 또한 많은 정보를 모으며 오작동 사전을 개발할 것이다.

3. Augury의 팀은 사용하기 쉬운 사용자 인터페이스를 개발할 것이다. 이 시스템은 사용자가 하드웨어를 모바일 기기에서 조작할 수 있게 하며, 모바일이나 웹 플랫폼에서 관리하며 결과물을 맞춤 작업할 수 있을 것이다.

세 가지 기술 요소를 어떻게 나열하고 특성을 기술했는지 다음에 있다.

수음 하드웨어	알고리듬	사용자 인터페이스
진동과 초음파 녹음	변화를 감지	쉽고 직관적
소형	실시간 분석	아이폰과 안드로이드 플랫폼
휴대형, 튼튼함	빅데이터 대응	맞춤형 리포트, 통계 출력
높은 샘플링 레이트	기계학습 기반	온라인 관리 플랫폼
	오작동 사전 구축	

AUGURY

Biotia 사례를 보면 고유능력은 꼭 기술적인 것일 필요는 없다. Biotia는 뉴욕에 있는 스타트업으로 최근에 유전체학 분야 박사학위를 받은 Niamh이 창업했다. Niamh은 이 분야에서 효과적인 실험설계를 하고, 복잡한 자연환경에서 샘플링을 하고, 차세대 DNA 시퀀싱을 활용해서 모든 종류의 병원체를 모니터링할 수 있는 여러 독창적인 노하우를 가지고 있다. 그녀는 유전체학을 이용해 환경감시를 할 수 있는 스타트업을 창업하기로 했다. 그녀의 워크시트 1의 상단 모습은 다음과 같다.

샘플링 능력	실험설계	병원체 모니터링
복잡한 자연시스템	실험 전 과정 이해	모든 병원체
광범위한 분포		실시간 분석
비편재성		대규모 데이터세트
		차세대 시퀀싱 모델

이 단계는 당신의 독창적인 기술과 능력이 무엇인지 이해하도록 도와주는 것만이 아니라 당신의 인지 유연성 – 다양한 관점을 개발할 수 있는 능력 – 을 개발할 수 있도록 도와주므로 매우 중요하다.

결과적으로 당신의 전체 핵심 기술과 능력 그리고 기술과 능력 각각 그 자체로서 잠재적인 애플리케이션을 발견하는 것이 용이해질 것이고, 당신이 상정하는 제품의 특장점이라고만 믿고 있는 시각을 넓혀줄 것이다. 특장점의 특성이나 기능성이 다른 애플리케이션이나 시장에도 매우 가치 있는 것으로 판명될 수 있기 때문에 시각을 넓히는 것이 매우 중요하다.

Flickr의 예를 생각해보라. 잘 알려진 이 사진공유회사는 2002년에 Ludicorp라는 이름으로 인스턴트 메시징를 활용한 실시간 상호작용 다중사용자 온라인게임을 개발하며 시작했다. 이 게임의 특장점 중 하나가 사진 공유기능이 있는 채팅환경이었다. 나중에 그 자체로 가치가 커지고 게임보다 인기가 높아져, 회사는 게임을 유보하고, 새로운 사진 공유 커뮤니티 사이트를 개발하는 데 집중했다.*

처음부터 '특장점'을 그 자체로서 보는 것이 중요함을 보여주는 다른 사례는 Medic Vision Imaging Solutions이다. 이 스타트업은 뇌 스캔(CT)용 컴퓨터지원 진단툴을 개발해 방사선사의 복잡한 작업을 도와주려고 했다. 이 제품을 위해 개발하려고 했던 기술적 특장점 중 하나는 자동 분석 전에 CT의 품질을 높이는 '노이즈 감소' 알고리듬이었다. 그들이 이 특장점이 – 그 자체로 – 방사선량을 낮추고 높은 품질의 CT 이미지를 얻을 수 있게 해주는 매우 가치 있는 것이라는 점을 인식하는 데는 꽤 시간이 걸렸다. 이것을 이해하고 그들은 전략을 바꾸어 SafeCT라는 저선량 CT 이미징에 반복적인 이미지를 재구성해주는 애드온 제품을 개발했다. Medic Vision은 이 전략적 전환에 성공했지만, 수년간의 연구개발 결과물을 버려야 했으며 새로운 투자자를 찾아야 했고, 경영진까지 교체해야 했다. 특장점을 구조적으로 분석해서 기회를 찾았다면 고통스러운 전환을 하지 않아도 되었을 것이며, 최소한 피보팅이 훨씬 덜 힘들도록 벤처를 만들어갈 수 있었을 것이다.

* Founders at Work/ Jessica Livingston(2008)

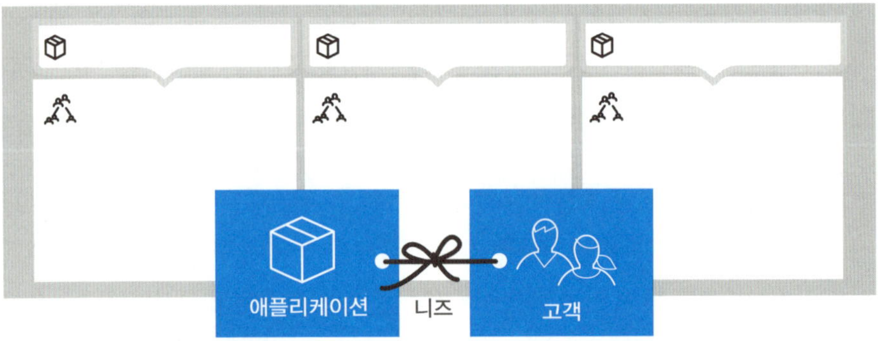

2단계: 애플리케이션과 고객: 새로운 시장기회 발견하기

새로운 시장기회들을 발견함으로써 시장기회세트를 만들 것이다. 시장기회는 애플리케이션과 고객의 조합이다. 발견 프로세스를 거침으로써 두 가지 측면에서 끝까지 확장 사고를 해볼 수 있다: 가능한 애플리케이션과 가능한 고객. 양쪽을 이어주는 것은 니즈이다: 애플리케이션은 특정 고객들의 특정한 니즈를 해결하기 위해 만든다.

상자 밖으로: 넓게 생각하기

워크시트 1의 하단 절반은 이 발견과정에 해당된다. 어떤 사람에게는 이것은 쉬운 일이겠지만, 그러나 많은 사람에게 이 과정은 주요한 도전과제를 드러낸다. 도전과제는 새로운 애플리케이션과 고객을 발견하는 것만이 아니라 오랫동안 가지고 있던 가정(예를 들어 "이것은 이미 나에게는 완벽한 시장이야" 같은)을 떨쳐버리고 당신 앞에 어떤 것이 숨어있을지 탐색하는 것이다. 무엇이 있을지 찾아보지 않으면 절대로 알 수 없다.

열린 자세를 가져라, 구속되지 않는 사고를 하라, 창의성을 보여주어라: 그 모든 것을 즐겁게 하라. 이것은 당신 자신의 상자에서 나와 당신이 지금까지 상정해왔던 시장과 상당히 멀리 떨어져 있을 수도 있는 시장기회를 찾아봐야 한다는 것이다. 근본적으로 발견과정에서 폭넓은 다양한 기회를 창출하도록 노력하라.

> 시간을 가지고 하라.
> 당신의 벤처 또는 혁신 프로젝트에 매우 중요한 단계이다.

페이팔(PayPal)의 공동창업자 Max Levchin는 〈창업자의 일(*Founders at Work*)〉이라는 책에서 페이팔의 초기 사례를 예로 들면서 가능한 애플리케이션과 고객에 대해 넓게 생각하는 것이 얼마나 중요한지 강조하고 있다.

페이팔의 창업자들은 초기에 사용자가 휴대기기에서 무엇이든지 안전하게 보관할 수 있는 라이브러리 코드를 개발했다. 이 독창적인 능력으로 '킬러' 애플리케이션을 찾아야 했다: "그때 우리는 팜파일럿(PalmPilot)에 실제로 의미 있는 어떤 것을 저장할 수 있을까?라는 질문을 가지고 여러 실험을 시작했습니다"라고 Max는 서술했다. 그들은 기업용 애플리케이션(보안 데이터용)과 소비자용 애플리케이션(패스워드 저장)을 생각했다. 그러다가 결국에는 "휴대기기에 돈을 저장하면 어떨까" 하는 아이디어까지 나왔다.

실제로 페이팔의 창업자들은 휴대기기에 보안 데이터를 저장한다는 넓은 애플리케이션을 염두에 두고 상당한 노력을 투자했다. 그런데 그들이 놓친 것은 독창적인 역량으로 웹상에서 데이터를 안전하게 보관할 수 있다는 것이며, 이것은 다른 유망한 기회를 열어주는 것이다. 사실은 그들이 휴대기기에 너무 정신이 팔려 있어 사용자들이 웹 애플리케이션을 간절히 요청하는 것을 알아차리지조차 못했다고 Max는 서술했다: "그때 이베이(eBay)라는 사이트에서 사람들이 우리한테 '당신의 로고를 내 경매에 넣어도 되나요?'라고 물어왔다. 우리는 '왜요?'라는 식으로 '안 돼요. 하지 마세요'라고 했다. 얼마간 이베이 사람들하고 '저리가, 우리는 필요없어'라며 힘껏 싸웠다. 결국은 이 사람들이 우리 사용자가 되려고 호소한다는 것을 깨달았다. 우리는 구세주의 출현을 맞게 되고 다음 1년간 미친 듯이 웹버전 제품을 계속 내놓았다. 그것이 지금의 페이팔이다." 초기의 경직된 사고에도 불구하고 페이팔은 늦게나마 적응을 했고 궁극적으로 크게 성공했다.*

'식별'이라는 도전

어떤 기술들은 크고 다양한 시장기회세트를 식별하는 것이 쉬울 수 있다. NanoAF 사례를 보라. NanoAF는 표면에 박테리아가 달라붙는 것을 막아주는 새로운 코팅을 개발하는 스타트업이다. 이 코팅은 유리, 티타늄, 금속, 폴리머 등 모든 표면에 적용할 수 있다. 이 기술은 명백하게 수처리, 의료기기, 해상점착방지, 식료품포장, 공기

* Founders at Work/ Jessica Livingston(2008)

질 제어 등 많은 큰 영역에 유용하다. 처음부터 NanoAF의 능력은 일반적으로 적용이 가능하기 때문에 다양한 시장 영역을 식별하는 것은 어려운 일이 아니었다.

그런데 좀 더 상황에 맞는 (특정한) 기술을 개발하더라도, 여전히 크고 다양한 대안을 창출하기 위해 탐색을 넓게 할 수 있다. Inka Robotics는 그런 사례다. 이 스타트업은 컴퓨터 비전으로 제어되는 자동 문신로봇을 개발해 기술, 가격, 위생과 안전을 혁신하여 문신업계를 변화시키려고 목표를 세웠다. 추가적인 시장기회를 폭넓게 탐색한 결과 이 로봇 기계는 수치제어(CNC) 절단기계뿐 아니라 다양한 의료 애플리케이션에 활용할 수 있음을 발견했다.

발견 스킬을 높이는 팁은 아래에!

가능한 애플리케이션

핵심 능력과 기술 요소 목록을 만들고 나면, 창의적으로 생각을 해야 한다. 가능한 애플리케이션을 식별하기 위해 가능한 다양한 방법으로 그것들을 재조합할 수도 있다. 애플리케이션은 핵심 기술과 능력을 사용해 만들 수 있는 특정한 용도나 기능을 의미한다. 애플리케이션은 워크시트 1의 상단에 기술한 주요 요소 전부 또는 대부분에 기반한다.

구글 X가 개발한 스마트 안경인 구글 글래스를 예로 보자. 이 웨어러블 컴퓨터는 눈으로 조작하는 기술, 음성조작, 스마트 프리즘 프로젝터, 증강현실능력 등 여러 독창적인 기술 요소를 가지고 있다.

이 기기는 2012년에 웨어러블 기술이 폭증하는 데 촉매역할을 했지만 2015년 초에 공식적으로 시장에서 철수했다. 주요한 한 가지 이유는 뚜렷한 목적을 생각하지 않고 소비자용으로 출시되었기 때문이었다. 그런데 구글 글래스의 독창적인 능력은 소비자용이 아닌 다른 여러 애플리케이션을 실제로 제공할 수 있었다. 몇 가지 예를 들자면 구글 글래스는 의료용, 교육용, 미디어용 등으로 사용될 수 있었다.

특정한 고객과 무관하게 애플리케이션을 서술하거나 특정 사용자나 넓은 영역을 상징하는 방식으로 서술할 수 있다는 점에 유의하라.

당신의 기술과 다른 기술들을 결합하기

새로운 애플리케이션을 식별하기 위한 강력한 다른 방법은 당신의 기술과 다른 기술들을 결합하는 것이다. 그렇게 해서 기능을 추가하고 그에 따라 당신의 기술의 매력을 새로운 고객세트로 넓힐 수 있다.

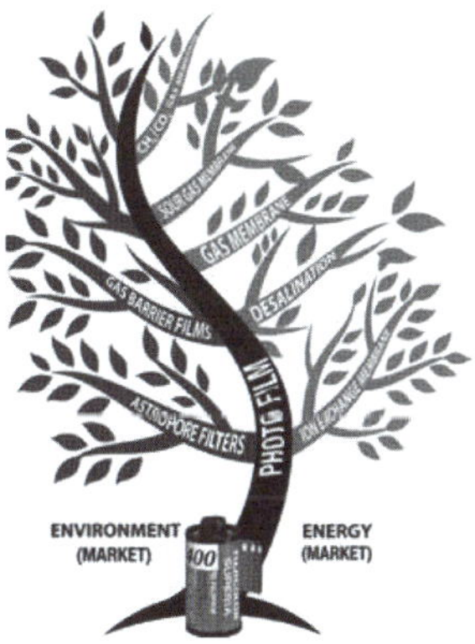

후지필름은 그러한 조합의 흥미로운 사례다. 후지필름은 원래는 일본에서 사진 필름 생산을 시작한 회사로 이 사업을 기반으로 성장했다. 사진 필름의 원재료부터 현상, 시스템까지 모든 것을 수십년 동안 연구개발하면서 후지필름은 코팅, 멤브레인, 유기화합물 등 다양한 첨단재료기술 분야의 전문회사가 되었다. 이러한 능력을 새로 개발한 기술과 결합해서, 후지필름은 지금은 담수화, 가스 멤브레인, 극초미세공 필터 등 여러 극한 분야에 응용되는 독창적인 재료를 만들어내고 있다. 사실 후지필름의 웹사이드에는 여기에 있는 나무 그림과 같이 핵심 기술이 어떻게 여러 영역에서 다양한 제품을 만들어내고 있는지 보여주고 있다.*

가능한 고객들

애플리케이션은 특정한 니즈를 해결하기 위해 설계된다. 따라서 잠재적인 애플리케이션을 발견하면 동시에 누가 그것을 필요로 하는지 고려해야 한다. 이렇게 해서 당신의 가능한 고객세트를 만든다. 누구에게 애플리케이션에 대한 니즈가 있을지 가능한 넓게 생각하라. 예를 들어, '환경 감시'는 병원, 어린이 보호시설, 식료품 생산업체 등에 유용할 것이다. 워크시트 1의 하단부를 활용해서 가능한 애플리케이션과 고객의 목록을 적어라. 이 작업은 새로운 시장기회를 보도록 도와줄 것이다.

---

* http://www.fujifilm.com/innovation/stories/highlyfunctionalmaterials

Augury 워크시트 1 하단부 작성 사례

상업용 기계 예지정비	소비자 제품 예지정비	의료용 예지정비
운송회사 - 냉장컨테이너 - 냉장트럭 공장 - 생산기계 - 인프라설비 상업용 건물 - 냉난방시스템 - 엘리베이터	자동차제조사 - 자동차 - 모터사이클 가전기기 - 백색가전 - 냉난방	폐동맥 진단 폐 진단

Augury의 기술은 상업용 기계, 가전제품, 의료 목적으로 예방점검에 응용될 수 있을 것이다. 각 애플리케이션은 이미 상당히 일반적인 시장 영역을 암시한다.

다음은 고객 부분으로 각 애플리케이션에 따라 다양한 세분시장을 적는다. 예로서 상업용 기계에는 공장, 상업용 건물, 운송회사라는 고객 세분시장이 포함된다.

각 그룹은 추가적인 세분화를 통해 가장 크고 동질적인 고객세트를 도출한다. 예를 들면, Gal과 Saar는 상업용 건물을 들여다보면서 엘리베이터 유지보수, 냉난방시스템 유지보수와 관계가 있음을 이해할 수 있었다.

가능한 고객을 상세하게 가까이 들여다보고 또 멀리서 떨어져 본다

애플리케이션에 해당하는 고객세트를 식별하는 것은 많은 경우 발견 과정의 시작일 뿐이다. 잠재고객 세분시장을 상세하게 들여다보고 하위 세분시장(예를 들면, Augury 팀은 상업용 건물의 냉난방시스템시장은 서비스제공자와 건물관리회사로 나누어진다는 것을 알아냈다)을 확인하라. 또는 다른 세분시장으로 눈을 뜨게 해주는 넓은 고객세트를 확인하기 위해 멀리서 보라(예를 들어, 상업용 건물을 멀리서 보면 가정용 건물의 유지보수 기회도 보일 것이다).

ForNova 사례를 보며 고객 발견을 상세하게 들여다보는 과정을 이해해보자. 이 스타트업은 인간의 행동을 모방해서 가격, 이미지, 설명, 등급을 매기는 것 같은 콘텐츠를 '읽는' 시각 스캐닝 소프트웨어를 개발하고 있다. 그에 따라 코드, 언어, 레이아웃 변화에 방해받지 않고 온라인 데이터를 모을 수 있다.

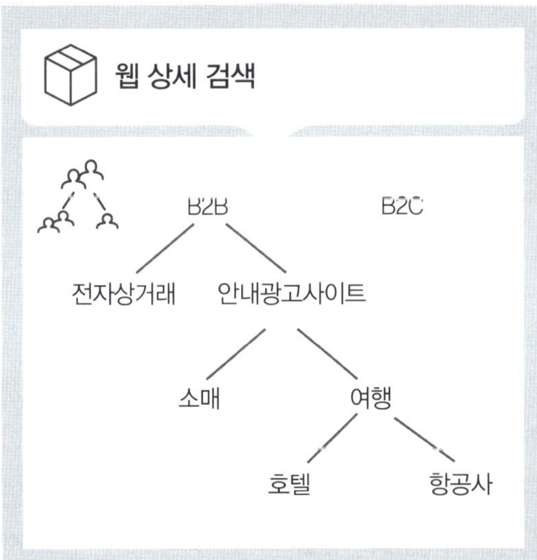

워크시트 1에서 그들의 고객계통도는 소비자(B2C)인지 기업고객(B2B)인지 이해하는 것부터 시작한다. B2B 영역을 상세하게 들어가면 전자상거래회사나 안내광고사이트를 나눌 수 있을 것이다. 안내광고시장 영역에서는 여행 또는 소매시장으로 나눌 수 있고, 여행시장을 더 들어가면 호텔, 항공사시장으로 나누어지는 것을 알 수 있을 것이다. 요약하면, 이렇게 상세하게 들어가는 과정을 통해 넓은 범위의 잠재적 고객을 식별하고 그들을 어떻게 그룹핑할지 도움을 받을 수 있다.

대륙과 국가

상세하게 들여다보는 활동을 통해 넓은 시장 영역을 구체적인 사용자 그룹으로 세분시장을 만들어 가능한 다양한 수준의 분석을 할 수 있다.

이것은 시장기회 발견에서 '대륙 대 국가'의 이슈라고 생각할 수 있다: 여기에서 대륙은 넓은 시장 영역(또는 산업별 시장)이다. 모든 대륙은 여러 국가-즉 세분시장-로 이루어져 있다. 일관성 있는 시장기회세트를 만들기 위해서는 같은 수준의 기회를 모아야 한다. 그렇지 않으면 서로 비교하기 매우 힘들어진다.

예를 들어, ForNova 사례에서는 안내광고 사이트에 비해 전자상거래 시장 영역은 '대륙' 수준의 분석으로 볼 수 있으며, 소매, 여행 시장은 '국가' 수준으로 볼 수 있을 것이다. 물론 여러 대륙의 국가들을 비교할 수는 있다. 그러나 국가와 대륙을 비교하는 것은 오도할 수 있으며 다른 수준을 가진 것을 비교하는 것이다.

이것의 목표는 시장기회를 평가하는 동안 편안하게 느낄 적절한 축약 수준을 얻는 것이다(시장기회내비게이터의 다음 단계). 너무 넓은 것은 시장기회를 서로 진정하게 비교하는 것이 어렵기 때문에 좋지 않다. 사실 상당히 넓은 시장 영역 안에는 다른 세분시장에 비해 당신의 노력을 쏟을 좀 더 비옥한 기반이 있는 세분시장이 따로 있을 수 있기 때문이다. 너무 좁은 수준도 마찬가지로 좋지 않다. 왜냐하면 당신의 노력을 보증해줄 충분히 큰 규모의 균질한 고객세트를 공략할 수 있는 시장기회가 필요하기 때문이다.

Augury로 돌아가서 …

Augury 예시처럼, 때로는 여러 국가를 평균화한 것일지라도 대륙을 비교하면서 시작하는 것이 필요할 수도 있다. Gal과 Saar는 그들의 진단기술이 산업용 기계뿐 아니라 인체 – 복잡한 기계 – 에도 적용될 수 있다는 것을 알았을 때 그 점을 이해했다. Augury가 기계를 진단할지 사람을 진단할지는 대륙 수준의 분석이며, 시작할 때 중대한 결정이다. 왜냐하면 한 영역에서 다른 영역으로 옮기는 것은 각 영역에 필요한 큰 투자 및 고유한 노하우와 명성을 고려할 때 거의 불가능하기 때문이다.

중대한 결정을 내릴 때 Gal과 Saar는 각 대륙 내의 가능한 여러 세분시장을 이해한 후 각 대륙의 잠재력과 난이도를 평가해야 했다(다음 절에서 상세하게 나룬나). 전체적으로 그들은 다른 여러 대규모업체들이 이미 의료 영역에서 예지의료를 제공하려고 시도하고 있는 반면에 그들의 상품이 기계 유지보수에는 와해적이라는 것을 발견했다(기존에는 거의 예지정비가 없었던 시장이었다). 따라서 그들은 기계 영역의 잠재력이 더 크며 전반적인 난이도는 낮다고 생각했다(의료기기는 높은 수준의 규제가 있다).

따라서 Augury의 창업자들은 기계의 예지정비에 집중하기로 결정하고 의료시장은 빼놓았다.

AUGURY

요약: 본 발견 프로세스는 매우 중요하다. 열린 자세로 가능한 한 많은 그리고 다양한 시장기회를 발견하라. 시장기회세트에 3~5개 시장기회를 만드는 것은 좋은 출발이다. 스타트업과 일하면서 일차 선별을 하기 전에 50개의 시장기회를 확인한 경우도 있었다. 너무 일찍 포기하지 마라.

발견 스킬을 강화(turbo boost)하라

지난 15년간 우리는 많은 창업자와 혁신가를 만났고 시장기회 전망의 최고 비결을 찾는 대규모 연구에 참여했다.* 다음에 당신의 발견 스킬을 끌어올릴 수 있는 강력한 기술을 소개한다.

당신의 지식을 채굴하라

사람들은 고객의 문제에 대해 자신의 기존 지식에 관련된 시장기회를 주로 발견한다. 그것은 쉽다. 당신은 기존 지식과 관련된 기회를 보게 될 것이다! 그러나 대개는 그 지식의 일부만을 활용할 것이다. 그래서 시간을 가지고 당신 기술에 내재된 기능으로 해결할 수 있는 문제를 겪는 사람(또는 회사)과 마주쳤던 모든 상황을 기억하려고 노력해보라! 그러나 자신에게 너무 엄격하게는 하지 마라. 육감을 발휘하는 것이 체계적인 조사에 좋은 시작이다.

외부 소스에 접속하라

사람들은 자신의 기존 지식과 관련된 기회를 보고 다른 것은 못 보기 때문에 시장기회에 대한 전망을 증가시키는 직접적인 한 방법은 다른 사람에게 탐색을 개방하는 것이다. 예를 들어, 당신 팀의 다른 멤버, 다른 업계에 있는 친구일 수도 있고 또는 클라우드 탐색 플랫폼을 활용할 수도 있다. 어떤 방법이든 간에 당신 기술의 기능을 누구나 이해할 수 있게 잘 표현해서 다른 사람이 당신 기술이 무엇을 할 수 있는지 이해하게 하라!

산업과 시장 목록을 갈아엎어라

당신의 창의성을 체계적으로 도약시키기 위해 또는 단순히 당신의 기억을 돕기 위해 기존 산업과 시장 목록을 참고할 수 있다. 때로는 이 목록들은 위계적으로 정리되어 있어 쉽게 상세하게 들어가거나 큰 영역에서 바라볼 수 있고, 당신의 기술이 해당 영역의 고객에게 유용한지 검토할 수 있다.

---

* Escaping the prior knowledge corridor: What shapes the number and variety of market opportunities identified before market entry of technology startups?/ Gruber, MacMillan & Thompson(2012)

특허 검색

관련이 된다면 언제든지 당신이 개발하고자 하는 기술과 밀접하게 관계가 있거나 기반이 되는 특허를 검색할 수 있다. 특허검색을 통해 유사한 기술이 적용되는 업계나 회사에 관한 아이디어를 얻을 수 있을 것이다.

대안의 초기 선별

여러 대안을 찾고나면 간략한 조사를 통해 초기 선별을 하고 충분히 좋지 않거나 결정적인 하자가 있는 것들을 걸러낼 수 있을 것이다. 실제로 이 단계에서 그렇게 '탈락'하는 것이 있는 것은 자연스러운 일이며, 새로운 아이디어를 넓고 창의적으로 탐색했다는 표시이다. 몇몇 대안은 그냥 처음에 보였던 것 같은 모습이 아닐 뿐이다.

초기 선별 시 핵심 질문

□ 고객니즈는 존재하는가?
□ 우리의 독창적인 능력을 활용해 기존 솔루션보다 고객을 더 만족시킬 수 있는가?
□ 본 시장기회를 실행하는 것을 방해하는 심각한 제한이 있는가?
□ 이 기회는 우리 핵심 가치와 상충되는가?

이렇게 초기 선별을 하고 나면, 한 번 더 시장기회 발견으로 돌아가든가 또는 결과물에 만족한다면(즉 앞으로 추구할 시장기회세트에 들어갈 여러 시장기회를 얻는 것) 첫 번째 주요한 결과물에 도달한 것이다!

결과물: 시장기회세트

이제 시장기회내비게이터에 시장기회세트를 그릴 준비가 되었다. 각 시장기회에 명확한 이름을 붙이자.

점착식 메모지를 활용해 각 시장기회를 표시하고 지정된 영역에 붙이자.

이 모든 것들이 중요한 가치창출과 성장기회가 될 수 있다는 것을 기억하자.

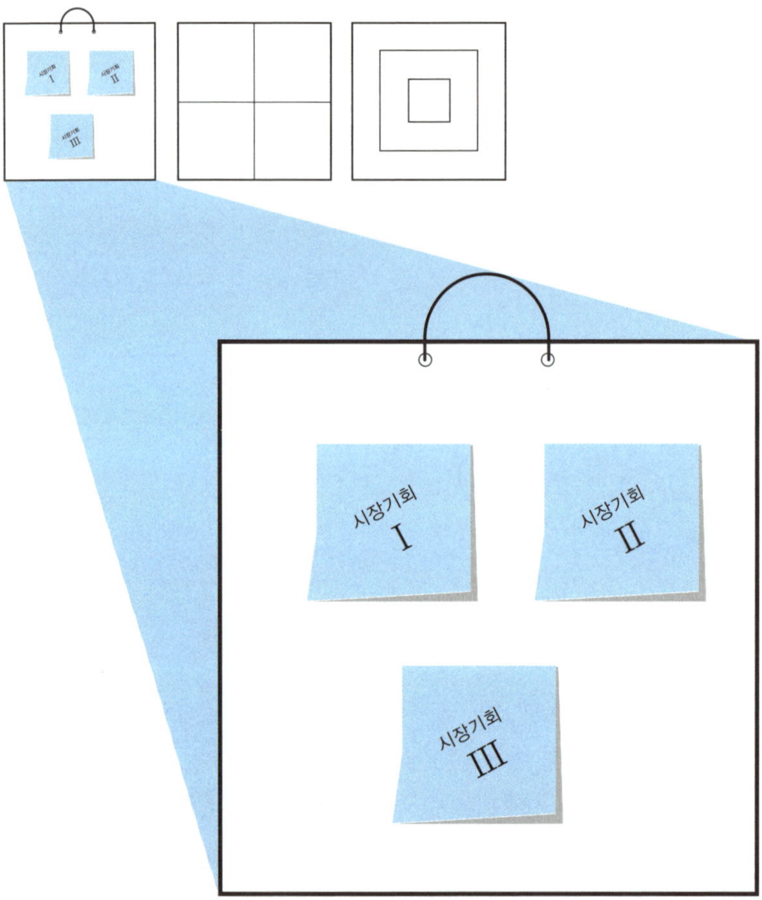

Augury의 시장기회세트를 정의해보자

Augury 팀은 여러 잠재 시장기회를 발견했다. 초기 대강의 선별과정에서 가장 흥미 있어 보이는 다섯 개의 시장을 더 검토하기로 결정했다: 상업건물용 냉난방시스템, 공장의 제조라인, 운송회사의 냉장컨테이너, 자동차 제조회사, 가전 제조회사.

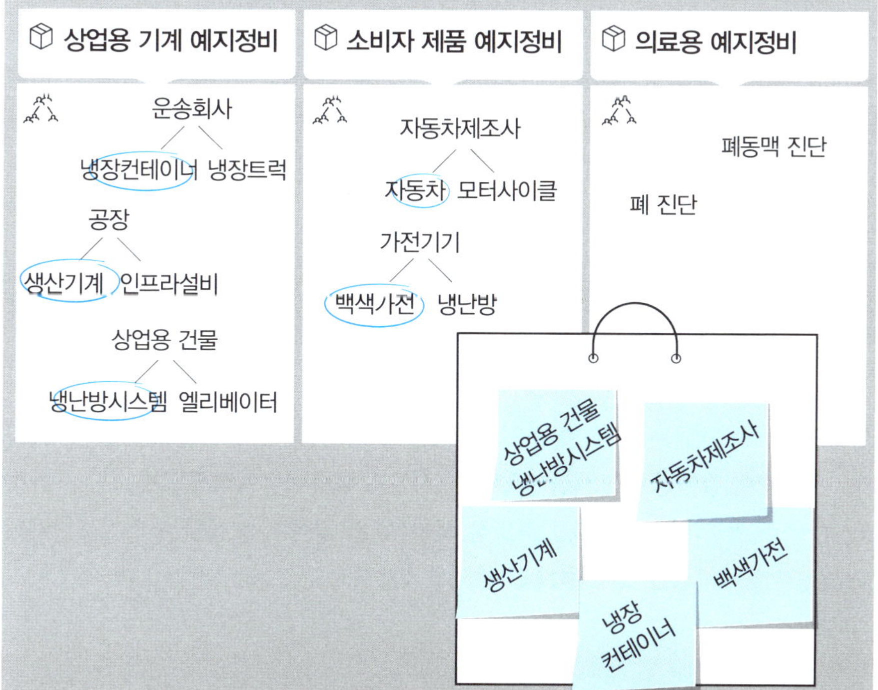

워크시트 1의 정보에 따라 그들은 이제 시장기회내비게이터에 시장기회세트를 그려볼 준비가 되었다.

이 과정은 동적인 과정이라는 것을 명심하라. 주목이 필요한 새로운 기회를 발견하면 시장기회세트에 추가할 수도 있고, 충분히 가치가 없다는 것을 알게 되면 기회를 버릴 수도 있다.

자주 묻는 질문

왜 어떤 기술들은 다양한 시장기회를 찾는 데 더 큰 어려움이 있는가?

우리 연구에 의하면 좀 더 추상적이고 특정한 응용 상황과 밀접하게 엮여있는 기술들은 인간의 감각을 다루며 특정 상황과 느슨하게 연결되어 있는 기술보다 '기술 그 자체'로 분리해서 이해하기 힘들다. 전자의 기술은 시장기회를 확인하는 데 더 많은 노력과 기술적 전문성이 필요하다.*

언제 탐색을 멈추고 평가를 시작해야 하는가?

당신은 계속 탐색하며 새로운 시장기회를 발견하는 것을 계속할 수 있다. 그러나 당신의 궁극적인 목표가 혁신의 상용화라면 어느 순간에 멈춰야 한다. 우리 연구에 의하면 주요 시장기회를 발견한 후 일정한 시간 뒤에는 탐색에 수확체감이 작용한다. 시장기회세트에 3~5개의 시장기회를 찾는 것을 목표로 하라!

진행하면서 기회를 추가로 확인하면 어떻게 해야 하는가?

이런 것이 발생할 가능성은 높다: 진행하면서 새로운 고객이 접근할 수도 있고, 당신 기술에 대해 좀 더 알게 될 것이고 또는 단순히 새로운 통찰력이 생길 수도 있다. 이런 것이 일어난다면 새롭게 발견한 시장기회를 시장기회세트에 그냥 추가하라. 다만 초기 선별과정은 통과하도록 하라! 다음 장에서 설명할 민첩집중전략에서 그것들을 평가하고 다시 고려할 것이다.

* The microfoundations of technology leveraging across markets/ Gruber & Thiel(working paper)

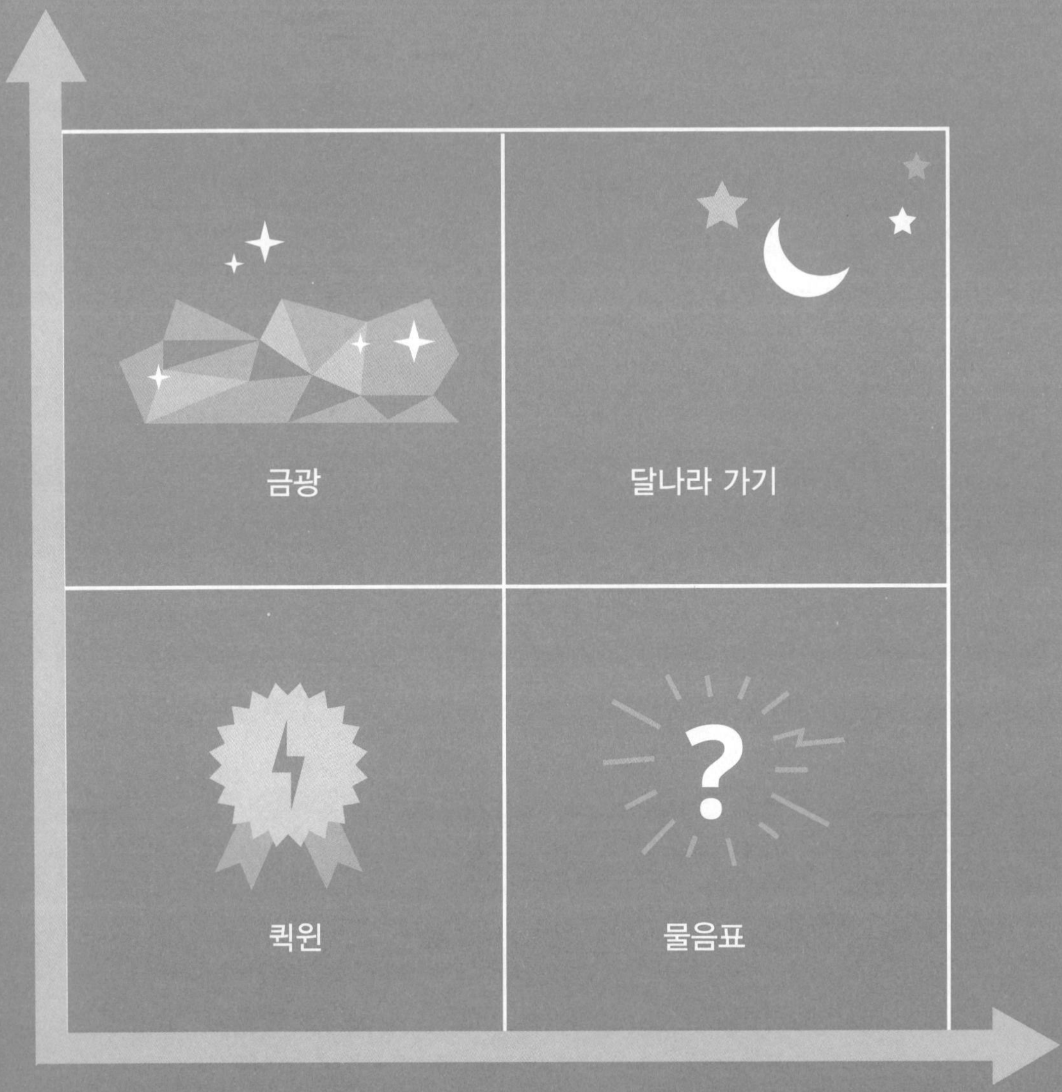

금광
달나라 가기
퀵윈
물음표

2.2 시장기회매력도평가

잠재적인 **시장기회세트**는 당신 사업의 중요한 자산이다. 그렇지만 인생에서 선택을 해야 하는 상황에서처럼 **시장기회세트**는 딜레마가 될 것이다: 어떤 대안이 전력을 다해 추구할 주 기회인가? 어떤 것은 지금은 제쳐놓아야 하는가?

이 중요한 결정을 하기 위해 먼저 대안들을 평가해야 한다. 그것이 이 단계에서 할 일이다. 매력적인 시장기회는 중대한 잠재적인 가치를 창출할 가능성이 있고 동시에 가치를 획득하는 데 있어 상대적으로 적은 난관이 있을 것들이다.

잠재력
기회가 얼마나 큰가?
추구할 가치가 있는가? 있다면 얼마나 많은 가치를 만들 수 있는가?

난이도
어떤 장애물이 있는가?
주 위험 요인은 무엇인가?
그것들을 극복하고 기회를 얻는 것은 얼마나 어려울 것인가?

이 절에서는 워크시트 2를 활용하여 시장기회들의 **잠재력**과 **난이도**를 평가하는 방법을 살펴본다.

각 시장기회를 이 두 측면에서 평가해서 **매력도맵**에 위치시킬 것이다. 이 맵은 각 기회의 본질과 기회세트 전체를 이해할 수 있는 지침이 될 것이다. 기회들 간의 트레이드오프를 파악하고 비교해서 가장 매력적인 기회를 보여주는 데 도움을 줄 것이다. 궁극적으로 매력도맵은 주 시장기회를 결정하는 정보를 주는 도구이다: 가장 중요한 데이터를 고려하고 직관(우리 자신의 편견에서 벗어나지 못하는)에 대부분 의존해서 결정하지 않는 의사결정 도구이다.

더 나아가 매력도맵은 새로운 정보가 나오면 반영하기 쉬운 역동적인 도구이다. 잠재력이나 난이도를 쉽게 업데이트하고 대안의 위치를 다시 정할 수 있으며, 새로운 것이 나오면 추가할 수 있다.

요점

워크시트 2는 시장기회세트를 어떻게 평가할 것인지 안내해준다. 이 작업의 결과물–대안의 평점 작업–은 어떤 시장기회를 추구할 것인지 현명하게 선택하고자 하는 사업가에게 큰 가치가 있다. 또한 과정 그 자체도 유익하다.

첫 번째로 가장 중요한 점은 학습과정이다. 이 과정에서 당신은 중대한 결정을 내리기 전에 가장 중요한 질문을 스스로 할 수 있게 된다. 다른 변수들을 어떻게 점수를 매길지 잘 모를 수 있지만, 중요한 고려사항들을 빼먹지 않았다는 것은 확신할 수 있게 된다. 더 나아가 이 전체적인 체크리스트를 활용하면 앞으로 더 검증해야 할 주요한 가정이 무엇인지, 검증하기 위해 어떤 실행 항목이 가장 적절한지 알 수 있게 된다. 이 과정은 또한 시간이 지나면서 기회를 지속 모니터링하기 위해 어떤 정보를 더 자주 찾아봐야 하는지도 이해할 수 있게 해준다.

더구나 워크시트 2는 동료 또는 이해관계자들과 팀 논의를 위한 기반을 제공해준다. 이 논의들을 통해 다양한 관점을 끌어오고 기회에 대한 이해를 촉진할 것이다. 궁극적으로는 대안에 대해 향상된 감을 얻게 되고 각 시장기회의 긍정적인 면과 부정적인 면에 대해 더 민감해질 것이다.

마지막으로 매력도맵은 높은 곳에서 '큰 그림'을 내려다볼 수 있게 해준다. 세밀하게 들어가서 보면서 동시에 큰 그림을 조감할 수 있는 능력은 현명한 결정을 내리는 데 중요하다.

이것은 학습과정이다

각 대안에 대해 평가하는 것은 창업과 혁신과정에서 가장 중요한 학습이다. 당신 회사가 어떤 시장에 진입할 것인지 중대한 결정을 하기 전에 시간을 가지고 조사하고 공부하는 데 가능한 모든 지식을 모아라.

학습 마인드세트를 가져라

체계적으로 하라

평가과정의 구조는 주요한 이슈를 간과하지 않도록 해준다. 구조가 있음으로 인해 전 과정에 일관성이 유지되며 동일한 고려사항 세트에 기반해서 대안을 비교할 수 있다.

가설을 지식으로 전환하라

학습과정은 대개 가설이나 당신이 분석하고자 하는 기회에 대해 가진 신념에서 출발한다. 그렇지만 타당성 있는 평가는 신념에 기반해서는 안 된다. 평가, 평점 프로세스를 통해서 결정적인 가정을 지식으로 변환하라. 자료조사를 하고 '현장으로 나가' 고객, 시장전문가와 대화하라. 가능하다면 디자인씽킹과 린스타트업 방법이 제시하는 대로 고객과 작은 규모의 실험을 수행하라.*

불확실성에 익숙해져라

혁신을 시장에 내놓는 과정에서 불확실성은 정상적인 것이다. 따라서 평가에도 역시 제한이 있다. 체계적이고 완벽하게 할 것이지만, 미래를 얘기해주는 수정구 같은 것은 아직 없다. '모르는 것을 모르는 것'과 '모른다고 알고 있는 것' 둘 모두 평점의 타당성에 영향을 줄 수 있다. 하지만 이러한 불명확성 때문에 평가를 그만두지 마라. 가장 결정적인 정보를 모으고, 결정을 하기 전에 가능한 최대한 검증하라. 그리고 동시에 중요한 것은 새로운 데이터가 구해지면 평가내용을 업데이트하라. 이것이 바로 시장기회내비게이터가 당신의 혁신 여정의 동반자로서 설계된 이유이다: 시간이 진행되며 길을 찾는 것을 도와주는 역동적인 도구로서!

* The Lean Startup/ Eric Ries(2011); The Four Steps to the Epiphany/ Steve Blank(2005); Design Thinking/ Thomas Lockwood(2009)

평가를 시작하기 전에

성공을 위해서는 준비를 해야 멀리 갈 수 있다. 대안을 잠재력과 난이도에 근거해서 실제 점수를 평가하기 전에 해야 할 숙제가 있다. (1) 고객의 세계, (2) 사업환경 그리고 (3) 핵심 실행 마일스톤에 대해 학습하고 이해해야 한다.

고객의 세계를 학습하라

"낚시를 잘하려면 물고기같이 생각하는 법을 배워야 한다." 시장기회의 본질을 이해하려면 고객의 입장이 되어 보는 것이 핵심이다. 고객에게 제시할 가치제안은 무엇인가? 고객의 어떤 불편함을 해결할 것이며, 당신의 제안이 현재 솔루션보다 왜 더 나은가? 고객들은 무엇을 가치 있게 여기며, 거기에 영향을 주는 것은 어떤 중요한 트렌드인가? 이러한 질문들에 대해 명확한 이해가 없으면 평가는 제한적인 가치밖에 없을 것이다.*

당신의 사업환경에 대해 학습하라

당신은 아무 것도 없는 곳에서 경쟁하지는 않는다. 다른 참여자들이 당신의 성공 가능성에 영향을 줄 수 있으므로 사업환경을 매우 잘 이해해야 한다. 시장기회를 평가하기 위해서는 이러한 시장의 가치사슬(해당 제품의 시장수요를 만족시키기 위해 같이 일하는 회사나 참여자들의 연결)을 이해해야 한다. 당신에게 적합한 자리는 어디인가? 당신을 누가 방해할 것인가? 그리고 누가 당신이랑 협력하기를 원할까? 사실 혁신적인 아이디어는 기존의 가치사슬을 깨고 완전히 바꿔서(예를 들어, 애플의 아이튠즈 같은 경우), 관련된 모든 참여자를 포괄적으로 이해하는 것이 중요하다. 거기에 더해서 이 시장에서 누가 당신의 경쟁자가 될 수 있는지 이해해야 한다: 그들이 무엇을 제공하는가? 어떻게 반응할까? 그리고 당신은 경쟁자에 비해 강력한(심지어 '불공정'할 정도로) 경쟁우위를 가지고 있는가?**

---

* Value Proposition Design/ Osterwalder, Pigneur, Bernarda & Smith(2014)

** Competitive Advantage/ Michael Porter(1985)

실행의 주요 마일스톤을 이해하라

당신의 자신의 자원과 역량을 이해하고 있어야 한다. 당신이 이미 무엇을 가지고 있으며, 제품을 창출하고 시장에 내보내기 위해 무엇을 더 개발해야 하는가? 기술 노하우, 인적자본, 지적재산, 제휴, 파트너, 재무자원 등에 대해 생각해보라.

Augury의 학습 프로세스

Saar와 Gal은 그들의 시장기회를 학습하고 있었다. 그들은 초기 결정의 중요성을 명확하게 이해하고 있었고, 올바른 결정을 내리기 위해 필요한 모든 정보를 확실히 가지기를 원했다.

그들은 린스타트업 접근법의 주요 요소를 따라서 5개의 시장기회 각각에 대해 가정을 시험해보고자 했다. 그들은 인터뷰를 하고, 제품모형을 보여주고, 설문조사를 하고, 여러 컨퍼런스에 참석했다: 고객의 세계를 이해하고 각 대안의 사업환경을 이해하기 위해. 점차 그들은 각 시장의 생태계와 가치사슬을 알게 되었고, 각 참여자에게 제공할 수 있는 가치제안을 깊게 이해하였다.

그들은 각 시장에 대한 지식을 문서화하고 업데이트해서 시장을 검증하기 위해 해야 할 다음 실행 항목이 무엇인지 알 수 있도록 했다. 이 학습과정은 구조화된 평가기준과 더불어-워크시트 2에 제공된 것과 같은-순전히 직관에서 정보에 근거한 결정으로 진전되도록 해주었다.

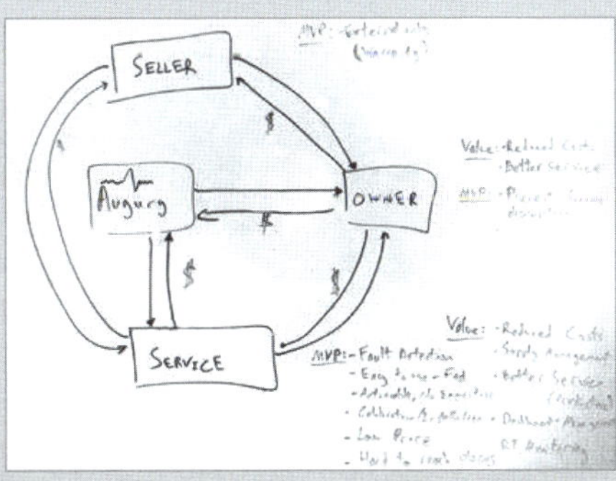

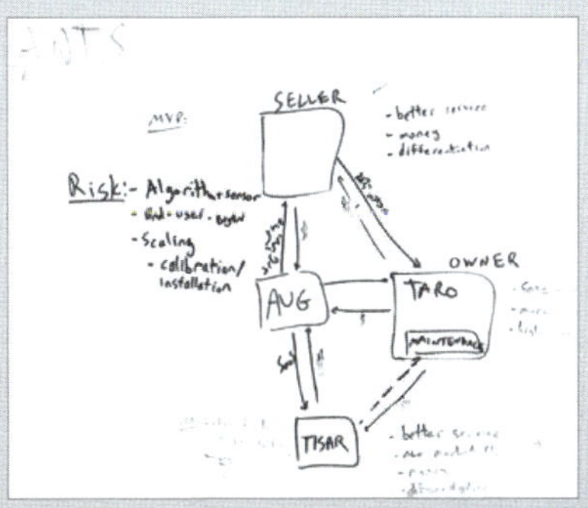

워크시트 2

시장기회매력도평가

이 워크시트를 이용해 평가하고자 하는 모든 시장기회를 각각 평가

시장기회

잠재력

낮음	중간	높음	매우 높음

반드시 구매해야 하는 이유

미충족니즈

효과적인 솔루션

현 솔루션보다 우수

낮음	중간	높음	매우 높음

시장 규모

현 시장 크기

예상 성장률

낮음	중간	높음	매우 높음

경제적 가능성

마진(가치 대비 비용)

고객의 지불능력

고객 밀착성

전체 잠재력

낮음	중간	높음	매우 높음

전체 평가 등급에 따라 각 시장기회를 매력도맵에 위치

이름

날짜

난이도

낮음	중간	높음	매우 높음

실행 장애

제품개발 어려움

판매 및 유통 어려움

자금 확보 어려움

낮음	중간	높음	매우 높음

매출까지의 시간

개발기간

제품개발과 출시 사이 기간

판매주기 길이

낮음	중간	높음	매우 높음

외부 위험

경쟁 위협

3자 의존도

수용 장벽

전체 난이도

낮음	중간	높음	매우 높음

워크시트 2

시장기회매력도평가

워크시트 2는 각 시장기회를 두 가지 주요한 측면에서 평가할 수 있도록 해준다: 잠재력과 난이도.

각 축은 세 가지 다른 요인으로 구성되며, 각각 점수를 매겨 시장기회의 전체 등급을 평가할 수 있도록 합쳐진다. 이 전체 등급을 사용해 각 시장기회를 매력도맵에 위치시킬 것이다.

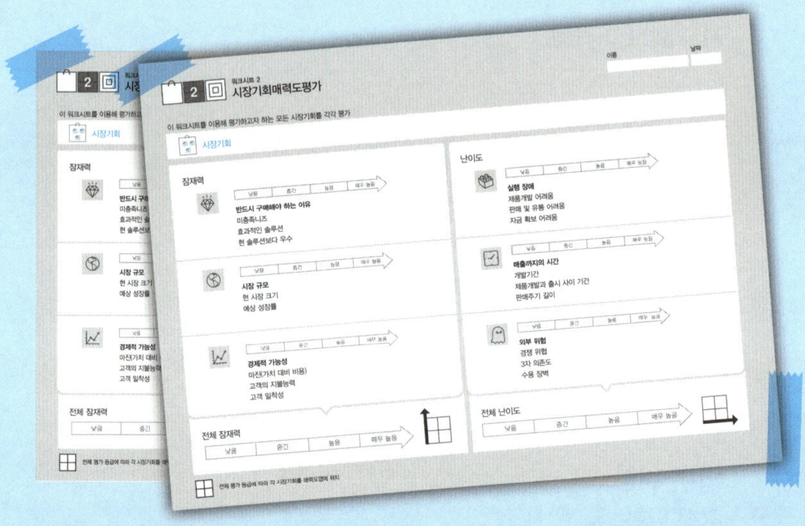

각 시장기회별로 별도의 워크시트 사용

어떻게 점수를 매기는가?

6개의 요인의 점수를 수학 공식에 넣어 전체 등급을 산출하면 가장 쉽겠지만, 그런 기계적인 접근방법은 의사결정의 복잡성에 비해 적합하지 않다.

대신에 이 요인들을 시장기회매력도를 판단할 때 평가해야 하는 주요 항목에 대해 포괄적인 이해를 제공해주는 것들로 살펴보아라. 다음 페이지에 잠재력이나 난이도에 영향을 주는 각 요인에 대해 평가과정을 안내해줄 질문 목록이 있다. 이 질문들에 대해 철저하게 생각해보고 각 요인에 대해 '낮음'에서 '매우 높음'으로 점수를 매기는 데 필요한 가능한 모든 정보를 모아라. 당신의 양적·질적 통찰력을 결합해서 가능한 최대한 객관적으로 하라. 팀 논의가 매우 도움이 될 것이다!

전체적인 목표는 각 대안의 주요한 긍정적인 면과 부정적인 면을 이해하는 것이므로 점수를 산정하는 것이 100% 정확하지 않다고 느끼더라도 괴로워할 필요는 없다! 점수 산정은 시간이 지남에 따라 각 대안 자체를 더 학습하고 다른 대안과 비교해서 더 정교하게 할 수 있다.

종합적으로 잠재력과 난이도 점수를 산정하는 것은 대안의 패턴을 인식하고 대안 간에 구별하는 것을 도와준다. 그렇게 해서 가장 전략적인 경로가 드러나도록 하는 것이다!

잠재력

시장기회에 대한 잠재력을 평가하는 것은 이 기회를 최대로 활용해서 창출할 수 있는 가치를 이해할 수 있도록 해주기 때문에 평가에 결정적이다. 즉 이 기회를 추구할 만큼의 가치가 있는가? 이 평가는 당신의 성공능력에 무관하게 기회에 내재된 것 자체를 말한다. (Note: 시장기회를 최대한 성공적으로 활용할 수 있는 당신의 능력은 난이도 측면에서 평가될 것이다.)

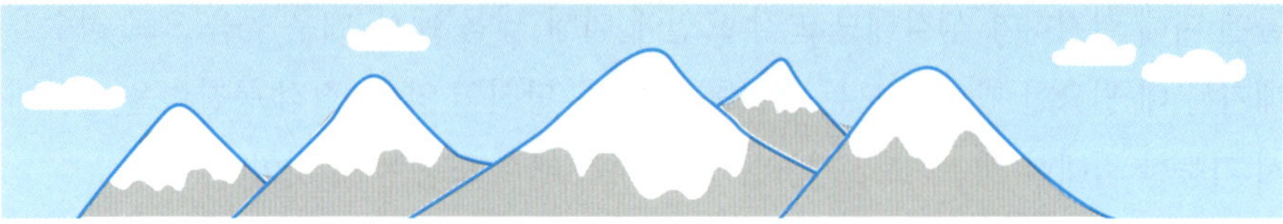

> 당신의 벤처가 여행해야 하는 가능한 시장기회세트가 만드는 풍경을 그려보라. 각 시장기회가 이 풍경 속에서 하나의 산이라면, 이 잠재력 측면을 측정하는 것은 산의 높이로 산이 높으면 높을수록 시장기회가 제공하는 잠재력은 클 것이다.

시장기회의 가치창출 잠재력은 세 가지 주요 요인에 의해 형성된다.

반드시 구매해야 하는 이유

우리가 제공하는 것을 누군가 정말로 원하고 돈을 지불할 용의가 있는가?

시장 규모

이 시장이 현재 그리고 가까운 미래에 얼마나 규모가 클 것인가?

경제적 가능성

이 시장이 사업 관점에서 추구할 가치가 있는가?

각 요인을 나누어 평가하고 점수를 합쳐 전체 잠재력의 등급을 결정하는 것을 추천한다.

반드시 구매해야 하는 이유

무슨 의미인가?

아무도 구매하기를 원하지 않는다면 그것은 아무 가치가 없다. 따라서 시장기회에 대해 첫 번째로 알아야 할 것은 당신이 제공하는 것을 어떤 사람이 정말로 원하는지이다. 만약 반드시 구매해야 할 이유가 낮다면, 그것은 수요가 적을 것이므로 단순하게 '중단'한다.

어떻게 평가하는가?

아래 세 개의 중요한 질문을 깊게 들여다보라.

진정으로 미충족니즈가 있는가?

우리가 이 니즈에 효과적인 솔루션을 제공할 수 있는가?

우리가 현재 솔루션보다 (아주) 더 잘해줄 수 있는가?

이 질문들에 대해 솔직히 대답해보면 당신의 잠재적인 고객이 구매해야 하는 이유의 강도를 추정할 수 있을 것이다. 다음에 전부는 아니지만 대답을 찾을 때 안내해 줄 질문 목록이 있다.

진정한 미충족니즈인가?

- □ 문제/니즈/해결과제는 정확히 무엇인가? 기능적, 사회적, 감성적 또는 기본 니즈인가?
- □ 정확히 누가 이 니즈가 있는가? 공통적인 고객의 특성을 그려보라. 누가 돈을 지불하거나 결제하는 구매자인가? 사용자는?
- □ 고객은 현재 문제를 어떻게 해결하고 있는가? 고객은 실제로 문제를 해결하기 위해 노력을 하고 있는가?
- □ 우리가 제공하는 것으로 무엇이 바뀌는가? 주 효익은 무엇인가? 경제적인 것인가, 기능적인 것인가, 감성적인 것인가, 자기표현이나 사회적인 것인가? 경제적인 것이라면(예로 주요 성공요인에 대한 생산성 향상/원가절감), 그 가치와 투자효과를 실제 숫자로 추정해보라.

□ 니즈가 '있으면 좋은 것'인가, '있어야 하는 것'인가, '반드시 있어야 하는 것'인가?
□ 자작 대비 구매 가능성: 고객이 그것을 스스로 만들 수 있는가?

효과적인 솔루션을 제공하는가?

□ 고객니즈를 모두 해결할 수 있으며 전체적인 솔루션을 제공하는가?*
□ 당신의 솔루션을 사용하면 또 다른 니즈 – 당신이 해결할 수 없는 – 를 야기하는가?
□ 이 니즈, 과제를 해결하기 위해 어떤 강점을 가지고 있는가?
□ 이 니즈를 해결하는 데 방해하는 어떤 약점이 있는가?

현 솔루션보다 좋은가?

□ 고객에게 다른 어떤 솔루션이 있는가?
□ 다른 솔루션 대비 당신 솔루션의 긍정적인 면은 무엇인가? 왜 고객들이 당신의 제품을 선호하겠는가?
□ 다른 솔루션 대비 당신 솔루션의 부정적인 면은 무엇인가? 왜 고객들이 당신의 제품을 선호하지 않겠는가?
□ 당신 솔루션의 우위는 고객에게 정말 의미가 있는가?

기억해야 할 중요한 점

이 요인을 점수화하는 유일한 방법은 고객의 눈으로 보는 것이다. 당신이 무엇을 생각하느냐가 아니라 고객이 무엇을 생각하느냐이다. 고객이 말하는 것, 더 중요하게는 고객이 하는 것이다. 당신이 믿고 있는 것을 검증하고, 현장에 나가 가능한 많은 고객들과 시장기회에 대해 얘기하라. 고객인터뷰를 설계하는 데 여러 책이 도움을 줄 것이다.**

이 질문들을 철저하게 따져보았다면, '반드시 구매해야 하는 이유'의 수준을 점수화할 수 있을 것이다. 이것이 도움이 된다면 각 하위 항목을 각각 점수화해서 평점을 결합해서 전체 점수를 매길 수 있을 것이다.

낮음	중간	높음	매우 높음

* Crossing the Chasm/ Geoffrey Moore(1991)

** The Entrepreneur's Guide to Customer Development/ Cooper & Vlaskovits(2010); Running Lean/ Ash Maurya(2010); Talking to Humans/ Giff Constable(2014)

이 요인의 평가 사례를 보기 위해 Augury로 돌아가보자. 그들이 철저하게 고려하는 기회 중 하나는 상업용 건물의 냉난방시스템이다. 그들은 대형 상업용 건물의 관리자나 서비스 사업자가 모든 냉난방시스템을 감시하는 예지정비 기기를 쓰면 효용이 있을 것이라고 믿었다. 그런 제품은 고장을 없애는 데 도움을 줄 뿐 아니라 시스템의 운전수명을 늘리는 데도 도움이 되어 운영비용과 에너지를 절감해줄 것이다.

이 시장에서 반드시 구매해야 하는 이유를 평가하기 위해 그들은 잠재고객과 논의를 했고 조심스럽게 대안 솔루션을 검토했다. 그들은 현 예지정비 솔루션은 냉난방시스템의 고장비용에 비해 투자비가 크다는 점을 발견했다. Augury의 솔루션은 초기 투자비 없이 상대적으로 저렴한 솔루션을 제공해줄 수 있을 것이다. 따라서 이 시장에서 예지정비에 대한 니즈는 분명히 존재한다. 그러나 고객 스스로는 예지정비의 가능성에 대해 모르고 있다. 따라서 Augury는 미충족니즈를 인식하도록 하고, 수요를 창출하기 위해 실제로 이 시장을 교육해야 할 것이다.

효과적인 솔루션 관점에서 냉난방시스템은 표준화된 시스템이기 때문에 Augury는 고객의 니즈에 대해 완전하게 대응해주는 제품을 개발할 수 있고, 대부분의 이상에 대해 경보와 리포트를 제공해줄 수 있을 것이다. 이 시장에 맞춤형 솔루션은 없기 때문에, 그들의 제품은 현재 예지정비 솔루션보다 훨씬 좋을 것이다.

전체적으로 그들은 반드시 구매해야 하는 이유에 대해 특별히 고객이 이 미충족니즈를 인식하지 못하고 있기 때문에 '중간-높음'으로 점수를 산정했다.

시장기회: 상업용 건물 냉난방시스템

반드시 구매해야 하는 이유

시장 규모

무슨 의미인가?

진정한 니즈를 만족시키는 것은 가치를 창출하는 중요한 조건이다. 그러나 얼마나 제품을 판매할 수 있는지, 그에 따라 얼마나 잠재적 가치를 창출할 수 있는지를 결정하는 것은 시장 규모이다!

시장 규모를 이해하기 위해서는 얼마나 많은 고객이 가까운 미래에 실제로 이 니즈에 부딪힐지(또는 부딪힐 것으로 기대되는지) 그리고 얼마나 지불할 의사가 있는지를 추정해야 한다. 시장 크기는 이 시장기회가 얼마나 클지를 보여주는 핵심 지표이다. 시장 크기가 중요하지만 크지 않은 시장도 특히 나중에 더 큰 시장으로 나가는 디딤돌이 된다면 흥미 있는 대안이 될 수 있다.

어떻게 평가하는가?

아래의 두 개의 주요한 질문을 깊게 들여다보라.

현재 시장의 크기는 얼마인가?

향후 얼마나 성장할 것으로 예상되는가?

이 질문들에 대한 객관적인 대답들이 시장 크기 또는 규모를 추정하는 기반이다. 다음에 이러한 숫자를 탐색하는 것을 안내해줄 몇 가지 질문들이 있다.

현 시장 크기

- □ 얼마나 많은 고객들이 당신의 솔루션을 필요로 하는가? 가지고 있는 데이터에 따라 잠재적인 고객의 총 숫자를 상향식 또는 하향식으로 추정할 수 있다.
- □ 얼마나 많은 고객들이 당신의 솔루션을 실제로 사용할 수 있거나 구매할 수 있는가 ? 이것은 모든 고객의 '범위'를 좁혀나가는 초기 필터이다. 다르게 하면 Steve Blank가 제안한 대로 총 시장(TAM: Total Available Market)과 유효시장(SAM: Served Available Market)을 생각해볼 수 있다.*

* The Startup Owner's Manual/ Blank & Dorf(2012)

- □ 이 고객들이 연간 몇 개를 구매하고 고객당 연간 매출액은 얼마일까? 숫자들을 결합해서 총 시장 크기－즉 모든 고객이 구매한다면(개수, 금액)－를 추정하라.
- □ 다른 방법으로는 문제의 크기를 추정해서, 즉 고객들이 당신이 해결하고자 하는 불편함을 처리하기 위해 현재 연간 얼마나 지출하는지를 산정할 수 있을 것이다.

시장 성장 예상

- □ 시장이 성숙되었는가, 성장하는가? 최근 2년간 성장했는가?
- □ 니즈, 고객 수가 향후 2~5년에 얼마나 성장할 것으로 예상하는가?

> **기억해야 할 중요한 점**
>
> 시장 크기를 두 가지 요소로 나누기를 추천한다: 수량과 금액. 이것들은 상호 보완적으로 예상 규모를 보다 잘 파악할 수 있게 해준다.
>
> 어떤 시장들은 분명히 다른 시장보다 추정하기 힘들다. Steve Blank는 세 종류의 시장이 있다고 제안한다. 기존, 재세분화, 신규.* 앞의 두 시장형태는 고객들이 니즈에 대해 보다 명확히 표현하고 시장 데이터도 종종 이미 존재해서 측정하기 용이하다. 그러나 신규 시장은 고객도 없고, 잘 정의된 경쟁자나 제품도 없어 기회의 크기를 측정하는 것은 평가라기보다는 '추측 추정'에 가깝다. 어떻든 간에 시장 크기를 추정하기 위해서는 제품에 관심이 있을 만한 사람들 및 판매채널의 판매원과 얘기해보고, 유사 경쟁제품을 활용해 추정하거나 증권분석보고서, 관련된 시장조사보고서를 찾아보아야 한다. 구글애널리틱스나 구글트렌드도 수요 규모를 추정하는 데 초기 힌트를 줄 수 있다.

일단 이러한 질문들을 철저하게 검토하고 나면 '시장 규모'에 대해 점수를 산정할 수 있을 것이다. 도움이 된다면 각 항목의 하위 요소를 산정하고 합쳐서 전체 점수를 산정할 수도 있을 것이다.

* The Four Steps to the Epiphany, Steve Blank(2005)

이 요인을 평가하는 것을 설명하기 위해 상업용 건물 냉난방시스템 시장을 다시 살펴보자.

전 세계에는 냉난방시스템이 있는 상업용 건물이 셀 수 없이 많다. Augury가 초기에 미국 시장으로 한정한다고 해도 그런 건물은 수백만 동이 있다(실제로 상업용 건물 에너지소비조사에 따르면 미국에는 Augury가 시장조사를 할 시점인 2012년도 기준으로 560만 동이 있음).

Augury의 창업자들은 건물당 연간 매출액을 5,000달러로 추정했다. 이렇게 해보니 전체적으로 수량과 금액으로 매우 큰 시장 크기를 보여주었다.

조사분석가들도 전 세계 냉난방시스템 시장은 건축 증가에 힘입어 향후 수년간 안정적으로 성장할(연간 7% 정도) 것으로 예측했다.

따라서 이 기회의 전체적인 시장 규모는 '높음'으로 평가할 수 있었다.

시장기회: 상업용 건물 냉난방시스템

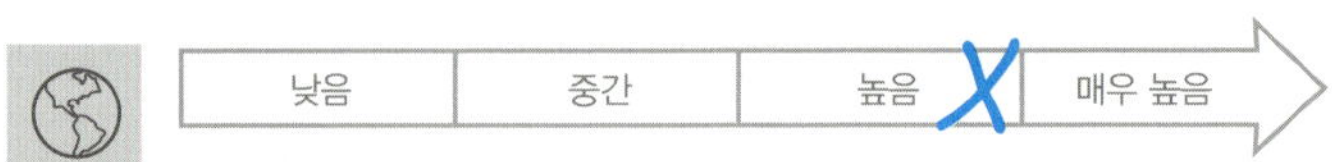

시장 규모
현 시장 규모
예상 성장률

AUGURY

경제적 가능성

무슨 의미인가?

시장기회의 잠재력을 평가하는 마지막 요인은 이 대안이 주는 경제적 이익을 추정하는 것이다. 구체적인 판매계획이나 투자경제성 분석이 없지만, 그것은 시장기회의 경제적 가치에 영향을 주는 기본 요소를 의미한다.

어떻게 평가하는가?

이와 같은 평가 초기에는 상세한 재무계획(3~5년 기간의 손익추정)을 만드는 것은 재무계획에 들어가는 정보가 너무 모호하기 때문에 가능하지 않다. 대신에 세 가지 주요한 질문을 검토해봄으로써 시장기회의 경제적 잠재력을 상대적으로 충분히 이해할 수 있다.

상당한 마진이 있는가?

고객은 가격을 지불할 만한 자금이 있는가?

고객들은 얼마나 밀착할까?

이 질문들에 객관적인 대답을 하면 시장기회가 얼마나 경제적으로 유망한지 이해할 수 있도록 인도해줄 수 있을 것이다. 다음은 대답을 찾을 때 도와줄 몇 가지 질문들이다.

마진(가치 대 비용)?

- □ 고객이 지불할 용의가 있는 추정가격은 얼마인가?
- □ 제품/서비스의 추정비용은 얼마인가?
- □ 고객 한 명을 획득하는 데 필요한 추정비용은 얼마인가?
- □ 예상마진은 얼마인가(즉 고객당 경제적 잠재력)?
- □ 위의 것들이 시간에 따라 변할 것인가(규모의 경제, 부품 공급 개선 등)?

고객의 지불능력?

- □ 고객들은 재정지원이 잘 되어 있는가(일반적으로)?
- □ 고객은 당신의 제공품으로 해결하려고 하는 문제를 풀기 위한 예산이 이미 있는가(특히 B2B는 관련 있음)?
- □ 구매의사결정자나 결제자가 있는가(특히 B2B는 관련 있음)?

고객 밀착도?

- □ 고객은 얼마나 자주 당신의 솔루션을 이용하거나 재구매할 것인가?
- □ 고객이 다른 대안 솔루션으로 바꾸는 것은 얼마나 어려운가?

기억해야 할 중요한 점

당신 기회의 경제적 가능성은 벤처의 생존과 성장을 궁극적으로 결정해주므로 매우 필수적이다. 당신 제공품의 미래가격을 아는 것은 어렵지만, 당신의 제안비용과 고객이 얼마나 지불할 것인가 사이에 충분한 여유가 있는 것을 이해하는 것–그리고 명확히 하는 것–은 중요하다. 어떤 경우나 구매예산을 가지고 결제를 하는 '경제 구매자'의 시각을 이해하기 위해 반드시 얘기해봐야 한다. 거기에 더해 당신의 제공품의 가격을 얼마로 할 수 있는지 신호가 될 수 있는 비교 오퍼를 찾도록 노력하라.

유사한 어려움은 비용을 추정할 때도 생긴다: 지금은 대강 추정하는 것이 아마도 최선이겠지만, 아무것도 없는 것보다는 낫다! 비용은 시간이 지나면서 규모의 경제가 가능해지며 감소할 수 있다는 것을 명심하라.

이 요인의 중요성에도 불구하고 많은 성공적인 회사들은 시작할 때 명확한 매출모델이 없었지만, 고객 증가가 상당한 경제적 보상(예, 인스타그램이나 웨이즈를 생각해보라)을 가져올 것이라는 것을 믿었다. 그런 경우에는 당신의 경제적 가능성은 위험도가 매우 높고 장기적으로만 실질적일 수 있다는 것을 고려해야 한다.

일단 이 질문들을 철저하게 대답하면 '경제적 가능성'의 수준을 점수를 매길 수 있을 것이다. 이것이 도움이 된다면 각 하위 항목을 각각 점수화해서 평점을 결합해서 전체 점수를 매길 수 있을 것이다.

이 요인을 평가하는 것을 설명하기 위해 상업용 건물 냉난방시스템 시장을 다시 살펴보자. 경제적 가능성을 추정하기 위해서는 먼저 고객들이 Augury의 솔루션에서 얻을 수 있는 가치를 평가하는 것이 중요하다. 연구에 의하면 상업용 시설에서 예지정비 프로그램이 제대로 작동하면 1제곱피트당 1달러 정도 절감이 가능하며 운영비용의 13%까지 전체 비용 절감이 가능하다고 한다. 이러한 추정으로 Augury의 창업자들은 가격 대비 가치 비율은 상대적으로 높을 수 있다고 결론내렸다.

더 나아가 개발 어려움과 낮은 규모 경제로 초기 비용이 상대적으로 높더라도 이 고객들은 재정이 충분해 비용보다 상당히 높은 가격을 충분히 감당할 수 있었다. 고객이 충성도를 유지할 것이냐에 대한 질문은 대답이 어려웠다. 그들의 알고리듬은 기계학습에 기반하고 있어서, 같은 기계를 계속 감지하면 더 정확한 진단이 가능했다. 이 점은 고객이 Augury 솔루션을 계속 사용할 것이라는 인센티브로 작용했을 것이다. 그러나 시장에 경쟁제품이 나오면 전환장벽은 충분히 높지 않을 수도 있다.

전체적으로 이러한 고려결과 이 시장기회에 대한 경제적 가능성은 '높음'으로 나왔다.

시장기회: 상업용 건물 냉난방시스템

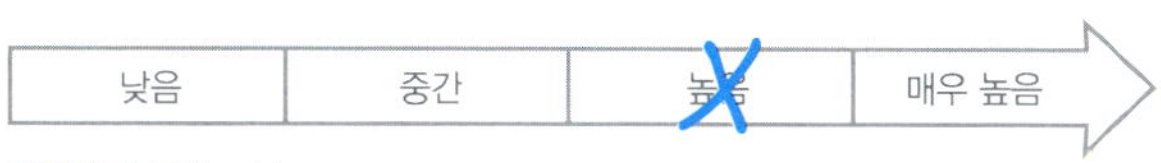

경제적 가능성
마진(가치 대비 비용)
고객의 지불능력
고객 밀착성

잠재력: 전체 등급

세 가지 핵심 요인을 분석했다면, 평가를 합쳐서 시장기회의 잠재력를 나타내는 전체 등급을 계산할 시간이다.
각 등급을 활용해 평균 점수를 '낮음'부터 '매우 높음'까지 계산하라. 이것은 나중에 매력도맵에서 시장기회의 위치를 정할 때 사용될 것이다: Y축의 가치창출 잠재력.

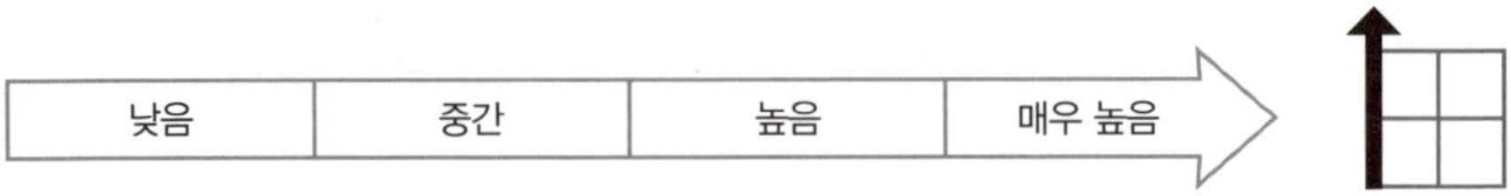

위의 평균 점수는 시장기회의 핵심적인 긍정적 측면이나 부정적 측면을 감출 수도 있다. 그러나 여기에서 중요한 점은 시장기회를 평가하는 모든 주요한 고려사항을 철저하게 검토했다는 것이다. 이제 주요한 장점과 단점을 알고, 어떠한 긍정적인 면이나 부정적인 면이라도 주의할 수 있다.

여러 요인에 가중치 부여하기

모든 요인이 똑같이 중요한가?
이것은 단도직입적인 질문이지만 확실한 답은 없다.

고객에게 가치(반드시 구매해야 하는 이유)는 필요조건이고 따라서 제일 먼저 분석해야 한다. 고객가치가 상대적으로 낮다면 좀 어렵게 될 것이다: 다른 요인의 장점에도 불구하고. 그러나 가치와 규모는 상호 균형적으로 흥미 있는 기회를 만든다(예로 매우 높은 가치와 상대적으로 작은 규모 또는 그 반대로). 전체 그림은 따라서 세 가지 요인에 의해 결정된다.

물론 보고 있는 기회가 그런 접근 방식이 필요하다면 각 요인에 다른 가중치를 부여하는 것도 가능하다. 그러나 주의하라. 요인별로 가중치를 주게 되면 대안 전체에 대해서 일관성이 있게 하라.

Augury에게 냉난방시스템 기회의 전체 잠재력은 상대적으로 높았다. 시장을 교육해야 했지만, 그들은 시장이 충분히 크고 경제적으로 유망해서 그럴 가치가 있다고 믿었다.

시장기회: 상업용 건물 냉난방시스템

잠재력

낮음 | 중간 | 높음 | 매우 높음

반드시 구매해야 하는 이유
미충족니즈
효과적인 솔루션
현재 솔루션보다 우수

낮음 | 중간 | 높음 | 매우 높음

시장 규모
현 시장 규모
예상 성장률

낮음 | 중간 | 높음 | 매우 높음

경제적 가능성
마진(가치 대비 비용)
고객의 지불능력
고객 밀착성

전체 잠재력

낮음 | 중간 | 높음 | 매우 높음

때로는 시장기회가 시장 자체는 (수량이) 매우 크지 않더라도 높은 잠재력을 보여줄 수도 있다. Microbot Medical이 그런 예이다. 그 회사의 제품 중 하나는 전자기장에 의해 조종되는 자율주행으로 기어가는 마이크로 로봇이다.

이 획기적인 기술은 신경수술, 심장병, 부인병 등 여러 분야에서 최소침습 의료처치를 수행하는 데 이상적이었다. 회사가 고려하고 있던 한 시장기회는–나중에 초기에 집중하기로 선정한–뇌수종이라고 알려진 '뇌의 수액'의 상태를 처리하는 자동세척 션트(shunt)였다. 그런 처치 시장 규모는 매우 크지는 않았지만 (미국에서 션트 관련 시술이 연간 40,000건 정도 행해짐), 이 제품이 제공하는 가치는 어마어마했다: 환자와 보험회사에게는 의료비 환급이 매력적이었고 다른 경쟁 솔루션이 없었다. 따라서 이 기회의 반드시 구매해야 하는 이유와 경제적 가능성은 '매우 높음'으로 나와 매우 잠재력이 큰 대안이 되었다.

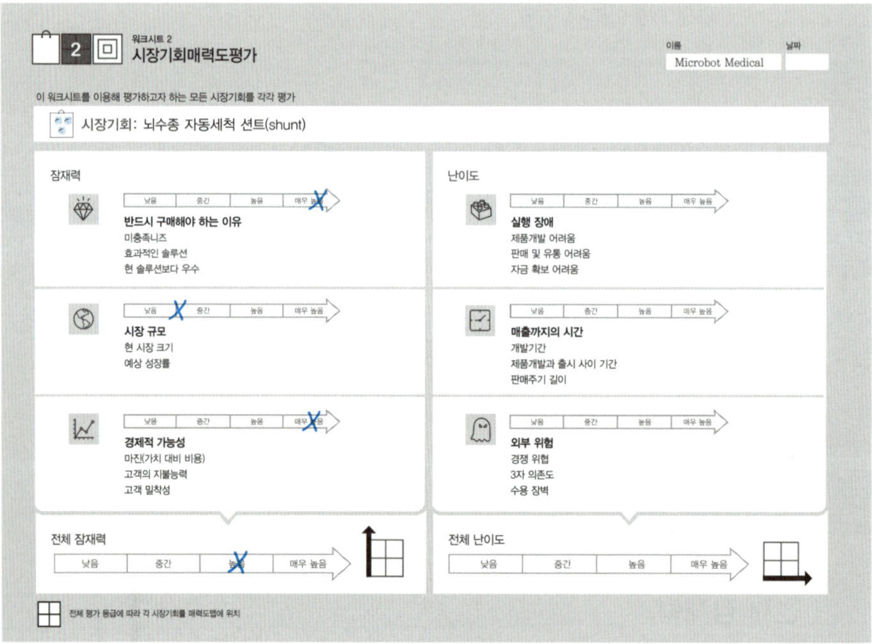

난이도

고려하는 각 시장기회는 가치창출 잠재력과 연관될 뿐 아니라 가치를 획득하는 데 필요한 도전도 수반한다. 도전은 이 시장에서 성공하는 것이 얼마나 어려운지를 형성하기 때문에 이해하는 것이 중요하다. 잠재력이 시장기회를 그 자체로서 산정한 반면, 도전은 성공하기 위한 당신 자신의 능력과 부딪히게 될 주요한 장애물을 검토한다.

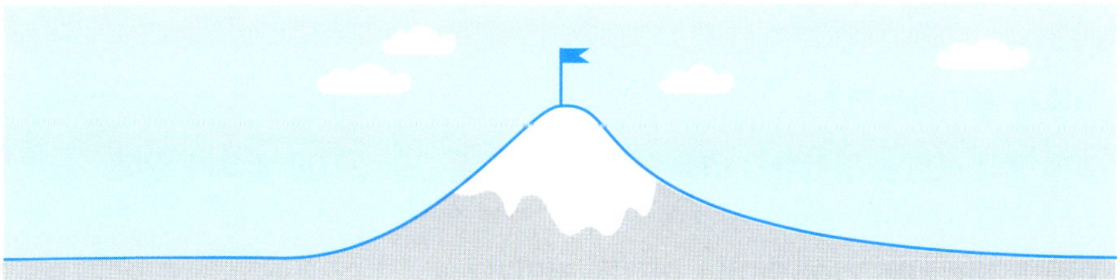

> 이 시장기회의 풍경에서, 각 대안은 올라야 하는 산이고, 난이도는 산의 높이 자체보다 정상을 오를 수 있는 가능성의 정도를 말한다.

시장기회의 난이도는 세 가지 주요 요인을 측정할 수 있다.

실행 장애물

제품/서비스를 만들고 제공하는 데 얼마나 어려울 것인가?

매출까지 시간

판매를 통해 현금흐름을 창출하는 데 얼마나 오래 걸릴 것인가?

외부 위험도

사업환경에 어떤 장애물이 있을 것인가?

앞에서처럼 각 요인을 따로따로 검토하고 나서 합쳐서 전체 난이도 등급을 평가할 것이다.

실행 장애물

무슨 의미인가?

시장에 성공적으로 출시하고 제품을 확산시키는 과정에서 제품을 만들고 전달하는 데 도전에 직면할 것이다. 이러한 어려움을 평가하는 것은 특정한 시장기회에 관련된 난이도를 이해하는 데 도움이 될 것이다. 이미 가지고 있는 자원과 역량을 고려하여 시장기회에서 성공하기 위해 개발하고 확보해야 하는 추가 자원과 역량에 대해 통찰을 얻을 필요가 있다.

어떻게 평가하는가?

실행 장애 요인을 평가하기 위해 세 가지 주요 질문을 검토할 필요가 있다.

제품을 개발하는 것이 얼마나 어려울 것인가?

시장에 접근하는 것이 얼마나 어려울 것인가?

이 대안에 펀딩을 받는 것이 얼마나 어려울 것인가?

이 질문들에 대답을 하면 실행 중에 부딪힐 도전에 대해 주요한 통찰을 얻을 수 있을 것이다. 대답을 찾을 때 안내해줄 여러 주요한 질문들이 다음에 있다.

제품개발 어려움?

- □ 어떤 기술적 어려움을 극복해야 하는가?
- □ 사용자 인터페이스와 디자인에 어떤 도전이 있는가?
- □ 준수해야 하는 규제사항이 있는가?

판매와 유통의 어려움?

- □ 고객에게 접근하기 위해 어떤 유통채널이 필요한가(직접판매, 리셀러, 판매업체 등)?
- □ 적절한 채널이 이미 존재하는가?
- □ 채널을 구축하기 위해 얼마나 시간이 걸리는가?
- □ 다수의 채널을 갖추는 것이 중요한가?

- □ 유통채널을 활용하는 것은 비용이 얼마나 드는가?
- □ 효과적인 마케팅채널이 이미 있는가(당신의 고객을 목표로 함)?
- □ 당신의 제품에 대한 인지와 관심을 창출하기 위해 얼마나 비용이 드는가(예, 신규 고객 확보)?

자금 확보 어려움?

- □ 고객이 돈을 지불할 때까지 얼마나 자금이 필요한가(즉, 초기 시드 투자 자금)?
- □ 시드 자금을 확보하는 것은 얼마나 어려울 것인가(자금 가용성, 유망 분야 등)?

> **기억해야 할 중요한 점**
>
> 혁신가들은 종종 제품을 만드는 어려움에 대해 많은 생각을 하지만, 시장에 내놓는 어려움에 대해서는 간과한다. 제품을 출시하는 것이 때로는 만드는 것보다 훨씬 더 어려울 수 있으므로 주의를 기울여라.
>
> 특정 시장기회에 대해 제품을 만들고 출시하는 도전을 이해하고 나면 그것을 수행하는 데 필요한 재무자원을 추정할 수 있다. 필요한 자금을 추산할 때는 상향식 분석을 해라: 얼마나 많은 연구개발인력이 필요한가? 비용은 얼마나 드는가? 어떤 장비가 필요한가? 마케팅과 판매 인원은 얼마나 필요한가? 얼마나 비용이 드는가? 마케팅과 판매활동에 얼마나 투자할 것인가?
>
> 만약 지금 단계에서 필요한 자금의 합계가 정확히 추산이 불가능하다면 다음과 같이 나누어 시도하라: 10만 달러 이하, 50만 달러 이하, 200만 달러 이하, 200만 달러 이상. 이렇게 하면 앞으로 있을 재무적 도전에 대해 충분히 추산을 할 수 있을 것이다.

이 질문들을 철저하게 검토하면 '실행 장애물'의 높이를 점수로 매길 수 있을 것이다. 이것이 도움이 된다면 각 하위 항목을 각각 점수를 매기고 결합해서 전체 점수를 정할 수 있을 것이다.

이 요인을 평가하는 것을 설명하기 위해 Augury의 상업용 건물 냉난방시스템 시장을 다시 살펴보자.

각 기계가 고유한 제조장비에 비교해 냉난방시스템의 장점은 표준화에 있다. 따라서 냉난방시스템의 소리와 진동을 모니터링하는 제품을 개발하는 것은 상대적으로 수월하다. Augury의 창업자는 그것이 가능하다고 추정했다.

제품이 준비된 후 시장에 내보내려면 최소한 첫 단계에서는 직접판매 인력을 필요로 할 것이다. 이것은 유통의 주요 역할은 제품을 공급하는 것보다 수요를 창출하는 것이기 때문일 것이다.

그러나 시간이 지남에 따라 이 시장에 접근하는 데 사용되는 적절한 판매채널이 있을 것이다.

개발과 판매의 도전을 이해하는 것은 원하는 시드 펀딩이 200만 달러 정도가 될 것이라고 추산하는 근거가 되었다. 따라서 종합적으로 실행 장애물은 '중간-높음'으로 구분되었다.

시장기회: 상업용 건물 냉난방시스템

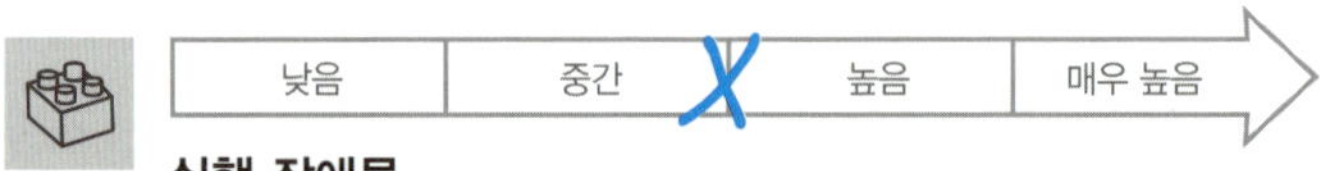

실행 장애물
제품개발 어려움
판매 및 유통 어려움
자금확보 어려움

매출까지 시간

무슨 의미인가?

양(+)의 현금흐름은 스타트업에게 산소와 같다. 시간은 가고, 돈은 대개 빨리 없어진다. 따라서 판매를 통해 현금을 창출하는 속도는 중대한 고려사항이다. 이 요인은 당신의 계좌에 현금이 쌓이기 시작할 때까지 얼마나 걸릴 것인가를 추정한다. 그 기간이 너무 길다면 당신의 혁신 여정에서 결정적인 도전에 직면할 것이다. 그리고 직원을 포함한 주요한 이해관계자들이 당신 노력의 성공 가능성에 의문을 품을 수 있기 때문에 상당한 스트레스를 받을 가능성이 있다.

어떻게 평가하는가?

시장기회에 대해 판매까지 시간을 평가하기 위해 세 가지 주요 질문을 검토할 필요가 있다.

개발까지의 소요시간은 얼마인가?

우리 제품을 시장이 받아줄 때까지 기다려야 하는가?

판매주기는 얼마나 될 것으로 기대하는가?

이 질문들에 대답을 하면 시장기회와 관련된 시간 요소를 더 잘 이해할 수 있을 것이다. 여러 질문들이 대답을 찾을 때 안내해줄 것이다.

개발기간?

- □ 제품을 출시할 때까지 달성해야 하는 주요 이정표들은 무엇인가? (기술개발, 부품설계, 규제 조건 등을 생각해보라.)
- □ 각 이정표를 달성하는 데 얼마나 걸릴 것인가?
- □ 출시 준비가 될 때까지 총 걸리는 시간은 얼마로 추정하는가?

제품개발과 출시 사이 기간?

- □ 제품이 준비된 후 출시를 위해 다른 어떤 것이 있어야 되거나 필요한가? (가치사슬 요소, 필요한 인프라, 보완제품 등을 생각해보라.)

- 이것에 얼마나 시간이 걸리겠는가?
- 제품 준비와 출시 준비 사이에 간격이 있는가? 얼마나 있을 것으로 기대하는가?

판매주기 길이?

- 누가 구매의사결정에 참여하는가? 판매를 하기 위해 얼마나 많은 사람과 얘기하거나 만나야 할 것인가?
- 저항이나 게이트키퍼가 있을까? 구매에 왜 저항할까(고가격, 복잡성, 기존 시스템 변화 필요 등)?
- 판매를 위해 걸리는 시간은 어느 정도일까?
- 딜이 성사된 후 제공 완료까지 걸리는 시간은 어느 정도인가?

기억해야 할 중요한 점

복잡하고 긴 판매주기는 B2C 시장보다는 대부분 B2B 시장에 관계된다. 소비자 시장은 다르게 움직인다. 수용에 시간이 걸릴 수 있지만, 실제 구매와 채택 의사결정은 상대적으로 짧다. 그러나 두 경우 모두 시간을 고려하는 것은 중요하다.

추가로 매출까지 시간은 (위에서 평가한) 실행 장애물과 밀접하게 관련이 있다. 그러나 그것은 시장기회에 내재한 난이도를 이해하는 데 중요한 두 가지 다른 관점을 강조한다.

매출은 수용의 성공을 측정하는 한 가지의 주요 요소일 뿐이라는 점을 유의하라. 당신의 스타트업이 다른 성공지표(일정한 진행 경로와 같은)를 가지고 있다면 수용에 필요한 시간을 추정하는 데 사용할 수 있다.

이 질문에 철저하게 대답하면, '매출까지의 시간'의 길이를 점수로 매길 수 있을 것이다. 이것이 도움이 된다면 각 하위 항목을 각각 점수를 매기고 결합해서 전체 점수를 정할 수 있을 것이다.

다음에 Augury가 상업용 건물 냉난방시스템 시장을 평가할 때 했던 것이 있다.

개발은 가능한 것으로 보였고 특별한 규제사항은 없었기 때문에 Gal과 Saar는 특히 다른 시장기회와 비교해서 상대적으로 빨리 제품을 출시할 수 있다고 추정했다.

시장은 그들의 제품을 필요한 인프라로서 수용할 수 있었으며 따라서 제품준비와 출시준비 간에 간격은 없다고 예상되었다.

그러나 채택은 점진적일 수 있고 초기 투자비가 필요 없음에도 불구하고 판매주기는 상당히 걸릴 것으로 예상되었다.

전체적으로 이 시장기회는 매출까지 짧은 시간을 나타내고 점수는 '중간 낮음'으로 볼 수 있었다.

시장기회: 상업용 건물 냉난방시스템

매출까지의 시간
개발기간
제품개발과 출시 사이 기간
판매주기 길이

외부 위험도

무슨 의미인가?

당신 사업의 성공은 외부 환경에 있는 많은 회사들과 참여자로 인해 위험에 처할 수도 있다. 이 위험은 때로는 당신이 통제할 수도 있으나, 시장기회에 고유한 가치를 획득하기가 얼마나 어려운지 평가할 때 고려해야 한다.

어떻게 평가하는가?

시장기회에 관련된 외부 위험의 수준을 이해하기 위해서는 세 가지 중요한 질문들을 검토해야 한다.

경쟁사에 의해 어느 정도 위협을 받는가?

다른 회사나 참여자에 얼마나 의존하는가?

수용 장벽에 얼마나 민감한가?

이 질문들에 객관적으로 대답해봄으로써 시장기회에 고유한 외부 위험에 대한 중요한 통찰을 얻을 수 있다. 다음 질문들이 대답을 찾을 수 있도록 안내해줄 것이다.

경쟁 위협?

- □ 누가 현재 경쟁자인가(이름을 말해보라)? 누가 미래에 경쟁자가 될 수 있는가(이름을 말해보라)?
- □ 이 경쟁자들은 얼마나 큰가, 강한가?
- □ 신규 참여자에 대한 진입장벽이 있는가(특허, 규제, 외부 네트워크효과 등)?
- □ 경쟁자에 대해 명확한 우위를 가지고 있는가?
- □ 우위는 지속가능한가(즉 독창적이고, 모방하기 힘들고, 견고한가)?

3자 의존도?

- □ 공동 혁신: 당신의 혁신이 성공하기 위해 또 누가 혁신해야 하는가?
- □ 다른 어떤 생태계 참여자가 당신 제품의 수용에 영향을 줄 수 있는가? 당신 고객이 가치제안을 완전히 누리기 위해 또 누가 당신의 혁신을 수용해야 하는가?*
- □ 규제구조: 정책결정자나 규제기관에 얼마나 의존하는가?

수용 장벽?

- □ 고객은 혁신에 수용적인가?
- □ 당신 제품은 기존 처리 방식과 호환되는가? 기존 규범? 기존 시스템, 표준, 인프라?
- □ 당신 제품은 얼마나 복잡한가?
- □ 당신 제품은 구매 전에 사용해볼 수 있는가?

기억해야 할 중요한 점

외부 위험은 혁신에 있어서 신경을 거스르게 할 수 있다. 특히 강한 경쟁은 경영연구에서 주요한 위험으로 종종 강조된다. 그러나 단단한 영역에 들어가는 것이 위험한 것처럼 경쟁이 없는 것은 똑같이 걱정된다. 당신이 그리는 시장기회가 실질적이 아닐 수 있거나(다른 사람이 이미 발견해서 이미 다 먹었을 수 있다), 경쟁이 없는 것은 시장을 교육하고 보완 요소를 공급해야 하는 부담을 진다는 것을 의미할 수 있다. 그러므로 경쟁과 관련된 외부 위험을 평가할 때는 경쟁 대비 어느 정도 우위를 가지고 있는지를 고려하라. 우위가 크면 클수록 더 나은 경쟁 상황이다. 심지어 어떤 이들은 '불공정한' 경쟁우위를 얘기하기도 한다. 그러한 우위가 판매를 하는 데 도움을 줄 것이기 때문이다.

수용 장벽에 대해서는 어떤 시장은 혁신을 좀 더 쉽게 수용하고 어떤 혁신은 좀 더 쉽게 수용된다는 것을 기억하라.**

이 질문들에 철저하게 대답하면, '외부 위험'의 수준을 점수로 매길 수 있을 것이다. 이것이 도움이 된다면 각 하위 항목의 점수를 매기고 결합해서 전체 점수를 정할 수 있을 것이다.

---

* The Wide Lens/ Ron Adner(2012)

** Diffusion of Innovations/ Everett Rogers(1962)

다음에 이 요인에 대해 Augury가 상업용 건물 냉난방시스템 시장을 평가할 때 추정했던 것이 있다.

팀이 경쟁 분석을 한 결과 현재 진단 솔루션은 너무 비용이 많이 들고 복잡하다는 것을 보여주었다. 초기 기기 투자비는 5만 달러 정도로 높았으며, 이 기술들을 활용하기 위해 필요한 내부 인원의 전문성과 훈련을 위해서는 더 큰 투자가 필요했다. Augury의 솔루션은 운영하기 단순하고 초기 투자가 필요가 없었다. 이것은 Augury에 명확한 경쟁우위가 되었으며, 등록한 특허와 자신의 지식과 역량을 구축하고 있기 때문에 지속가능성도 있기를 기대했다.

그 외에도 그들의 제품은 단독 솔루션으로 시장의 다른 참여자나 규제기관에 의존하지 않는 것이었다.

수용 위험에 대해서는 그들의 제품은 새롭고 어느 정도 보수적인 시장에서는 와해적이다. 그러나 그 솔루션은 기존 인프라와 완전히 호환 가능하며, 사용하기 쉽고, 시험 사용을 해볼 수 있다: 모든 요인이 수용 장벽을 낮춰준다.

시장기회: 상업용 건물 냉난방시스템

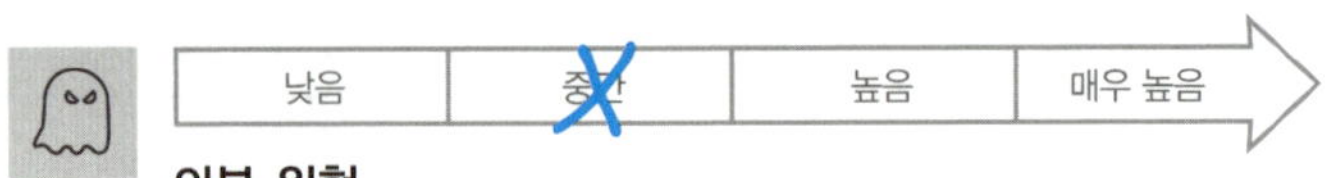

외부 위험
경쟁 위협
3자 의존도
수용 장벽

난이도: 전체 평점

바로 앞에서처럼 가치 획득에 수반되는 도전 요인들을 검토하고 나면 점수들을 결합해서 전체 등급을 정할 수 있을 것이다. 이 등급은 '낮음'부터 '매우 높음'까지 분석결과에 따라 달라질 것이다. 나중에 매력도맵의 X축인 난이도에 시장기회를 위치시키는 데 사용될 것이다.

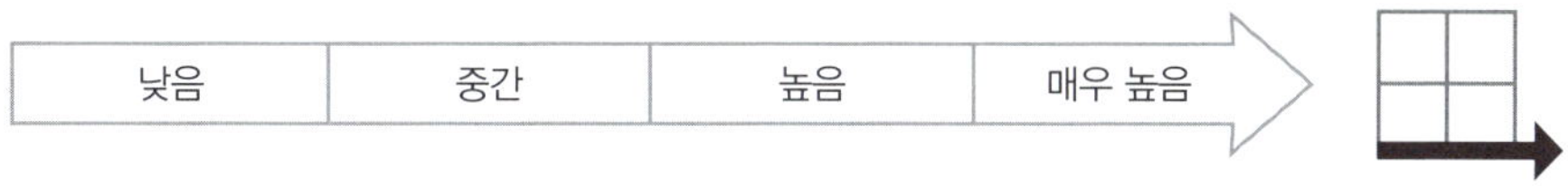

평점은 정보를 다 보여주지 않을 수 있다: 시장기회에 수반되는 주요한 부정적인 면이나 긍정적인 면. 그러나 평점은 대안들을 비교하는 하나의 명확한 기준을 제공한다. 그러므로 각 요인의 개별 분석내용과 전체 합산 점수의 의미를 잘 인식하라.

여러 요인에 가중치 부여하기

모든 요인이 똑같이 중요한가? 다시 말하지만 이것은 명확한 답이 없는 직설적인 질문이다. 우리는 여러 요인을 주의 깊게 검토하고 당신의 성공에 얼마나 중요한지를 결정하기를 추천한다.

당신이 가중치를 주고자 한다면, 요인들이 어느 정도 상호 연결된다는 것을 명심하라. 예를 들어, 실행 장애 정도와 외부 위험은 다른 관점과 중요한 고려사항을 강조하지만 매출까지의 시간에 영향을 준다.

더해서 다른 시장기회를 평가할 때도 일관성 있게 같은 가중치를 주어야 한다는 것을 명심하라.

Augury가 냉난방시스템 기회를 추구하는데 종합적인 난이도는 '중간'으로 평가되었다. 특별히 상대적으로 짧은 매출까지의 시간이 눈여겨볼 항목으로 팀에게는 중요한 요인이었다. 그들은 실행 장애 요인은 극복 가능하며 외부 위험은 관리 가능하다고 믿었다.

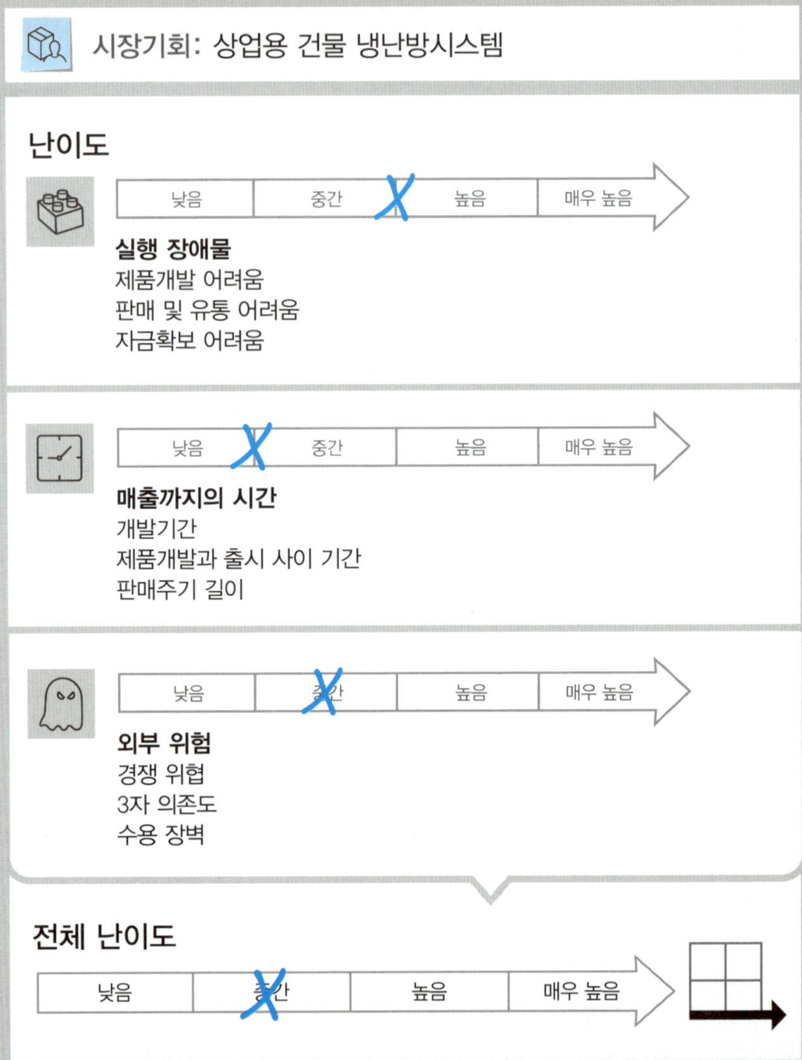

Microbot Medical은 다른 사례다. 뇌 속에 있는 물을 처치하는 자동세척 션트를 개발하는 것은 매우 도전적인 것이다. 션트가 일정한 크기의 인조 내강이지만 – 마이크로 로봇이 기어서 움직이기 용이한 – 그러한 기기를 개발하는 것은 많은 장애물과 위험이 있으며 오랜 시간이 걸린다. 임상시험은 복잡하고 규제 요구도 도전적이다. 경쟁제품이 열위일지라도 외부 위험도 매우 높다. 즉 높은 규제구조(미국 식품의약국 같은)와 보험 환급 같은 것에 의존하기 때문이다.

이 기회의 전체적인 난이도는 '높음'이지만 Microbot의 경영진과 기술전문가들은 이 도전을 해결하는 그들 자신의 능력에 대해 낙관적이었다. 더 나아가 개발 장애물, 매출까지의 시간과 외부 위험은 회사가 고려하고 있는 다른 시장기회에 대해서는 더 높았다. 그것은 마이크로 로봇이 변하는 크기의 생체 내강(예로 혈관, 호흡기시스템, 소화관)을 기어서 움직여야 했기 때문이다. 그리고 이러한 높은 난이도는 궁극적으로는 미래에 Microbot의 잠재적 경쟁자에게 진입 장벽이 될 것이었다.

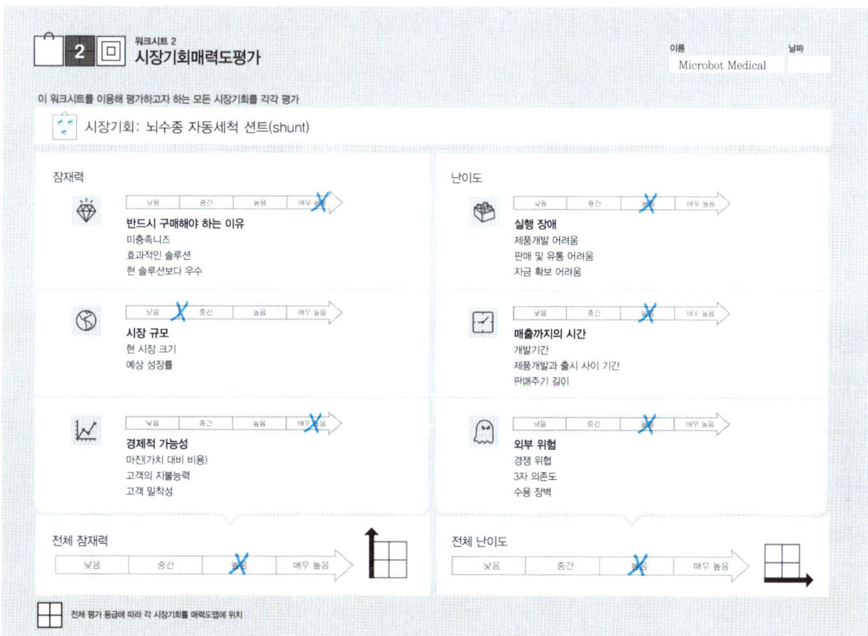

주요한 평점 고려사항

여러 시장기회에 대해 점수를 평가하는 것은 학습과정이자 검증과정이다. 그것은 대개는 시장에 대한 당신의 가정으로부터 시작하여 지식이 축적되며, 이해는 사실의 양이 증가하는 것에 의존한다. 워크시트 2를 이용해 주요 가정을 도출하고 기회가 실제적인지 찾아가며 주요한 활동을 정해나가라.

또 시장기회에 대해 수집한 정보에 확신이 들더라도 여러 요인과 측면에 대해 점수를 정하는 것은 때로는 간단한 일은 아니다. 이 과정을 수행하며 염두에 두어야 할 몇 가지 중요한 고려사항이 다음에 있다.

의문을 제기하는 것 대비 답을 찾는 것

창업자나 혁신가와 일하다 보면 시장과 관련된 질문들에 만족스런 답을 찾으려고 할 때 그들이 좌절하는 얘기를 종종 듣는다. 답을 찾는 것은 복잡한 과정으로 견고한 데이터와 명료한 숫자에만 의존하는 하는 것이 아니라 상식, 추론과 어느 정도의 직관이 포함된 것이다. 그렇지만 이 과정에서 얻는 것은 정답을 찾는 것만이 아니라 적절한 질문을 하는 것도 있다.

따라서 답을 찾는다는 것과 시장기회를 선택할 때 이러한 요인들을 고려한다는 것은 그 자체로서 중요하다. 즉 정답을 찾으려고 노력하라. 그러나 적절한 질문을 던지는 것이 중요하다는 것을 잊지 마라!

절대적 분석 대비 상대적 분석

시장기회를 그 자체로 평가 점수를 정해야 하는가 아니면 시장기회세트 내의 다른 대안에 비교해 상대적으로 해야 하는가? 대답은 '둘 다'다. 기회를 단독 대안으로서 평가를 시작해서 절대기준으로 점수를 매기고, 그 다음에 그것이 다른 대안과 상대적으로 어떻게 평가될지 좀 더 넓게 생각해보고 필요하면 평가를 조정하기를 추천한다. 점수를 평가하는 것도 학습과정이다!

빠르고 간략한 평가 대비 철저한 분석

위에 얘기한 것처럼 평가과정은 항상 시장기회에 대해 가지고 있는 가정으로 시작한다. 이 가정에 따라 '빠르고 간략한' 평가를 할 수 있다. 이 과정은 기회세트를 줄이고 빨리 몇몇 대안을 제거해야 할 때 가치가 있다. 그러나 더 중요하게는 이 빠른 평가를 통해 더 모아야 하는 결정적인 정보를 알아내고 그렇게 해서 가정과 믿음을 지식으로 바꿀 수 있다. 어떤 행동이라도 취하기 전에 철저한 분석을 확실하게 하고, 오래 영향을 미칠 결정을 견고한 평가에 근거해서 내려라.

질적인 점수 평가 대비 양적인 점수 평가

창업자와 혁신가는, 특히 공학 배경을 가지고 있는 경우, 자연스럽게 평가과정을 수학적으로 생각하는 경향성이 있다는 것이다: 예를 들어, 평가 척도를 숫자로 치환(1점부터 4점까지)하고 모든 숫자들의 평균을 구해 전체 평점을 계산하는 것. 이렇게 하는 것도 타당한 접근방법이지만 우리는 평가는 질적인 방식을 생각하라고 강하게 주장한다. 여러 요인의 체계적인 분석을 통해 시장기회의 주요한 장점과 단점을 이해하려고 노력하고, 그에 따라서 가치창출 잠재력과 가치획득 난이도의 등급을 정하라.

단기 대비 장기 관점

마지막으로 여러 요인에 점수를 정하는 것은 평가할 때 고려하는 시간축에 따라서 달라지기도 한다. 단기적인 관점과 장기적인 관점은 시간에 따른 점수를 정하는 가능성이 달라질 수 있으므로 다른 등급을 나타낼 수 있다.

적절한 시간축은 회사를 성장시키고자 하는 당신의 목표에 따라 크게 달라진다: 큰 회사를 만들려고 노력하는가, 아니면 빠르게 수확하기를 원하는가? 당신이 단기 또는 장기 시간축을 고려하든지, 시장기회세트에 있는 모든 대안을 평가할 때 일관성을 가지고 접근하도록 하라.

결과물: 매력도맵

이제 시장기회세트에 있는 각 시장기회를 평가했고, 매력도맵에 그것들을 위치시킬 수 있다: 각 기회와 기회세트 전체를 학습할 수 있다! 매력도맵은 시장기회들에 대한 평가를 시각적으로 나타내서 긍정적인 면과 부정적인 면을 더 쉽게 파악하고 서로 비교하게 해준다. 이 시각화는 특정 시점에 가장 매력적인 대안을 결정하고 그에 따라 주 시장기회에 대해 정보에 기반한 의사결정을 할 수 있게 도와준다.

시장기회매력도맵의 Y축은 대안의 '잠재력'을, X축은 '난이도'를 나타낸다.

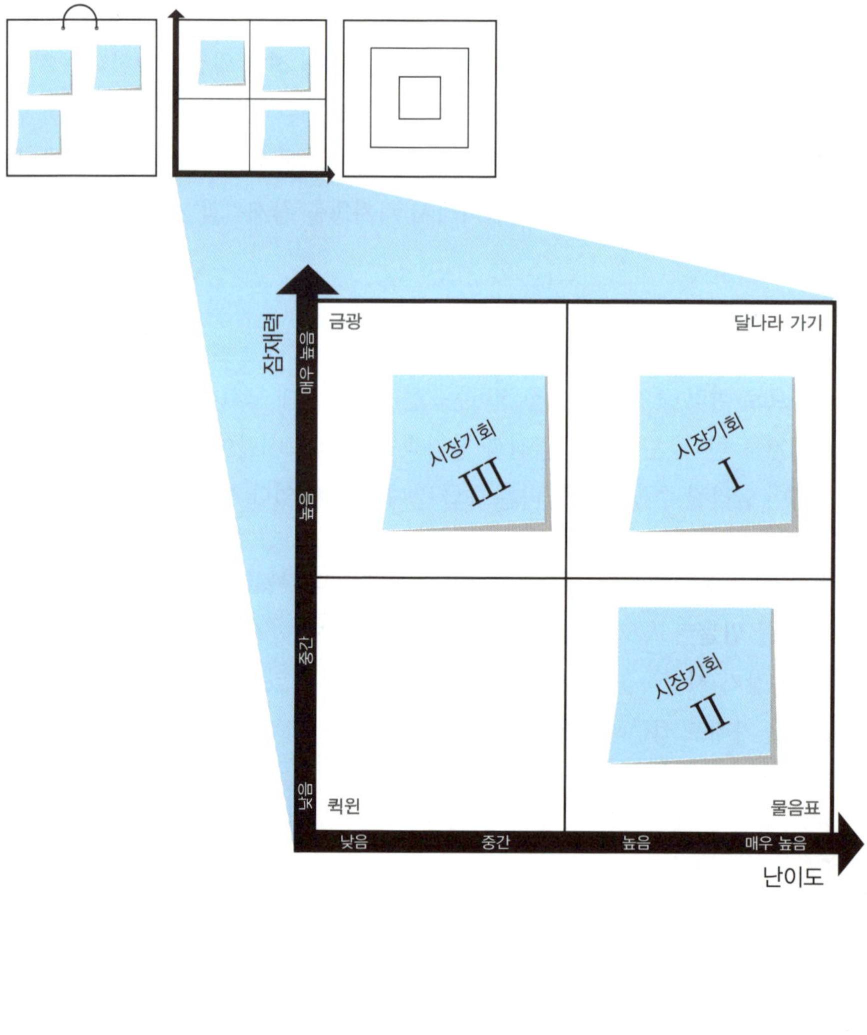

매력도맵 분석

매력도맵은 개별 기회에서 전체 시장기회세트로 관점을 이동할 때 진가가 드러난다. 매력도맵은 가능한 시장기회들을 비교할 수 있도록 해주며, 가장 유망한 대안을 표시해주고, 민첩집중전략설계를 시작할 수 있게 해준다.

매력도맵에는 네 개의 구역이 있다

금광(Gold Mine)

이것은 상대적으로 높은 가치창출 잠재력과 낮은 가치획득 난이도의 시장기회들이다. 다른 말로 하면 당신의 꿈이 실현되는 것들이다! 그것들은 이상적인 곳에 위치해 있지만 상대적으로 드물다. 금광 대안은 대개는 중요한 미충족니즈를 확인한 결과물이다: 이제까지 아무도 해결하지 못한 것. 아니면 단순히 다른 사람들은 할 수 없지만 당신은 장애물을 극복할 독창적인 노하우를 가지고 있는 것이다. 금광의 기회를 가지고 있다면 그것은 주 시장기회의 특징을 가지고 있다.

예를 들어, 미국에서 2011년에 창업해서 소기업에 특화된 최신 급여시스템을 개발하는 Gusto라는 스타트업의 사례를 보자. 이 시장기회의 잠재력은 명확히 '높음'이다. 많은 급여 솔루션이 있지만 어느 것도 특별히 소기업의 니즈와 요구사항에 맞춰진 것은 없다. Gusto의 단순하고 저렴한 '통합' 솔루션은 대량 시장에 매우 설득력 있다. 더구나 가격이 저렴함에도 고객과의 밀착성이 높아 경제적 가능성도 또한 '높음'이다. 전체적인 난이도는 경쟁 위협이 반드시 고려되어야 하지만 상대적으로 낮다. 실행 장애물은 해결할 수 있으며, 제품은 상대적으로 짧은 시간에 출시할 수 있다. 전체적으로 높은 잠재력과 중-하의 난이도로 금광 대안이 되었다. 실제로 2015년에 회사는 300명 이상의 직원이 있고, 30,000기업 이상의 고객을 서비스하고, 기업가치는 10억 달러 이상으로 평가되었다.

달나라 가기(Moon Shot)

이 시장기회들은 상대적으로 높은 가치창출 잠재력이 있지만 높은 가치획득 난이도가 있다. 정말로 혁신적인 제품들은 대개 고위험, 고수익을 동시에 가지며 매력도맵의 이 구역에 위치한다. 일부 투자자들은 이것들이 창업자팀이 주요 난관을 극복할 자격이 있다면 투자하기에 가장 관심 있는 대안이라고 말한다. 따라서 달나라 가기 대안은 당신의 주 시장기회가 되거나 또는 장기적인 성장대안이 될 수 있다.

달나라 가기의 흥미 있는 예시로 삼키는 내시경 검사용 화상캡슐을 개발한 Given Imaging이라는 벤처가 있다. 1998년에 회사가 창립되었을 때는 초소형 내시경 캡슐(pill-cam)은 과학소설 같았다. 그러나 창업자들은 미사일 기술을 축소해 그런 의료제품을 만들어낼 수 있다고 믿었다.

이 시장기회의 잠재력은 매우 높았지만(소장을 검사하는 적절한 솔루션은 없었기 때문에) 난이도는 더 높았다. 다행히도 회사는 이 달나라 가기 프로젝트를 추진하는 데 성공해서 첫 번째 PillCam을 2001년에 출시했다. 2013년에 Given Imaging은 위장내시경 영상기기에서 90%에 가까운 시장점유율을 가지고 있으며, 9억 9,500만 달러에 인수되었다.

퀵윈(Quick Win)

이 시장기회들은 상대적으로 낮은 가치창출 잠재력과 낮은 가치획득 난이도를 보인다. 위험-이익 관점에서 유추하면, 그런 것은 저 위험/저 수익 대안이다. 그것들은 상대적으로 안전한 제한적인 가치창출 잠재력을 제시한다. 이 대안들은 바로 시작할 수 있는 것을 줄 수 있으며 다른 대안들과 결합하여 회사의 장기적인 잠재력을 향상시켜줄 수 있다. 많은 혁신적인 기업들은 미래에 달나라 가기를 향한 디딤돌로서 그러한 퀵윈 기회를 단기 목표로 시작한다.

E Ink는 잘 알려진 사례다. 이 회사는 1997년에 MIT 미디어랩에서 분사 창업한 후 전자디스플레이에 활용될 수 있는 특별한 형태의 전자잉크를 개발했다. 창업자의 비전은 '라디오 종이'–책, 잡지, 신문을 대체할 수 있는 플렉시블 전자디스플레이

–를 만드는 것이었다. 분명히 달나라 가기 기회였다. 단기 대안으로서 그 회사는 대면적 광고판 시장에 집중하기로 결정했다.

이 시장기회는 상대적으로 중간 잠재력을 보여주었지만 기술 장벽 해결이라는 측면에서는 훨씬 덜 어려웠다(초기 전자잉크는 청색과 백색에서만 작동했다). 전체적으로 E Ink는 이 기회가 최선의 디딤돌이라고 인식했다. 그러나 실세는 달랐다: 제조원가가 기대보다 상당히 높았고 회사는 유통채널과 영업망을 구축하는 데 많은 투자를 해야 했고, 고객들은 청/백색의 제한을 좋아하지 않았다.*

Tesla의 로드스터–초기 고급 전기스포츠카–는 다른 사례다. 분명히 도전적이었지만, 최신 전기차 기술에 기반해 10만 달러 고급차를 만드는 것이 저렴한 대량 판매시장용 전기차를 만드는 것보다는 그래도 쉬웠다. Tesla는 낮은 잠재력을 보였지만 이 틈새시장을 목표로 했고, 그 당시에는 달나라 가기로 볼 수 있는 기술적으로 더 진보되고 더 대중적인 모델을 향한 디딤돌로 활용했다.

물음표(Questionable)

이것들은 상대적으로 낮은 가치창출 잠재력과 높은 가치획득 난이도를 가진 시장기회다. 이것이 가장 바람직하지 않은 구역이라는 것은 놀랍지 않다. 다른 구역에 있는 목표 시장기회를 찾는 것이 나을 수 있을 것이지만, 시간이 흘러 조건이 바뀌면서 미래에 좀 더 매력적인 기회가 될 수도 있으므로 나중을 위해 가지고 있기를 원할 수 도 있다.

많은 벤처 프로젝트는 종종 물음표인지 알지도 못한 채로 물음표 기회를 추구하기 때문에 실패한다! 연구들이 보여주는 것처럼, 실패한 벤처들은 많은 땀을 흘려가며 개발한 제품이 아주 작은 수요만 있거나 심지어는 수요가 전혀 없다는 문제에 부딪힌다: 반드시 구매해야 하는 가치제안이 충분하지 않거나 시장 규모가 단지 너무 제한적이다. 이것이 바로 낮은 잠재력과 높은 난이도의 기회가 의미하는 바다. 실제로 CB Insights의 101개 스타트업 실패 사례 사후 분석에서 첫 번째 실패 사유(전체 사례 중 42%)는 스타트업이 시장의 니즈를 해결하는 문제를 풀기보다 흥미 있다고 여기는 문제를 주로 접근한 것이었다.**

* E Ink in 2005/ Yoffie & Mack, HBS case(2005)

** The Top 20 Reasons Startups Fail/ CB Insights(2014)

일단 당신의 기회들을 매핑하고 나면, 이러한 명확한 구획을 활용해서 대안들을 구별하고 차이를 파악할 수 있을 것이다.

Augury의 매력도맵을 살펴보자.

상업용 건물 냉난방시스템 기회의 평가결과는 전체적으로 높은 잠재력과 중간 수준의 난이도였다. 따라서 매력도맵을 보면 바람직한 금광 구역에 위치해 있다. Augury는 중요한 결정을 하기 전에 다른 네 개의 시장기회를 평가하고자 했다.

첫 번째 것은 여러 공장의 제조 라인의 예지정비였다. 제조업체는 재앙적인 실패를 방지함으로써 크게 이익을 얻을 수 있고, 가동중지시간을 줄이고 에너지와 운영비용을 절감할 수 있다.

그러나 모든 제조라인은 달랐고 높은 수준의 맞춤 작업이 필요하다. 전체적으로 이것은 높은 잠재력과 높은 난이도의 기회였다.

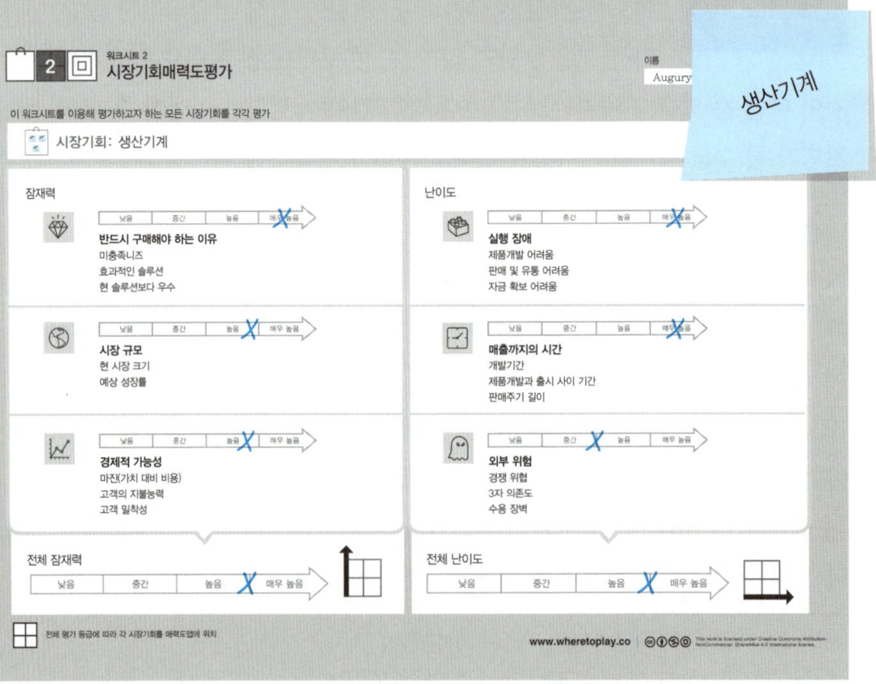
워크시트 2
시장기회매력도평가

이름 Augury

생산기계

이 워크시트를 이용해 평가하고자 하는 모든 시장기회를 각각 평가

시장기회: 생산기계

잠재력

낮음 | 중간 | 높음 | 매우 높음

반드시 구매해야 하는 이유
미충족니즈
효과적인 솔루션
현 솔루션보다 우수

낮음 | 중간 | 높음 | 매우 높음

시장 규모
현 시장 크기
예상 성장률

낮음 | 중간 | 높음 | 매우 높음

경제적 가능성
마진(가치 대비 비용)
고객의 지불능력
고객 밀착성

난이도

낮음 | 중간 | 높음 | 매우 높음

실행 장애
제품개발 어려움
판매 및 유통 어려움
자금 확보 어려움

낮음 | 중간 | 높음 | 매우 높음

매출까지의 시간
개발기간
제품개발과 출시 사이 기간
판매주기 길이

낮음 | 중간 | 높음 | 매우 높음

외부 위협
경쟁 위협
3자 의존도
수용 장벽

전체 잠재력

낮음 | 중간 | 높음 | 매우 높음

전체 난이도

낮음 | 중간 | 높음 | 매우 높음

전체 평가 등급에 따라 각 시장기회를 매력도맵에 위치

www.wheretoplay.co

두 번째 기회는 냉장컨테이너를 운영하는 국제상선회사였다.

분석결과 이 시장은 중간 정도의 잠재력으로, 특히 예지정비의 가치가 충분히 크지 않은 것으로 나타났다.

난이도는 반면에 관리 가능하고 '중간–높음'으로 평가되었다.

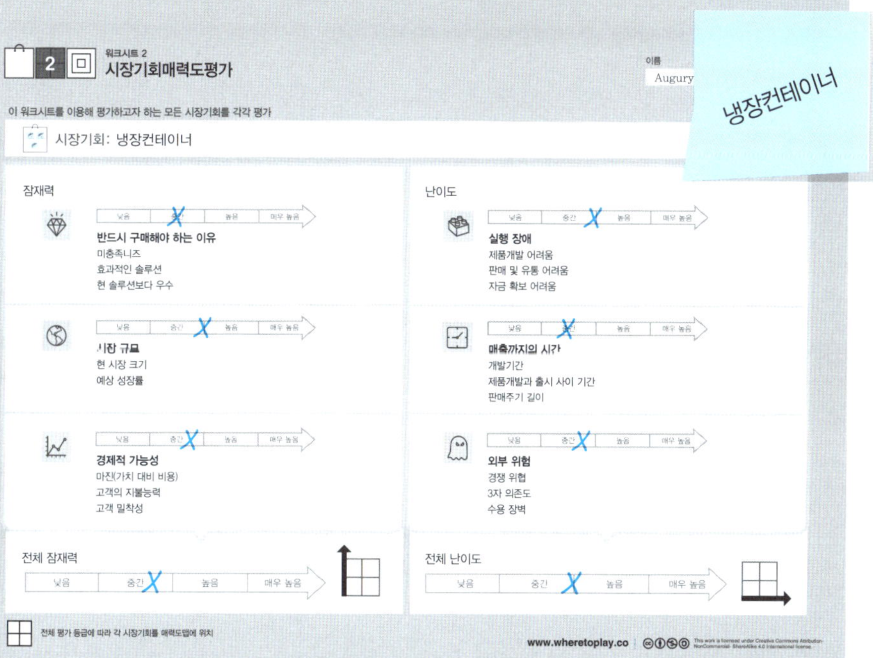

세 번째 대안은 가전제품이었다. Augury는 가전제품에 인터넷이 내장되면, 그들의 제품을 가전제품에 설치할 수 있도록 제공할 수 있다.

반드시 구매해야 하는 이유가 매우 높지는 않았지만(고장비용이 상대적으로 낮기 때문에), 시장 규모는 거대하고 경제적으로 가치 있어서 전체적인 잠재력은 '높음'으로 평가된다.

그러나 시장은 아직 이런 종류의 제품에 준비가 안 되어 있어 매출까지의 시간과 외부 위험은 '매우 높음'이고, 난이도는 높다고 나왔다.

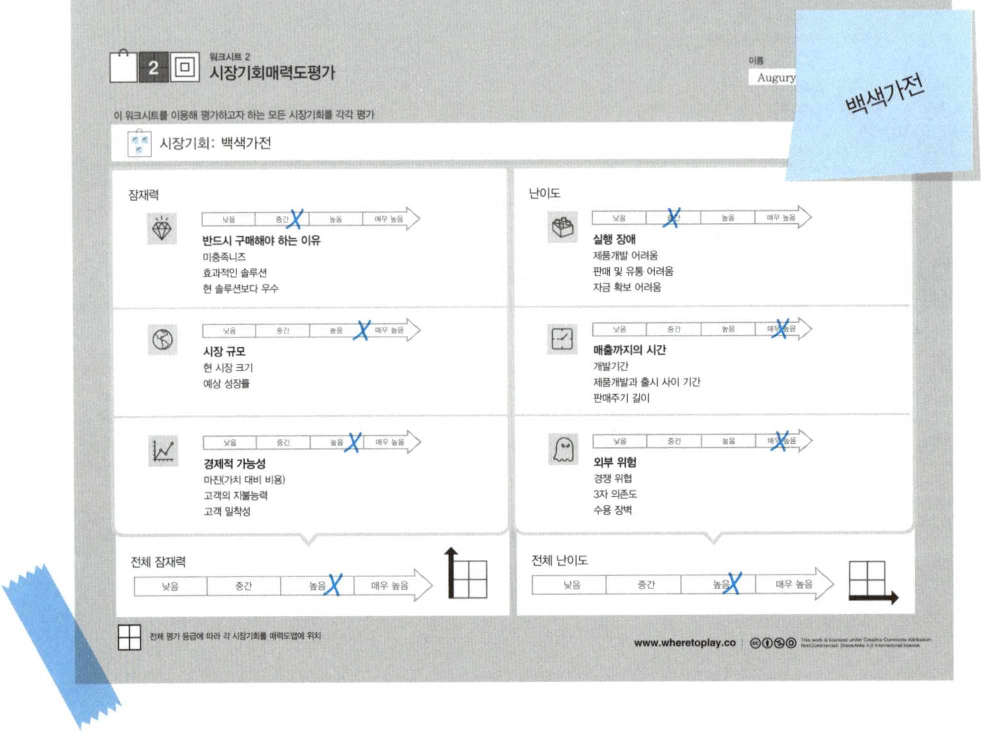

워크시트 2
시장기회매력도평가

이름: Augury

백색가전

이 워크시트를 이용해 평가하고자 하는 모든 시장기회를 각각 평가

시장기회: 백색가전

잠재력

낮음 | 중간 | 높음 | 매우 높음

반드시 구매해야 하는 이유
미충족니즈
효과적인 솔루션
현 솔루션보다 우수

낮음 | 중간 | 높음 | 매우 높음

시장 규모
현 시장 크기
예상 성장률

낮음 | 중간 | 높음 | 매우 높음

경제적 가능성
마진(가치 대비 비용)
고객의 지불능력
고객 밀착성

난이도

낮음 | 중간 | 높음 | 매우 높음

실행 장애
제품개발 어려움
판매 및 유통 어려움
자금 확보 어려움

낮음 | 중간 | 높음 | 매우 높음

매출까지의 시간
개발기간
제품개발과 출시 사이 기간
판매주기 길이

낮음 | 중간 | 높음 | 매우 높음

외부 위험
경쟁 위협
3자 의존도
수용 장벽

전체 잠재력
낮음 | 중간 | 높음 | 매우 높음

전체 난이도
낮음 | 중간 | 높음 | 매우 높음

전체 평가 등급에 따라 각 시장기회를 매력도맵에 위치

www.wheretoplay.co

마지막으로 Augury의 창업자들은 자동차에 예지정비능력을 제공하는 기회 –'Augury Inside'를 자동차제조사에 제공–에 대해서 확인해보고 싶었다.

이 시장기회는 '매우 높은' 잠재력을 가졌지만, 또한 실행 장애물과 매우 긴 매출까지의 시간으로 난이도도 '매우 높음'을 보여주었다.

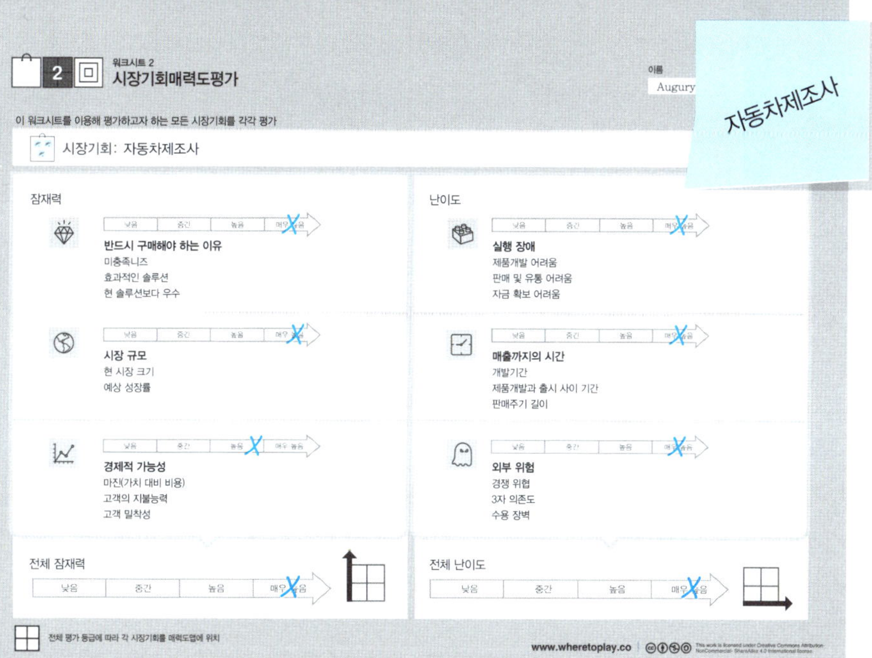

Augury팀의 학습과 평가과정은 이제 매력도맵에 시각적으로 요약될 수 있다. 이 맵은 그들이 각 개별기회의 긍정적인 면과 부정적인 면을 상대적으로 파악할 수 있게 해준다.

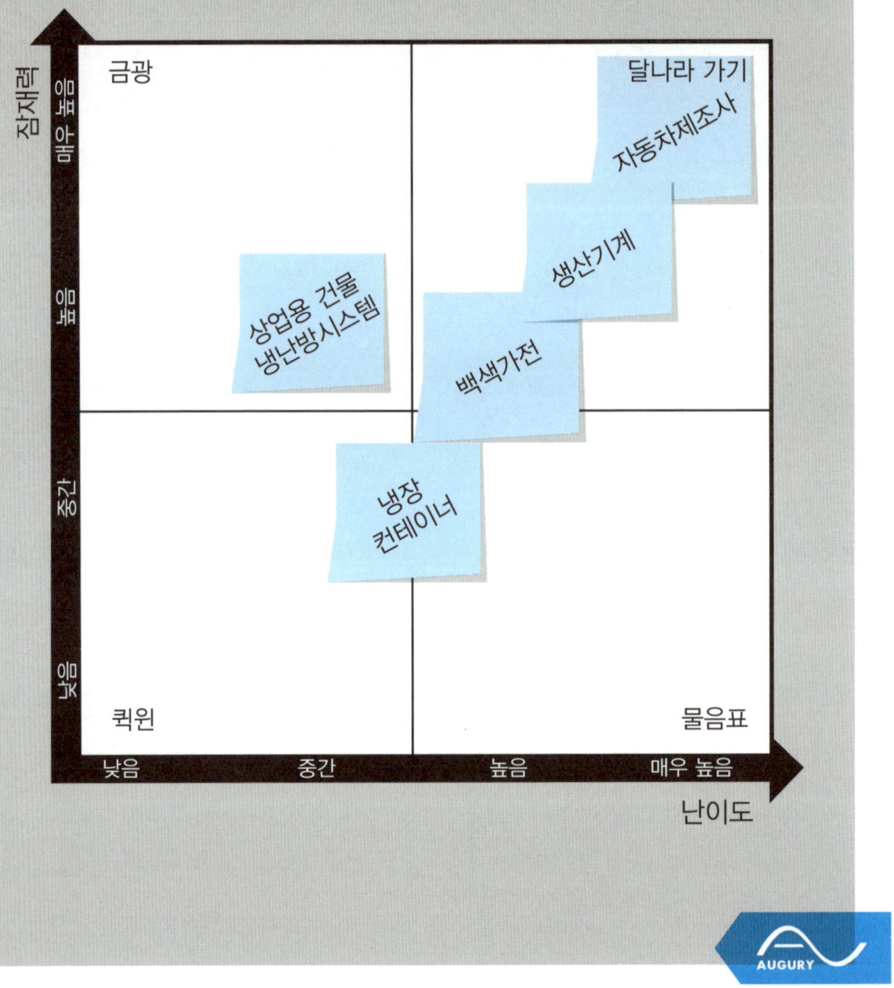

매력도맵에서 무엇을 배울 수 있는가?

매력도맵은 시장기회를 최적으로 선정하는 것을 도와주도록 설계되어 있다. 강조했듯이 그것은 각 기회를 그 자체로 이해할 수 있게 해주고, 또한 다른 기회와 비교할 수 있게 해준다. 그것은 따라서 앞으로 펼쳐질 성장 가능성에 대해 값진 통찰을 제공해줄 수 있다.

개별 시장기회 분석

각 시장기회의 위치를 보면서 부정적인 면과 긍정적인 면을 더 잘 파악하고 트레이드오프를 이해할 수 있다.

시장기회세트 분석

큰 그림을 보게 되면, 맵은 하나의 기회가 다른 것에 비해 얼마나 우위인지 열위인지 그리고 기회들이 여러 4분면에 어떻게 퍼져있는지를 보여준다. 매우 매력적인 시장기회가 큰 목표 시장기회를 나타내는 반면, 여러 분면에 퍼져있는 다양성은 바람직하다: 다른 대안에도 여지를 줌으로써 주 시장기회의 부정적인 면의 균형을 잡게 해준다.

선호하는 시장기회 선택(주 시장기회)

각 시장기회를 깊게 들여다보고 다시 시장기회세트 전체를 보면서, 당신은 선호하는 시장기회, 즉 전력을 다해 추구하려는 기회를 선택하게 해주는 중요한 통찰력을 얻을 것이다. 이 선택은 다음 장에서 설명할 민첩집중전략을 구축하는 첫 번째 단계이다.

매력도맵에서 위치를 개선하는 시장기회 만들기

시장기회의 특성은 바뀌지 않는 것이 아니다. 당신은 기회가 좀 더 매력적으로 되거나 또는 더 적은 도전에 처하도록 바꿀 수 있다. 궁극적으로는 기회를 형성해감으로써 당신은 매력도맵에서 더 좋은 위치를 잡을 수 있다. 그러니 누군가 '당신의 치즈를 옮기기'까지 기다리지 마라. 당신 스스로 시도하라!

매력도맵에서 위치를 개선하기 위해 시장기회를 형성하는 것은 중대한 부정적인 면과 위험사항 그리고 미활용된 잠재력을 새로운 눈으로 보는 것이 필요할지 모른다. 다음에 시장기회를 형성하는 데 그리고 궁극적으로는 시장기회세트 내에 좀 더 많은 '금광'을 만들어내는 데 도움을 주는 몇 가지 증명된 방법이 있다.

시장기회의 '잠재력' 개선

종종 여기에서 불만족스런 점수는 (기대)시장수요의 낮은 수준과 관계된다. 그것은 당신이 해결하려는 '불편함'이 충분히 강하지 않거나 또는 단순히 이 불편함에 처해있는 고객이 별로 많지 않기 때문이다. 이 상황을 다루는 한 방법은 시장에 대해 다르게 생각해보고 다른 방법으로 재세분화하여 강한 불편함을 느끼는 (하위)세분시장 또는 더 큰 세분시장을 목표로 하는 것이다. 예를 들면, 병원에 환경감시 솔루션을 제공한다면, 민간 대 공공병원으로 시장을 나눌 수도 있거나 또는 병원 내에서 특정 부서의 크기에 따라서 하위세분시장을 나눌 수도 있다.

시장기회의 '난이도' 개선

시장기회에서 가치를 획득하려고 할 때 많은 장애물이 가로막을 것이다. 그것은 제품을 개발하거나 고객에게 유통하는 것 같은 주요한 어려움일 수도 있고 또는 사업환경에 있는 주요한 위험일 수도 있다. 가치획득 난이도가 감소할 수 있도록 위험을 줄일 수 있는 방법이 있는지, 장애물을 시간이 지나면서 처리할 수 있는지 생각해보라. 예를 들어, 가치사슬상의 다른 참여자와 협력을 하는 것은 제품개발의 난관을 극복할 수 있도록 도와줄 수도 있고, 다른 참여자에 대한 외부 의존도를 낮출 수도 있으며, 매출까지의 시간을 단축할 수 있도록 해줄 수도 있다.

자주 묻는 질문

이것들이 시장기회를 평가할 때 고려해야 하는 유일한 요인들인가? 다른 것은 없는가?

분명히 워크시트 2에 없지만 시장기회매력도에 영향을 줄 수 있는 다른 요인들을 생각할 수 있을 것이다. 그럼에도 불구하고 워크시트 2는 대부분의 경우에 대한 주요한 고려사항을 다루는 요인의 목록이 포괄되어 있다. 관심을 필요로 하는 다른 요인이 있다고 생각한다면 편하게 추가하고 시장기회의 전체적인 잠재력과 난이도 점수를 결정할 때 고려하라. 특히 이 두 축에 영향을 주지 않지만 당신의 가치, 열망, 열정 같은 결정에 영향을 주는 다른 요인이 몇 개 있다. 주 시장기회를 어떻게 선정하는가를 다룰 다음 절에서 이 요인들에 대해 좀 더 구체적으로 논의할 것이다.

내 목표는 빠른 투자 회수라 고려하는 요인들이 다르다: 어떻게 해야 하는가?

당연히 당신이 성취하고자 하는 목표에 따라 기회를 평가해야 한다. 우리가 제시한 평가변수세트는 성공적이고 성장하는 벤처를 구축하거나 또는 혁신을 시간에 맞춰 성공적으로 사업화하는 것을 주 목표로 설계되었다. 빠른 투자 회수를 주 목표로 벤처를 구축하고자 한다면 평가변수는 변할 것이다. 기회의 잠재력과 난이도를 평가할 때 당신의 목표에 따라 몇 요인을 추가하거나 변경하라. 그런 경우 모든 기회를 동일한 요인에 따라서 일관성 있게 평가하도록 하라.

창업자의 특정 시장에 대한 기존 경험이 매우 중요한 요인이다. 왜 그것이 평가에 없는가?

특정 시장 영역에 대한 기존 경험이 큰 장점이 될 수 있다. 이미 고객에 대한 상세한 지식을 가지고 있어 고객의 니즈와 어떻게 고객에게 도달할 수 있는지에 대해 잘 이해할 수 있을 것이고, 또 시장에서 필요한 생태계를 구축하는 좋은 네트워크를 가지고 있을지도 모른다. 그러한 기존 경험의 영향은 가치획득 난이도가 낮은 쪽으로 반영된다. 따라서 기존 경험은 그 자체로는 평가변수가 아니지만, 다른 중요한 요인을 평가할 때 영향을 줄 것이다.

시장기회가 아니라 시장 영역을 평가하고 비교하는 것이 가능한가?

앞에서도 얘기했지만 이 우려를 '대륙 대 국가' 분석이라고 불렀다. 이 문제에서 대륙은, 예를 든다면 의료기기 또는 감시 같은 넓은 시장 영역이다. 대륙 내의 국가는 시장 영역 내에서 더 특정한 세분시장으로, 예를 들면 의료 분야에서 심장병 의사냐, 방사선 의사냐 같은 것이다. 때로는 초기 결정은 넓은 영역, 즉 대륙을 먼저 정하는 것을 필요로 한다. 워크시트 2를 시장 영역의 매력도를 평가할 때 사용하는 것이 가능하지만 이 영역 내의 세분시장이 어느 정도 유사해야지만 그렇게 할 가치가 있다. 여러 세분시장 간에 차이가 크다면 넓은 시장 영역의 점수를 평균하는 것은 편향된 결론을 이끌어낼 수 있다.

우리 시장기회는 양면 플랫폼이다. 어떻게 평가할 수 있는가?

에어비앤비 같은 양면 플랫폼 모델에서 회사는 주로 다른 두 사용자 그룹 간의 직접적인 상호작용을 가능하게 해주면서 가치를 창출한다. 그런 '마켓플레이스' 플랫폼은 양 그룹을 서비스하며 비용이 발생하고 각각 그룹으로부터 매출을 만들 수 있다(물론 때로는 한 그룹은 보조금을 주기도 한다). 다면 플랫폼에서 성공하기 위해서는 각 그룹에 실제로 가치를 제공해야 하고, 각 그룹을 서비스할 때 생기는 도전을 극복할 수 있어야 한다. 따라서 사용자형태별로 워크시트 2를 활용해 각각 별도의 평가를 하고, 이 평가를 합쳐 시장기회 전체 점수를 정하라. 이 경우에 등급을 결합하는 가장 논리적인 방법은 플랫폼 양 측면의 잠재력과 난이도 각 축별로 가장 낮은 점수를 취하는 것이다.

소셜 벤처도 워크시트 2를 활용할 수 있는가?

워크시트 2에서 수행한 평가는 대안의 경제적 잠재력을 검토하는 것이다. 그러나 소셜 벤처는 사회적 영향도뿐 아니라 재무적 성과도 성취하기 위해 노력한다. 따라서 그런 시장기회의 잠재력은 양쪽 모두 검토해야 한다: 기대되는 사회적 이익과 경제적인 이익. 따라서 그런 대안을 평가한다면 잠재력 축에 다른 요인을 추가하기를 추천한다: 이 기회가 사회적 문제를 해결하는 정도, 즉 사회적 이익. 마찬가지로 난이도 축도 사회적 이익을 획득하는 데 고유한 요인이 수반된다. 결국 동일한 요인에 근거해서 기회들을 확실히 일관성 있게 평가하도록 하라.

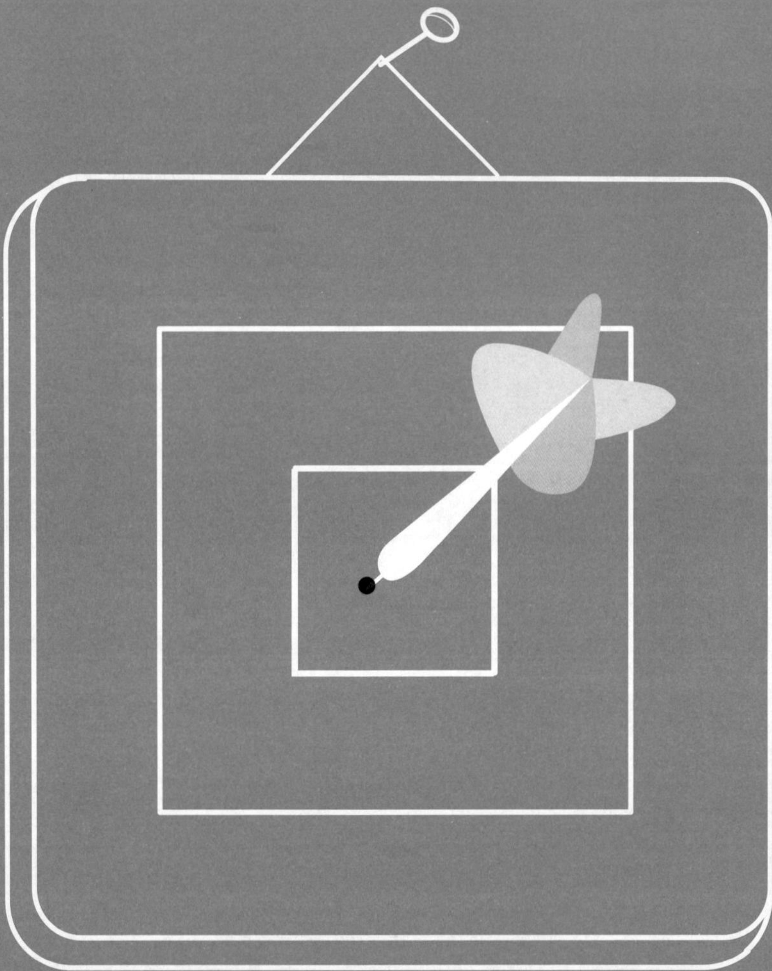

2.3 민첩집중전략설계

새로운 시장기회를 발견하고 평가하는 것은 당신에게 중요한 학습과정이다. 따라서 시간을 들여라: 몇 주가 걸릴 수도 있고, 더 걸릴 수도 있다. 그러나 어느 시점에는 결정을 내려야 한다.

어떤 시장기회에 집중해야 하는가?

의심할 여지없이 이것은 당신의 사업화과정 중 가장 근본적인 결정 중 하나이다. 이것은 시장에서 움직여 나가는 구동력과 가치창출에 핵심일 뿐 아니라 당신이 만들려고 하는 회사의 DNA를 형성하기도 한다.

그러나 여기 주의해야 할 것이 있다. 이 선택의 결정적 중요성과 당신의 혁신에 필요한 가장 비옥한 기반을 찾는 최선의 노력에도 불구하고 당신은 여전히 시간이 지나면서 선택을 변경해야 할지도 모른다! 이것이 혁신의 본질이다. 당신의 선택에 내포된 불확실성으로 인해 변화는 당연한 것이라는 것을 받아들이는 것이 좋을 것이다. 그리고 변화를 준비하라! 즉 예측 못한 것들이 일어날 때를 대비하라.

실제로 이것은 무엇을 의미하는가?

현명한 시장기회전략은 두 가지 주요한 측면을 고려해야 한다.

1 **무엇이** 당신이 집중해야 하는 가장 매력적인 시장기회인가?

2 **어떻게** 하면 집중하면서도 동시에 유연하고, 민첩하고 개방적일 수 있는가?

민첩집중전략은 이 두 가지 측면을 결합하여 최적의 전략을 설정하고 사업화 노력에서 최대의 가치를 수확하는 것이다.

민첩집중전략: 집중과 유연성을 결합

민첩집중전략은 다른 시장기회에 대해서도 의식적으로 열려있으면서 집중과 유연성 사이의 긴장에 균형을 잡는다. 그 시장기회들은 최소한의 노력으로 위험을 줄이고 가치를 증대시켜주는 것들이다.

따라서 이 전략은 당신의 자원과 역량을 활용해서 더 효과적으로 배분하고, 생길 수도 있는 치명적인 속박을 피하도록 해준다. 함정에 빠지지 마라! 민첩집중전략은 당신의 벤처를 어떻게 구축하고 설계하느냐에 중대한 시사점을 준다. 그것은 민첩성과 조종성을 유지하면서도 다른 한편으로는 가장 매력적인 시장기회에 집중하도록 해준다.

어떻게 이것을 얻을 수 있는가?

가장 매력적인 경로로 전진하는 데 필요한 집중을 잃지 않으면서도 다른 대안의 가능성을 지금은 열어놓고 민첩성을 높이기 위해 할 수 있는 것은 많다! 특별히 당신의 자원과 역량을 향후 유연성을 높여주는 방식으로 개발할 수 있다: 예를 들어, 기술을 보다 쉽게 재구성할 수 있도록 모듈화하거나 지적재산권망을 넓게 던져 놓거나 또는 방향전환을 할 수 있는 브랜드 이름을 선택하는 것들. 이러한 상대적으로 작은 투자로 가장 유망한 기회를 추구하는 것을 저해하지 않고도 당신의 회사를 변화에 더욱 강하게 만들 것이다.

각 봉우리가 가능한 대안을 나타내는 시장기회 풍경에서, 당신의 민첩집중전략은 당신이 지금 오르는 봉우리와 그 주변 봉우리 사이에 다리를 만들 수 있다. 그래서 변화가 필요할 때 밑에서부터 다시 시작하는 것을 피할 수 있다.

창업에서 대안에 개방적인 자세를 유지하는 것은 실물 옵션 사고와 유사하다. 지금 상대적으로 작은 투자가 미래에 기회를 더 추구할 권리 – 의무가 아님 – 를 준다.

따라서 민첩집중전략은 불확실성에서의 전략에 대한 연구에서 개발된 실물 옵션의 논리에 기반하고 있다.

연구결과 통찰

실물 옵션이론은 재무 옵션구조와 유사한 실물자산에 대한 투자형태에 주목한다. 재무 옵션 계약을 구매하는 것이 미래에 기초자산을 구매하는 의무가 아니라 권리를 주는 것처럼, 실물 옵션에 투자하는 것은 조건이 좋다고 판단되면 미래에 투자를 계속하는 기회를 준다. 만약 추가 투자가 바람직하지 않다면 실패비용은 실물 옵션을 만드는 비용에 한정된다.*

'극선명' 집중은 어떤가?

창업자들은 종종 "좁은 집중전략을 추구해야 하며, 그렇지 않을 경우 생존하지 못할 것이다"라는 말을 듣곤 한다. 이렇게 조언하는 이유는 매우 명확하다. 작은 벤처는 자원이 거의 없고(제한된 인적·재무적 자원을 생각해보라), 따라서 그 노력을 너무 얇게 펼치면 안 된다는 것이다.

이 말이 매우 맞기도 하지만, 불확실성이라는 조건에서 운영하는 데 있어 특히 결정적인 민첩성의 중요성을 간과하고 있다. 실제로 500여 스타트업에 대한 우리의 포괄적인 조사에서 이 극선명(laser–sharp) 집중의 트레이드오프가 나타났다.

* Strategy through the option lens: An integrated view of resource investments and the incremental–choice process/ Bowman & Hurry(1993); A real options logic for initiating technology positioning investments/ Rita McGrath(1997); Investment Under Uncertainty/ Dixit & Pindyck(1994)

연구결과 통찰

창업자는 집중과 유연성 사이의 미묘한 균형을 어떻게 관리할까? 이 질문에 호기심이 일어, 우리는 500개 이상의 기술벤처를 지난 10여 년간 연구했다.*

다음이 우리가 발견한 것이다.

- 대부분의 회사는 초기 시장 선택을 시간이 지나며 바꾼다. 그러므로 어떻게 집중과 유연성 간의 균형을 잡느냐가 절대적으로 중요하다.
- 한 시장에 극선명하게 집중하는 것은 대부분의 회사에는 결과가 나오지 않는다! 관련된 시장대안에 의식적으로 열려있는 것이 유연성을 높이고 성공으로 가는 열쇠이다.
- 시장기회는 밀접하게 관련되어 있어 (따라서 창업자에게 상당한 추가 투자를 필요로 하지도 않고 크게 폭을 넓히는 것도 필요로 하지 않는다) 병행해서 추진할 수도 있다: 높은 시장 불확실성에서 성공확률을 높인다.

창업 초기에 중요한 두 가지 통찰을 결과로 얻었다.

TripAdvisor의 공동창업자인 Stephen Kaufer는 창업자에게 주는 조언에서 극선명 집중의 부정적인 측면을 강조한다.

> … 만약 당신이 오직 한 가지에만 초집중하고 다른 것을 고려할 마음이 없다면, 일이 계획대로 되지 않을 때 아마도 어떻게 해볼 유연성이 없을 것이다. "일은 계획대로 되지 않는다"는 것은 진실이다.**

* Market entry decisions, emergence processes & adaptation in new organizations/ Tal, Gruber & de Haan(Dissertation Technion)

** Founders at Work/ Jessica Livingston(2008)

민첩집중전략을 어떻게 설계하는가?

워크시트 2에서 한 평가와 매력도맵이 민첩집중전략을 설계하는 기초이다. 그것은 당신의 대안이 얼마나 매력적인가를 보여준다: 대안 그 자체로서 그리고 다른 것과 비교해서. 이 중요한 정보는 당신의 주 시장기회 – 전력으로 추구할 기회 – 를 선택하는 데 도움을 줄 것이다.

그러나 현명한 전략을 설정하는 것은 가장 매력적인 기회를 찾는 것뿐 아니라 그 주변에 유연성을 높일 효과적인 포트폴리오를 만드는 것에 기반한다. 그러기 위해 시장기회세트에서 최소한 하나의 예비대안과 하나의 성장대안을 선택해야 할 것이다.

예비대안은 주 시장기회와 동일한 주요한 위험을 가지지 않는 매력적인 시장기회다. 그것은 시간에 따라 필요하면 방향을 변경할 수 있게 해준다.

성장대안은 시간이 지나며 추가적인 가치를 창출할 수 있게 해주는 매력적인 시장기회다.

예비대안과 성장대안은 이상적으로는 주 시장기회와 밀접하게 관련되어 있어야 한다. 제품과 시장 관련성은 기존 자원, 역량과 관계를 활용할 수 있게 해줄 것이다: 그에 따라 가치창출을 증대시키고 **최소 노력**으로 위험도를 균형 잡아줄 것이다. 예비대안과 성장대안은 가능성을 열어놓거나(원한다면 나중에 추진할 수 있도록) 또는 지금 바로 주 시장기회와 병행해서 추진한다고 결정할 수도 있다. 이 투자 결정은 대안을 추진하는 데 필요한 추가적인 노력과 그 대안들이 당신 벤처의 생존 또는 성공에 얼마나 결정적인가에 달려있다.

이 설계과정의 결과가 민첩집중전략이다. 그것은 당신의 주 시장기회(들)를 명확하게 나타내며, 예비 또는 성장대안으로 열려있는 것들과 현재는 '저장'해놓고 지금 단계에서는 잊어버리는 기회들을 나타낸다.

민첩집중목표도로 전략을 표현하고 의사소통할 수 있다.

Reid Hoffman은 링크드인의 공동창업자이자 회장이고, Greylock Partners Venture Capital의 파트너이다. 그는 창업자를 위한 발표 조언 에세이에서 예비대안을 가지고 있는 것의 중요성을 강조했다.

> … 당신은 발표 자료에서 정말로 기대를 걸고 있는 것을 강조함으로써 중점을 보여주고자 한다. 그렇지만 약간의 조종 가능성을 보여주어라. 그냥 당신이 다섯 개의 다른 대안을 가지고 있다고 말하지 말라. 대신 당신은 하나의 대안을 가지고 있지만 안 될 경우 기댈 대안이나 조종 가능한 대안도 있다는 것을 말하라.
>
> 예를 들어 우리가 2004년에 시리즈 B 피치(series B pitch)를 지금의 지식으로 한다면, 링크드인은 채용산업을 채용공고모델에서 검색모델로 전환시키는 것으로 시작한다고 강조하겠다. 그리고 논의 요점에서 우리 플랫폼으로 변혁시킬 수 있는 다른 사업 몇 개를 강조하겠다.
>
> A에 투자해달라. 그렇지만 그 위험을 통제할 B가 있다. 투자자들은 이것을 매우 좋게 평가할 것이다. 왜냐하면 당신은 합리적으로 위험을 파악하고 있고 주 계획이 기대대로 안 될 경우 무엇을 할 것인지에 대해 실제로 생각하고 있다는 것을 보여주고 있기 때문이다.*

시장기회에 대한 명확한 로드맵은 당신의 위험을 균형 잡는 데 도움을 줄 뿐 아니라 향후 튀어나올 기회주의적 대안을 어떻게 다룰지에도 도움이 되어 민첩집중전략에 따라 보다 쉽게 평가하고 구분할 수 있도록 해줄 것이다.

* www.reidhoffman.org/485businessandentrepeneurship/2135linkedinsseriesbpitchtogreylock

요점

시장기회내비게이터의 가장 마지막 단계는 민첩집중전략을 설계하는 것이고, 실제로 이 전체 과정의 주 결과물이다. 그것은 가장 매력적인 시장기회에 집중하게 해주고 동시에 불확실성으로 가득 찬 세상을 준비하는 민첩성을 키울 수 있게 해준다. 그러나 민첩집중은 단순하게 전략만이 아니라 사고방식이다. 혁신 노력의 바로 초기 단계부터 이 사고방식을 가지기를 강하게 권유한다.

무엇보다 첫 번째로 이 사고방식은 인지 유연성을 필요로 한다. 이것은 당신의 자원과 역량에 대한 유연성만이 아니라 그것을 여러 시장에 적용할 수 있는 능력이다. 이것은 또한 대안기회 그리고 변화와 적응에 대한 개방성과 수용성에 대한 것이다. 이것이 매우 중요하다. 왜냐하면 인지 경직성은 시장에 귀 기울이고 즉각적으로 적응하는 데 실패해 사라진 회사들처럼 당신을 이끌 수 있기 때문이다. 예비대안과 성장대안을 가지고 있는 현명한 포트폴리오를 설계하는 것은 이 대안을 때가 되었을 때 실제로 추진하느냐의 여부에 관계없이 당신과 팀의 인지 유연성을 구축하고 유지하는 데 실제로 도움이 될 것이다.

민첩집중 사고방식은 또한 중점 의사결정을 서두르지 않는다는 것을 의미한다. 많은 사람들이 집중의 중요성을 얘기하지만, 민첩집중은 여러 시장기회를 시간을 가지고 조사하고 익숙해진 후 주의 깊게 결정을 한다는 것을 의미한다! 너무 급하게 스케일업에 뛰어들지 마라. 엉뚱한 시장을 정복하려고 애쓰고 있을지 모른다.

그러나 어떤 시점에는 집중전략을 설정해야 할 것이다. 이것은 쉬운 과제는 아니다. 가장 어려운 부분은 무엇을 하지 않을 것인가를 알아내는 것이다. 잠재적으로 흥미 있는 기회를 버리는 것은 이 과정에서 종종 가장 괴로운 부분이다. 그렇지만 민첩집중 사고방식을 받아들인다면 조금은 덜 힘들 것이다.

지금쯤은 '완벽한' 시장기회가 아직 나타나지 않았다는 것을 이해할 것이다. 사실 단지 '완벽한' 시장기회는 드물기 때문에 아직 집중할 '완벽한' 시장기회를 발견하지 않았을 것이다. 하지만 이제 모든 주요한 사항을 고려했고, 가지고 있는 모든 정보를 활용했으므로 당분간 앞으로 추진할 최적전략을 설정할 것이다. 그리고 무슨 이유에서든지 그것이 잘못된 결정으로 판명되더라도 변화하고 적응할 준비가 된 것이다.

워크시트 3

민첩집중전략설계

주 시장기회 주위에 포트폴리오를 만들어 위험을 완화시키고 가치를 증대시킴

Ⅰ. 집중할 주 시장기회를 선정(매력도맵에 기반)

Ⅱ. 시장기회세트에서 매력적인 시장기회를 선별해서 가능한 예비대안과 성장대안을 검토

주 시장 기회와의 관련성:

제품 관련성
제품 간의 공유 정도
기술적 역량, 필요 자원, 필요 네트워크

시장 관련성
고객 간의 공유 정도
가치 및 혜택, 판매채널, 구전효과

대안 적합성:

예비대안
주 시장기회와 주요한 위험을 공유하지 않으며 방향 전환이 가능한 매력적인 시장기회

□ 예비대안

성장대안
추가적인 가치를 창출해주는 매력적인 시장기회

□ 성장대안

Ⅲ. 민첩집중전략설계

- 최소 하나의 예비대안과 하나의 성장대안을 열어놓음
- 지금 바로 추진할 가치가 있는 대안 결정
- 나머지는 저장

지금 추진	열어 놓음	저장

민첩집중목표도에 전략을 표시

이름

날짜

☐ 예비대안	☐ 예비대안
☐ 성장대안	☐ 성장대안

지금 추진	열어 놓음	저장	지금 추진	열어 놓음	저장

워크시트 3

민첩집중전략설계

워크시트 3은 민첩집중전략을 설계하는 것을 도와줄 것이다. 특히 주 시장기회를 선정한 후 매력도와 주 시장기회와의 관련성에 기반해 최상의 예비대안과 성장대안을 찾는 것을 도와줄 것이다.

그리고 나서 이 대안들에 얼마나 많은 노력을 기울일 것인지 결정해야 할 것이다. 그것들을 주 시장기회와 병행해서 지금 추진할 것인가, 아니면 가능성을 열어두기만 할 것인가(즉 향후에 추진하기 위해)? 이 과정의 결과는 민첩집중전략으로 민첩집중목표도에 그려질 것이다.

> 무엇을 주 시장기회로 해야 하는지 불확실하다면 각 가능한 대안별로 별도의 워크시트를 사용하라. 시나리오 연습을 하면 최종적으로 전략을 결정하는 것을 도와줄 것이다!

민첩집중전략설계는 주 시장기회를 선정하는 것부터 시작한다. 이것이 되면 현명한 예비대안과 성장대안 포트폴리오 계획을 시작할 수 있다.

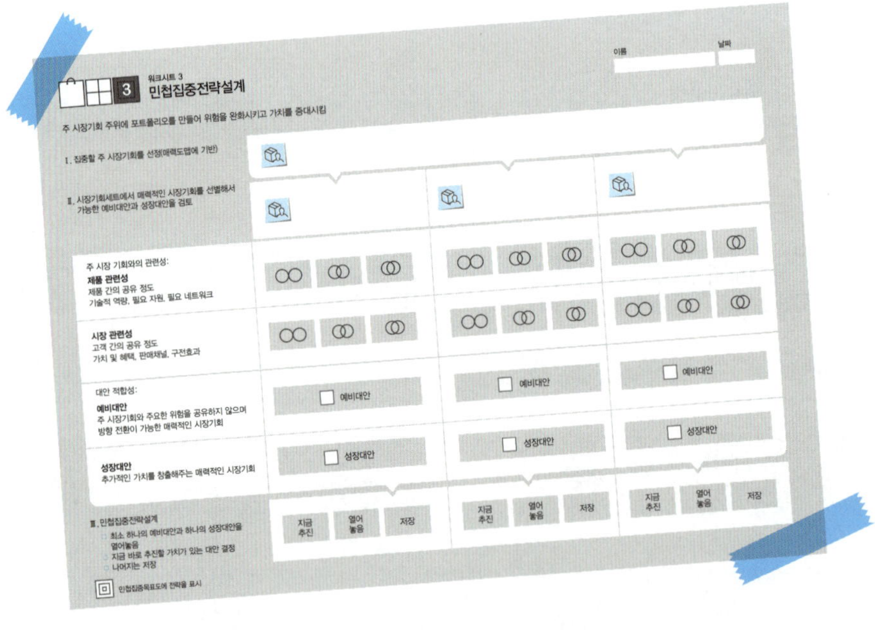

1단계: 주 시장기회를 선정

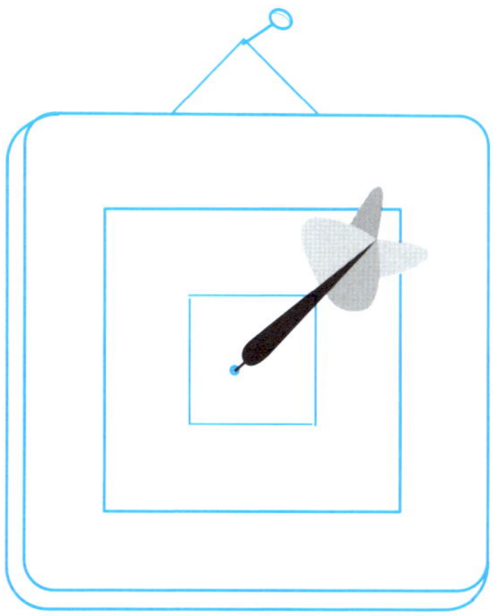

주 시장기회는 당신이 집중하고자 하는 대안이다. 전력으로 추진할 대안이며 대부분의 자원과 역량을 투사해 정복하려는 대안이다.

흥분되는 기회를 여러 개 가지고 있는 것은 사탕가게를 방문하는 것 같은 기분이 들 수 있다. 사탕들이 다 맛있게 보이고 형형색색이지만, 그걸 다 먹으려고 하면 결국은 속이 메스꺼운 기분이 들 것이다. 따라서 당신의 도전과제는 스스로 조절하면서 어떤 사탕이 당신에게 가장 좋은지 결정하는 것이다. 너무 많은 기회를 동시에 추구할 수는 없다. 그랬다가는 결국 정말로 탈나고 말 것이다.

주 시장기회를 선정하는 것은 때로는 명확하고 단도직입적인 결정이지만 또한 어렵고 심지어는 괴로운 결정일 수 있다. 왜냐하면 보기에 흥미로운 대안들을 그냥 내버려둬야 하고 어떤 것이 궁극적으로 당신의 관심을 가질 것인지 확실하지 않기 때문이다.

현명하게 선정하기 위해서는 먼저 매력도맵을 살펴보고 평가과정에서 모은 모든 지식을 활용해야 한다. 매력도맵에는 당신의 개인적 성향, 이해관계자의 성향 같은 고유한 사항은 반영되지 않았을 수 있다는 점을 유의하라.

매력도맵 고려사항

각 시장기회를 개별적으로 평가하고 매력도맵에 전체적으로 그려봄으로써 어떤 기회가 다른 것에 비해 우수한지 깊게 이해할 수 있다. 잠재력의 수준과 난이도의 수준에 근거해서 대안을 비교하고 주 시장기회를 선정할 수 있다.

때로는 매력도맵이 이 과정을 간단하게 해주고 분명한 답을 준다. 이런 것은 다른 모든 대안에 비해 하나의 대안이 훨씬 매력적일 때 나타난다. 그러나 그 외의 경우에는 매력도맵에서 대안들의 위치가 단도직입적인 대답을 보여주지 못한다.

다음에 주 시장기회를 선정할 때 영향을 주는 공통적인 패턴 몇 가지를 설명한다.

1. 하나의 명확히 우월한 기회

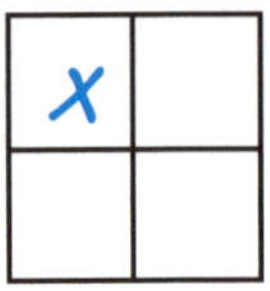

금광 구역에 하나의 기회가 있다면 당신의 선택은 상대적으로 쉽다. 다른 덜 매력적인 기회들이 성장대안이나 예비대안이 될 수 있으므로 여전히 중요할 수도 있다.

2. 대각선의 트레이드오프

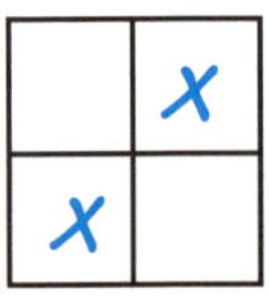

대각선의 트레이드오프는 매우 흔한 패턴으로 대안들이 '위험-수익'의 대각선형태로 퍼져있는 것이다. 일부는 저위험-저수익 기회로 퀵윈 구역에 있고, 일부는 고위험-고수익 기회로 달나라 가기 구역에 있는 것이다. 이런 경우 선호되는 시장기회가 명백하지 않다. 향후 큰 기회로 가는 디딤돌로서 작은 대안부터 선택할 수도 있고, 또는 처음부터 달나라 가는 것을 선택할 수도 있다. 이 선택은 다른 것보다도 당신의 개인적인 선호, 위험에 대한 성향, 이해관계자의 이익, 그리고 당신이 가지고 있거나 확보할 수 있는 자원에 달려 있다.

3. 밀집된 대안들

어떤 경우에는 대안들이 매력도맵에 퍼져있지 않고 한 구역에 모두 위치하기도 한다: 금광, 퀵윈 또는 달나라 기기 구역. 또는 기회들이 모두 중간 근처에 퍼져있을 수도 있다. 이런 경우는 기회들의 잠재력과 난이도가 그렇게 명확하게 구별되지 않으므로 최선의 대안이 명확하지 않다.

이런 상황에서 주 시장기회를 선정하는 것은 당신의 개인적 선호와 이해관계자의 관심 또는 당신에게 가장 중요해 보이는 워크시트 2에 있는 특정 요인(예를 들어, 매출까지의 시간 같은)에 따라 크게 달라진다. 또 어떤 대안은－서로 밀접하게 위치해 있어도－다른 대안보다 여전히 더 나을 수 있다. 그러므로 좀 더 상대적으로 유망하거나 향후에 더 매력적으로 형성될 가능성이 있다고 믿는 대안을 선택하라.

4. 매력적인 대안이 없음

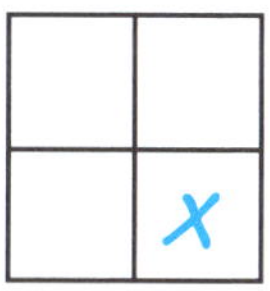

불행하게도 이런 경우도 생긴다. 철저하게 평가를 하고 나서도 충분히 매력적이지 않은 기회만 찾을 수도 있다. 만약 모든 대안이 물음표 구역에 있다면 다음의 두 가지 중 하나를 해볼 수 있다: 워크시트 1로 되돌아가서 추가적인 시장기회를 확인하든가 또는 매력도맵에서 대안의 위치를 향상시키기 위해 어떻게 하나의 대안을 변화시킬 수 있는지 고민하라.

때로는 불가피할지라도 주 시장기회는 물음표 구역에 있어서는 안 된다. 당신의 노력을 보장해줄 만한 결과가 나오지 않을 수 있는 이 어려운 길을 갈지 다시 생각하고 또 생각하라.

다른 고려사항

매력도맵은 잠재력과 난이도를 기준으로 시장기회들을 객관적으로 평가해서 보여주는 것이다. 그렇지만 주 시장기회를 선정할 때 작용하는 다른 중요한 고려사항이 있다.

개인적인 적합성

당신(당신과 창업팀)은 기회가 당신의 개인적인 선호와 맞는지 볼 필요가 있다: 가치, 열정, 열망 그리고 심지어는 위험감수에 대한 태도. 우리 동료인 John Mullins는 팀의 미션, 열망과 위험에 대한 성향을 사업기회를 평가하는 데 매우 중요한 요인으로 설명한다.* 따라서 당신은 주 시장을 높은 잠재력 또는 낮은 난이도만이 아니라 당신이 그것을 사랑하고 벤처가 성장하고 진화하면서 계속 사랑할 것이라는 이유를 가지고 선정해야 한다. 어떤 사람들은 이 중요한 측면은 '제품/시장/창업자 적합성'이라고 부른다. 성공은 사람들이 실제로 원하는 것을 만드는 것만이 아니라 당신이 실제로 즐기는 것을 하는 것에서 나온다.

이해관계자의 이익과의 적합성

어떨 때는 당신이 주 시장기회를 선정할 때 이미 고려해야 하는 이해관계자가 있는 경우가 있다. 이해관계자는 현 투자자, 기존 파트너 등일 수 있다. 그들의 동기와 관심은 당신과 완전히 맞지는 않을 수도 있지만, 여전히 고려해주어야 할 것이다. 예를 들어, 기존 투자자는 특정 시장 영역 출신으로 그 영역에서 기회를 선정하라고 요구할 수도 있을 것이다. 그들의 선호를 좋아하지 않는다면 시장기회내비게이터는 그들의 관심을 다른 시장 영역으로 방향전환하는 데 구체적인 통찰을 줄 것이다. 다른 경우에는 투자자가 상대적으로 단기간 내 투자를 시현하고자 하기 때문에 '매출까지의 시간'에 큰 가중치를 둘 수도 있어 특정한 방향으로 당신의 선택을 몰아갈 수 있다.

자원 제약

어떤 경우에는 당신은 단지 더 크고, 난이도가 높은 기회를 추구할 자원이 없기 때문에 퀵윈 대안으로 시작해야 할 것이다. 현재 재무자본과 인적자본을 주 시장기회를 선정할 때 고려하라.

* The New Business Road Test/ John Mullins(2006)

이 결정을 하는 데 맞는 시점은 언제인가?

이 심각한 결정을 하는 데 서두르지 마라. 틀린 방향으로 전력으로 질주하게 될 수 있으므로 시간을 가지고 여러 시장기회를 발견하고 가능한 한 철저하게 조사하라. 실제로 Startup Genome의 최근 연구에 따르면 74%의 인터넷 스타트업은 미숙한 규모 키우기, 즉 잠재적 성장에 대해 일관성 있는 증거가 없는데도 돈과 자원을 쓰는 것 때문에 실패한다. 그들은 더군다나 스타트업은 시장을 검증하는 데 대부분의 창업자들이 생각하는 것보다 2, 3배의 시간이 걸린다는 것을 발견했다.*
그러므로 시간을 가지고 전략을 개발하라. 그러나 어느 시점에 어떤 시장에 집중해야 하는지 결정해야 한다. 이 시점이 왔다는 것을 어떻게 아는가?

학습이 성숙 지점에 도달할 때

어느 시점에 당신은 추가적인 정보가 다 아는 것이라고 느낄 때가 있을 것이다. 새로운 것은 없다. 이것은 성숙 지점에 도달했다는 의미이다. 따라서 학습과정을 계속하는 것은 더 이상 생산적이지 않다. 이것이 당신의 영역에 있는 불확실성을 없앴다는 것을 의미하는 것은 아니다. 어떤 질문들은 여전히 열려있고, 단지 지금은 대답을 할 수 없을 것이다. 어려울지라도 결정을 해야 할 시간이다.

돈(산소!)이 떨어질 때

스타트업에게 돈은 산소를 의미한다. 자금을 모을 때 당신의 주 시장기회를 결정해야 할 것이다. 대부분의 투자자는 명확한 전략을 보기를 원하고, 당신이 초기에 추진하고자 하는 기회와 미래에 활용하고자 하는 기회에 따라 당신의 벤처에 투자할지 결정하려 할 것이다.

브랜딩에 투자해야 할 때

회사의 브랜딩은 종종 회사의 시장과 응용 분야(명확한 예시로 'GetTaxi'를 생각해보라)를 함축한다. 브랜드 개발에 투자하는 것은 꽤 많은 자원을 필요로 하고 브랜드 이름을 바꾸는 것은 더 많이 필요하다. 따라서 일단 브랜딩을 시작하면 민첩집중전략과 주 시장기회에 대해 명확한 이해를 하고 있어야 한다. 또는 나중에 조정할 수 있는 유연성이 있는 넓은 브랜드 이름(예를 들어, Amazon 같은)을 채택할 수도 있다.

---

* Startup Genome Report Extra on Premature Scaling/ Startup Genome(2011)

이 중요한 결정을 하는 몇 가지 팁

'완벽한' 대안은 없다

시장기회는 특성이 다 다르며 '완벽한' 시장기회를 찾을 수는 없을 것이다. 모두 긍정적인 면과 부정적인 면을 가지고 있다. 어떤 기회들은 긍정적인 면이 부정적인 면보다 크지만, '완벽한' 대안은 거의 없다. 일단 이 점을 받아들이고 마주해야 하는 결점을 이해한다면 결정을 하기가 쉬워질 것이다.

팀 의사결정으로 하라

시장기회내비게이터의 가장 큰 가치 중 하나는 당신과 팀이 모든 중요한 결정을 명확한 언어로 논의할 수 있게 해준다는 점이다. 시장기회내비게이터는 의사소통 도구이다! 팀 논의는 다른 시각들을 끌어내어 다른 사람의 개인적인 성향을 고려할 수 있게 해준다. 더군다나 같이 의사결정을 하는 것은 팀의 모든 노력을 투자하고, 그것을 넘어 성공하겠다는 동기부여를 높여줄 것이다.

Augury로 돌아가서 …

Augury의 매력도맵은 다섯 개의 대안이 있었다. 어떤 것이 주 시장이 될지를 결정할 시간이었다. 이것은 쉬운 결정이 아니었다. 그들 모두 몇 가지 주요한 긍정적인 면과 부정적인 면이 있었다.

매력도맵을 검토한 결과 냉장 컨테이너는 충분히 흥미롭지 않았고 자동차는 시작하기에는 너무 멀었다. 상업용 건물 냉난방시스템–금광 구역에 있는 유일한 대안–이 팀에게는 매우 중요한 매출까지의 시간을 강조했을 때 정말 가장 매력적인 대안으로 보였다.

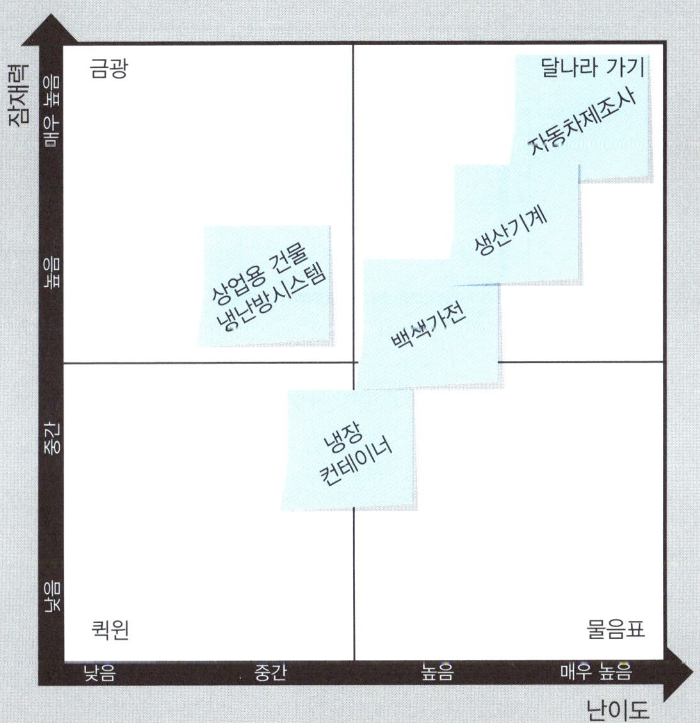

창업자들은 초기에는 대형 상업용 건물의 냉난방시스템에 예지정비를 제공하는 데 집중하기로 결정했다.

모든 대안들이 가운데 근처에 퍼져있는 다른 예를 살펴보자. KalOptics는 미국에 있는 스타트업이다. 그 스타트업의 기술은 질감이 있는 재료를 사진처럼 사실적으로 찍고, 조작하고 편집해서 원본과 구별이 불가능한 3차원의 컴퓨터 생성 이미지를 만드는 사용이 쉬운 비용효과적인 방법을 제공한다.

KalOptics 제품의 시장은 디자이너(실내장식, 패션, 건축, 산업 디자이너들을 위한 향상된 렌더링)뿐 아니라 영화, 애니메이션과 게임, 카탈로그 그리고 광고 등의 시각효과를 포함했다. 이 네 가지 시장기회를 철저하게 검토한 결과 그들의 잠재력과 난이도 수준에는 거의 차이가 없다는 것을 알아냈다. 즉 각 대안이 장단점이 있지만 매력도맵 가운데에 서로 가깝게 모여있다는 것이다.

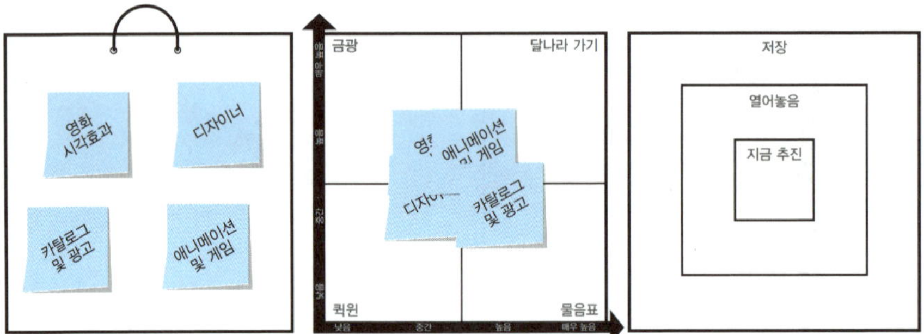

시장기회세트 매력도맵 민첩집중목표도

이 경우, 시각적 맵 그 자체로는 가장 매력적인 기회를 선택하는 데 필요한 우선순위를 제공해주지는 못한다. 대안들을 구별하기 위해서는 워크시트 2의 상세한 내용으로 되돌아갈 필요가 있다. KalOptics의 경우 기회들을 평가하고 잠재고객과 얘기해본 결과 한 가지가 명확해졌다. 영화 시각효과 시장은 가장 크지는 않을지라도 영화 제작자들이 이미 시각효과에 엄청나게 돈을 쓰고 있고 이 회사의 솔루션을 채택하려고 하기 때문에 가장 적절한 시장이었다. 그들은 또 질감 있는 표면을 렌더링하는 데 있어 '선도 사용자'로 간주되고 있어 다른 산업에서도 솔루션을 찾을 때 그들을 바라보고 있었다. 따라서 회사는 초기 목표 시장으로 영화 스튜디오에 집중하기로 결정했다.

주 시장기회를 선정하고 나서 워크시트 3의 상단에 표시해놓아라. 이제 예비대안과 성장대안을 계획하는 것이 가능하다.

2단계: 가능한 예비대안과 성장대안을 검토

민첩집중전략의 주요한 목적은 최소의 노력으로 위험을 조정하고 가치창출을 증대시키는 것이다.

그렇게 하기 위해서는 최소한 한 개의 예비대안과 한 개의 가능한 성장대안을 정해 주 시장기회 주변에 효과적인 포트폴리오를 만들어야 한다!

예비대안은 향후 방향을 전환할 수 있게 해준다. 그것은 다음 질문에 답을 준다: 우리가 성공하지 못한다면 다음에는 무엇을 해야 하는가?

성장대안은 향후 추가적인 가치창출이 가능하게 해준다. 그것은 다음 질문에 답을 준다: 우리가 성공한다면 다음에는 무엇을 해야 하는가?

민첩집중 포트폴리오에 가능한 후보를 확인하기 위해서는 매력도맵과 워크시트 2에서 했던 평가로 돌아가라. 다른 매력적인 시장대안들을—후보로 더 상세하게 고려하고자 했던 것들—골라 워크시트 3의 지정된 곳에 목록을 적어라.

때로는 처음 대안세트에는 있지 않았던 시장기회지만 지금은—주 시장기회를 선정한 후—주 시장기회와 관련해서 흥미롭게 보이게 된 추가적인 시장기회들을 고려할 수도 있다. 이런 경우라면 이 대안들을 민첩집중 포트폴리오의 후보로서 분석할 수 있다. 그렇지만 그것들은 추후 평가를 할 필요가 있으므로 잊지 말고 반드시 시장기회세트에 추가해놓아라.

다음에는 이 대안들이 주 시장기회와 어떻게 관련되는지, 예비대안 또는 성장대안이 되는 것이 적절한지 검토할 것이다. 그것들이 더 관련될수록 그 대안들에 대해 열려있는 노력이 덜 들 것이다

주 시장기회와의 관련성 평가

두 시장기회의 관련성은 한 대안에서 개발하고 있는 자원, 역량 그리고 관계를 다른 대안에서 성공하는 데 효과적으로 활용할 수 있다는 것을 의미한다.

주 시장기회 주위에 효과적인 포트폴리오를 구축할 때 예비대안과 성장대안이 주 시장과 가능한 많이 관련되는 것이 중요하다. 이 경우 그것들을 추진하는 데 필요한 추가적인 노력이 상대적으로 적을 것이다.

한 대안의 자원과 역량을 활용하는 능력을 평가하기 위해 두 가지 관련성을 검토할 필요가 있다: 제품 관련성과 시장 관련성.

제품 관련성
두 제품을 개발하는 데 필요한 자원과 역량이 유사한 정도

시장 관련성
두 제품을 마케팅하고 유통하는 데 필요한 자원과 역량이 유사한 정도

두 형태의 관련성은 똑같이 중요한 고려사항이다. 그러나 창업자들은 제품 관련성을 고려하는 경향이 있는 반면, 종종 시장 관련성을 검토하는 것을 간과한다. 이것은 결정적인 실수로 나타나기도 한다. 왜냐하면 '거리가 먼' 또는 관련성이 없는 시장에서 사업을 하려고 역량을 개발하는 데는 작은 벤처가 도저히 감당할 수 없는 큰 노력이 필요하기 때문이다.

제품 관련성 평가

제품(보다 일반적으로는 제공품)을 개발하는 데는 특정한 역량, 자원, 네트워크가 필요하다.

주 시장기회와 잠재적인 예비대안/성장대안의 제품 간의 관련성 정도를 검토하려면 다음의 질문을 생각해보라.

제품 간에 다음 것을 어느 정도 공유하는가

- **기술 역량?**
  (즉 제품의 기능과 특장점은 유사 기술개발이 필요하고 규제 조건이 유사하다.)

- **필요 자원?**
  (즉 직원, 제조설비, 지적재산권 등)

- **필요한 네트워크?**
  (즉 공급자, 파트너 또는 가치사슬상 다른 참여자)

전체적인 제품 관련성은 3단계로 등급을 정할 수 있다

제품 간 공유 거의 없음
관련되지 않음

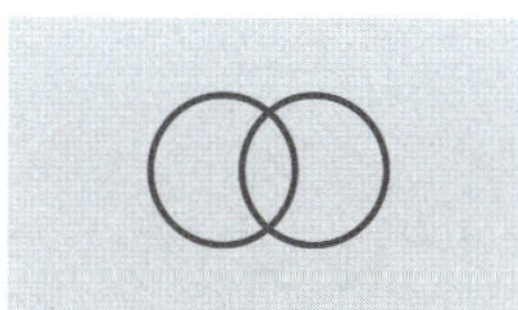

제품 간 공유 조금
일부 관련

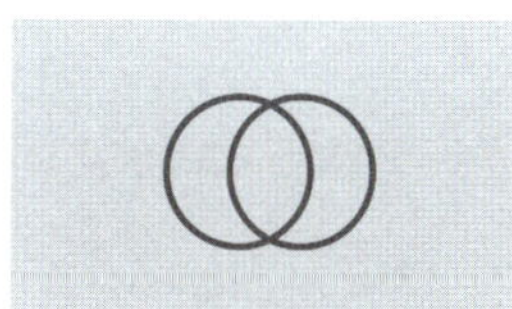

제품 간 공유 많음
밀접 관련

시장 관련성 평가

인접 시장의 고객들은 구매의사결정 시 유사한 가치를 고려하고, 동일한 판매채널에서 구매하며, 구매의사결정을 할 때 서로 참고한다.

주 시장과 잠재적인 예비대안/성장대안의 고객 관련성 정도를 이해하려면 다음 질문을 생각해보라.

고객 간에 다음 것을 어느 정도 공유하는가

- **가치와 혜택?**
  (즉 브랜드와 명성을 한 시장에서 다른 시장으로 활용할 수 있다.)
- **판매채널?**
  (즉 두 시장에 동일한 유통채널을 활용할 수 있다.)
- **구전효과?**
  (즉 한 시장에서 만족한 고객이 다른 시장의 제품을 홍보할 수 있다.)

전체적인 시장 관련성은 3단계로 등급을 정할 수 있다

고객 간 공유 거의 없음 관련되지 않음	고객 간 공유 조금 일부 관련	고객 간 공유 많음 밀접 관련

워크시트 3에 지정된 칸에 주 시장기회와 잠재적인 예비대안/성장대안 간의 관련성을 평가하라.

Geoffrey Moore의 볼링 핀 모형

Moore는 〈벤처마케팅(*Crossing the Chasm*)〉과 〈토네이도 마케팅(*Inside the Tornado*)〉에서 매우 혁신적인 제품의 확산에 대해 설명하면서 초기 시장과 주 시장 사이의 케즘(Chasm)을 극복하기 위해 니치 세분시장을 하나씩 공략하는 모형을 제시했다. 그는 이것을 하나의 목표 세분시장을 공략하면 인접한 다른 니치 세분시장을 공략하는 데 도움이 되고 결국은 시장 확장이 가능해지는 모형으로 '볼링 핀 전략'이라고 불렀다. 그의 모형에서 인접이라는 것은 '완전제품'(즉 관련 제품을 여러 고객에게 제공하는 것) 또는 고객의 추천(즉 다른 제품을 관련 고객에게 제공하는 것)을 활용하는 것에 근거한다고 보았다.*

이것은 우리의 제품 관련성 및 시장 관련성 개념과 유사하다. 핵심은 Moore의 뒤따라오는 틈새 세분시장은 우리의 성장대안과 유사한 목적이다: 현 자원과 역량을 활용해서 회사의 경제적 이익을 향상시키는 것.

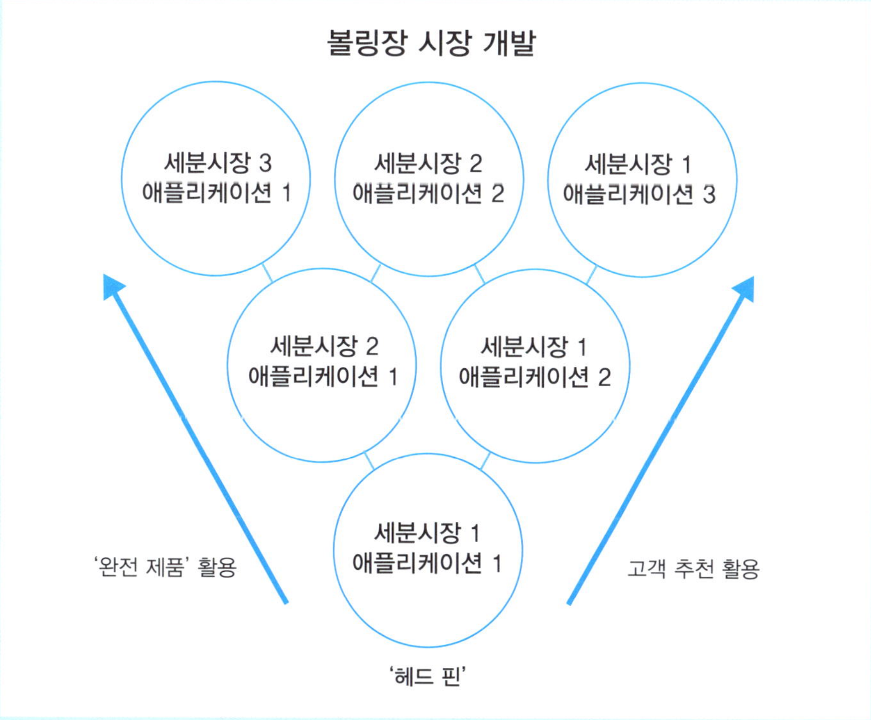

* Crossing the Chasm/ Geoffrey Moore(1991); Inside the Tornado/ Geoffrey Moore(1995)

Augury의 주 시장이 선정되고 나서, 대안 포트폴리오를 생각하고 민첩집중 전략을 설계할 때가 되었다. 생산기계는 검토할 만한 매력적인 후보였다. 자동차와 가전제품은 지금은 너무 멀리 있어 보였고, 냉장컨테이너는 충분히 가치 있는 기회로 보이지 않았다.

그러나 상업용 건물 냉난방시스템 시장에 집중하기로 한 후, 상업용 건물에 있는 엘리베이터와 가정용 건물의 냉난방시스템 두 개의 추가 기회가 관심을 끌었다. 이 기회들은 회사의 주 중점(Geoffrey Moore가 볼링 핀 모형에서 제안한)에 명확히 관련이 되었고, 성장대안 또는 예비대안이 되기에 적합할 수 있었다.

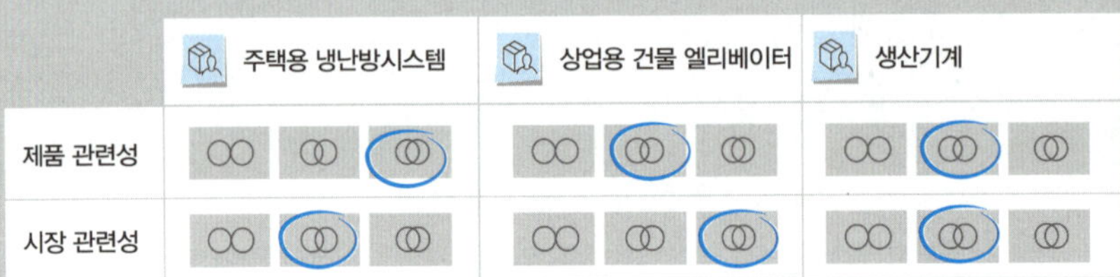

가정용 건물의 냉난방시스템의 감시는 상업용 분야의 냉난방시스템 감시와 매우 유사한 솔루션을 필요로 했다. 비록 제품이 더 저렴해야 했지만, 제품 관련성은 상당히 높았다. 그러나 가정용 주택은 상업용 건물과 같은 서비스 제공자와 꼭 같지 않을 수 있어 구전효과와 마케팅은 추가적인 노력을 필요로 했으므로 시장 관련성은 부분적이었다.

상업용 건물의 엘리베이터는 정 반대였다. 제품은 일부 유사했으나 특정한 규제에 따라야 했으므로 추가적인 능력을 필요로 했다. 그러나 시장은 두 제품이 같은 사용자일 것이므로 밀접하게 관련되었다.

생산기계는 양 측면 모두 부분적으로만 관련성이 있었다. 이런 점이 이해되고 나니까 어느 기회가 미래 성장대안이 되고, 어느 기회가 향후 방향을 재설정할 필요가 있을 때 예비대안으로 적합한지 보다 명확해졌다.

어느 시장기회가 예비대안으로 적합한가?

예비대안은 '플랜 B'이다. 그것은 초기 시장기회가 만족스럽지 않을 경우 방향을 바꿀 수 있도록 해준다. Eric Ries는 한 발은 계속 딛고 있으면서 다른 한 발은 새로운 방향으로 옮기는 전략의 이동을 말하는 그런 방향 재설정을 피봇이라고 이름 붙인다.*

이것은 전략적 이동이 필요할 때 가능한 지식과 역량을 활용하려는 시도를 의미한다. 따라서 예비대안은 가능한 주 시장기회와 관련이 많이 될수록 매력적이다. 그러나 이것들이 플랜 B를 구성할지라도 예비대안은 주 시장기회와 동일한 위험을 가지고 있거나 동일한 주요 가정에 기반해서는 안 된다. 즉 주 시장기회를 추진하는 것이 실패하더라도 예비대안으로 성공할 수 있기를 바라는 것이다!

워크시트 2에서 작성한 매력도맵과 평가를 활용해서 주 시장기회의 주요한 위험과 추신을 중단할 기준을 다른 대안과 비교하며 생각해보라. 예를 들어, 주 시장에서 성공하는 것이 규제에 크게 의존한다면, 예비대안은 그러한 규제에 의존하지 않는 것을 찾아라.

주 시장의 취약점과 위험에 대해 준비가 없을 수 있을 가능성이 크므로 그것들을 충분히 숙지하는 것이 매우 중요하다는 점을 명심하라. 적정한 예비대안에 대해 열려있으며 이러한 위험에 대해 균형을 가지는 것이 최소 노력으로 위험을 관리하는 데 도움이 될 것이다.

☐ **예비대안**

기회들이 예비대안에 적합한지 워크시트 3의 해당 칸에 표시하라.

---

* The Lean Startup/ Eric Ries(2011)

어느 시장기회가 성장대안으로 적합한가?

성장대안은 가치창출 잠재력을 증대시켜준다. 주 시장기회의 잠재력이 충분하지 않다면 주 시장기회와 병행해서 추진할 수 있다. 또는 원한다면 향후 추진하는 것으로 열어놓을 수 있다.

어떤 경우든 주 기회와 밀접하게 관련이 있어 추진할 때 최소한의 추가 노력이 필요한 가능한 매력적인 대안(높은 잠재력과 낮은 난이도)을 찾고 있는 것이다. 성장대안을 성공으로 가는 전략적인 로드맵이라고 생각하라. 만약 퀵윈을 초기 목표로 선택한다면, 달나라 가기를 성장대안으로 설정할 수 있을 것이다.

예를 들어, Elon Musk(Tesla의 공동창업자 겸 최고경영자)가 초기에 고급 스포츠 자동차 시장에 집중하기로 결정했을 때 대량 소비시장을 위한 대중 전기차는 명확한 성장대안이었다.

☐ **성장대안**

기회들이 성장대안에 적합한지 워크시트 3의 해당 칸에 표시하라.

> 때로는 어떤 기회는 예비대안이자 동시에 성장대안이 될 수도 있다. 시장기회세트에 주 시장기회와 매우 관련되지만 주요한 위험이 다른 매력적인 기회가 있다면 그런 경우가 될 것이다. 이런 상황에서는 두 가지 다른 대안에 열려있을 필요는 없을 것이다.

Augury에게 주 시장기회(상업용 건물 냉난방시스템)를 성공적으로 추진한다면 가정용 냉난방시스템 대안과 상업용 건물의 엘리베이터는 좋은 성장대안이 될 수 있는 것이 명확해졌다.

그러나 주 시장기회의 주요한 리스크는 고객에게 제품과 성능 혜택에 대해 교육이 필요했으므로 솔루션의 가치가 충분히 명확하지 않다는 것이었다.

이것이 궁극적으로 성공에 장애가 된다면, Augury는 가치가 좀 더 분명한 생산기계의 예지정비 솔루션을 제공하는 것으로 방향을 바꿀 수 있다. 따라서 생산기계는 예비대안이 된다.

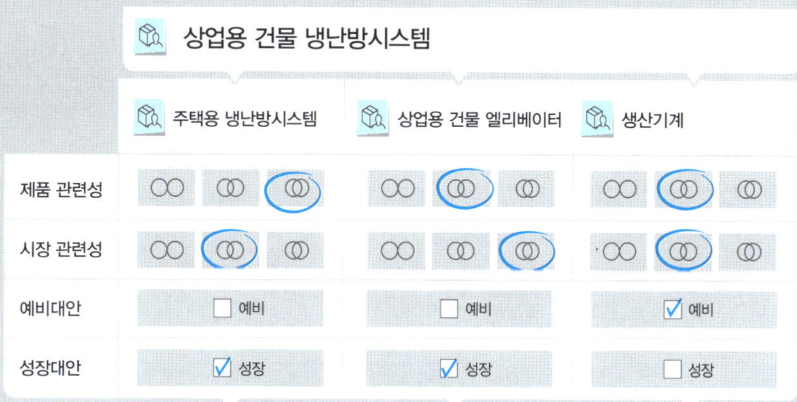

몇몇 대안은 동시에 예비대안과 성장대안이 될 수 있음을 명심하라. KalOptics은 그런 사례다.

회사는 초기에 복잡한 시각효과를 만드는 데 고생하는 영화제작자에 집중하기로 했다. 만화영화제작자들은 구매의사결정을 할 때 영화제작자를 참고했고 상대적으로 유사한 제품이 필요하다. 따라서 그들은 자연스럽게 성장대안 후보이다.

그러나 디자이너 시장과 광고업체 시장은 좀 더 단순한 제품을 필요로 하고 영화산업에 강하게 영향을 받지 않는다. 실물이나 이동체를 촬영하는 기술적인 리스크도 다르고 주 시장에서의 낮은 수용도가 장애가 되지도 않을 것이다. 따라서 두 기회는 성장대안 또는 예비대안이 될 수 있다.

KalOptics은 만약 일이 계획대로 안 된다면 리스크를 관리할 수 있는 능력을 감안하여 성장대안과 예비대안은 시장 진출 계획의 기반이 된다.

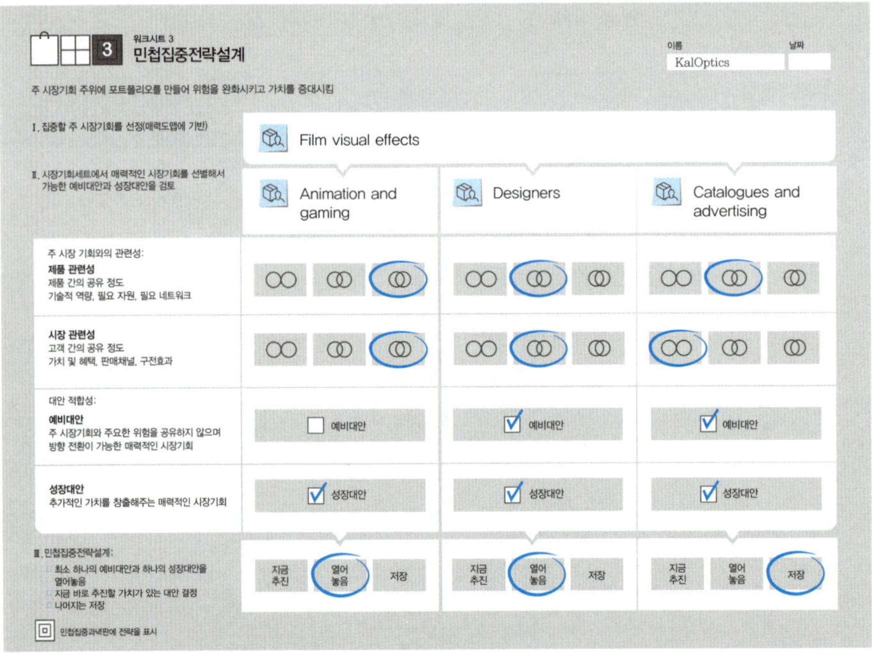

3단계: 민첩집중전략의 결정

주 시장기회를 선정하고 여러 예비대안과 성장대안을 평가했으므로 이제 민첩집중전략을 마무리할 시간이다. 두 가지 의사결정이 아직 필요하다.

- □ 어떤 시장기회가 최종적으로 예비대안과 성장대안이 될 것인가?
- □ 가까운 장래에 이 대안들에 얼마나 노력을 투자할 계획인가?

일단 이 결정을 하고 나면 어떤 시장기회에 대해 다음 사항을 할 것인지 결정할 수 있을 것이다.

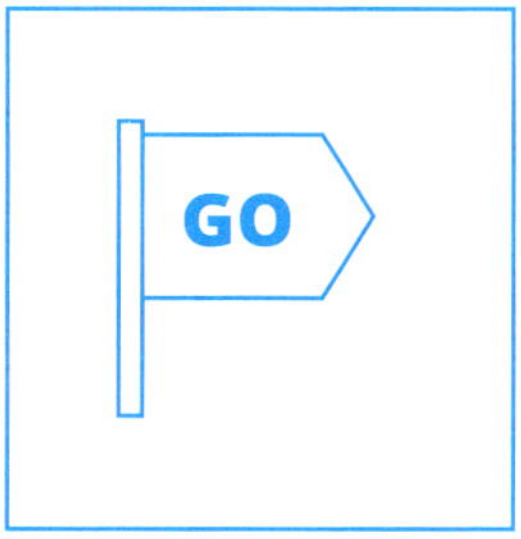

지금 추진

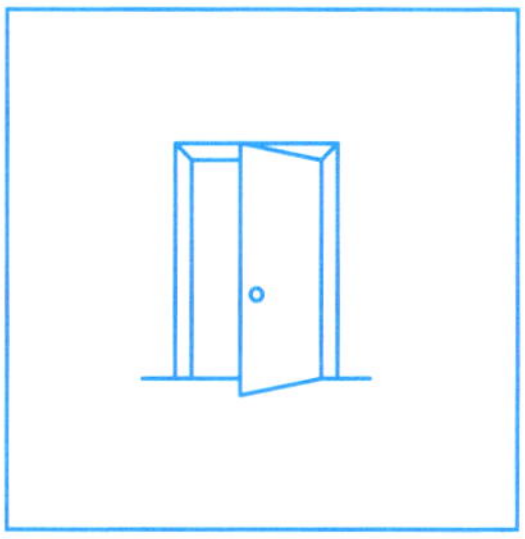
나중을 위해 열어놓음

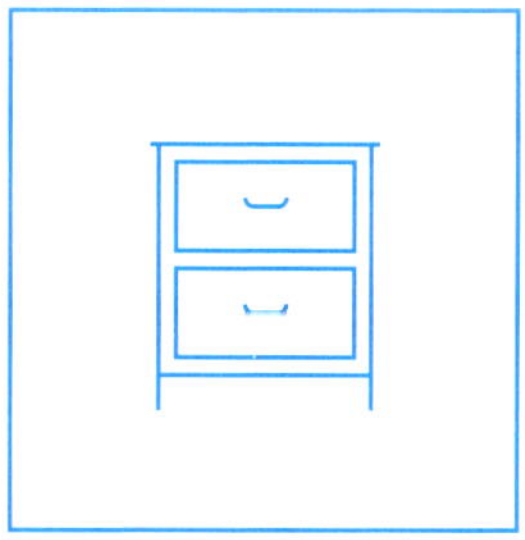
저장

> 이 중요한 고려사항들을 합쳐서 민첩집중전략을 실행할 수 있을 것이다. 민첩함과 조종성을 유지하면서도 가장 매력적인 시장기회에 집중한다.

예비대안과 성장대안을 선정

설득력 있고 유망한 민첩집중전략을 설계하기 위해서는 최소한 하나의 예비대안과 하나의 성장대안을 선정해야 한다. 그렇게 함으로써 불확실한 미래에 대비하는데 큰 도움이 될 것이다!

성장대안이나 예비대안으로 가능성이 있는 여러 대안을 가지고 있다면 자금에 가장 적합하다고 믿는 것을 선정하라. 여러 대안에 열려있는 것이 가능하지만, 관심과 자원을 분산하는 비용이 든다. 실제로 대안을 열어놓는 것이 투자가 별로 안 필요할지라도 너무 많은 대안에 열려있는 것은 작은 벤처에게는 너무 큰 노력이 필요하고 당신과 팀 멤버의 업무처리 폭에 부담이 된다.

여러 대안을 가지고 있다면, 두 가지 넓게 퍼진 트레이드오프 때문에 예비대안과 성장대안을 선정하는 것이 간단하지 않을 수 있다.

매력도 대비 관련성

어떤 대안들은 더 매력적이기는(예, 높은 잠재력과 낮은 난이도) 하지만 주 시장기회에 관련성이 적을 수 있거나 또는 반대일 수 있다. 이런 경우 높은 매력도의 이익이 낮은 관련성의 비용을 상쇄한다.

관련성 대비 위험 균형

높은 관련성이 있는 대안은 대개 유사한 위험을 가지는 반면, 거리가 먼 대안은 분산된 위험을 보인다. 따라서 주 시장기회와 관련이 적은 대안은 종종 주요한 위험에 균형을 제공한다.

이러한 트레이드오프를 인식하고 정보에 기반한 선택을 하라.

예비대안과 성장대안에 투자하기

실물 옵션 사고에 기반한 민첩집중전략은 예비대안과 성장대안을 열어놓기를 제안한다. 그것들은 나중에 상황이 좀 더 좋아지면 추진하는 것이 좋을 것이다.

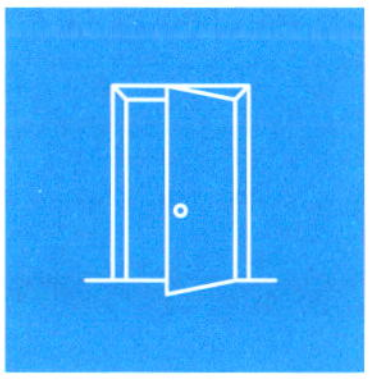

대안을 열어놓기

대개 대안을 열어놓는 것은 그 기회에 약간의 자원과 경영 관심을 할당하는 것이다. 그것은 '숨쉴' 정도로만 유지해야 하며 그 경로에 속박되지 않도록 조심해야 한다. 다음에 그 방법이 있다.

정보를 계속 유지

우선 그리고 가장 중요한 것은 일부 자원과 관심을 할당해서 이 특정 시장에 대한 정보를 계속 얻는 것이다: 무엇이 일어나고 있는가? 새로운 동향은 없는가? 새로운 제품은? 새로운 참여자는? 등. 이것은 관련 시장조사나 산업보고서 등을 보거나 전시회를 방문하거나 또는 그 시장의 주요 인맥과 좋은 관계를 유지하는 것으로 가능하다. 필요한 것은 그 시장에 대한 이해를 유지하고 증진시키기 위해 맥박을 짚고 있는 것이다.

유연한 자원과 역량 구축

두 번째로 예비대안이나 성장대안을 일찍 확인했기 때문에 이제 자원과 역량을 더 큰 유연성과 신뢰성을 가지는 방식으로 개발할 가능성이 있다. 하나의 특정 경로에 속박시키는 대신에 자원과 역량을 최소 노력으로 적응할 수 있도록 개발하라.

예를 들어, 종종 특정한 제공품에 맞춰진 솔루션을 개발하면서 기술적인 도전을 극복할 수 있지만 다른 대안에는 적합하지 않을 수 있다. 그런 경우 약간의 노력을 더해 미래대안의 기반이 되는 좀 더 넓은 솔루션을 개발할 가치가 있다. 지적재산권은 또 다른 예시이다. 특허를 출원할 때 청구 범위에 미래대안이 포함되도록 하라.

적절한 정체성 개발

벤처를 만들 때 조직 정체성은 중요하지만 때로는 간과되는 측면이 있다. 그것은 고객과 투자자는 물론 직원들이 회사를 어떻게 인식하는지에 관련되고 "우리는 누구인가?" "우리는 무엇을 하고 있는가?" "우리는 미래에 무엇이 되고자 하는가?" 같은 질문에 답을 준다. 정체성 선언문은 조직에 무엇이 중요하고 핵심적인지 정의하고 대개는 조직의 이념, 경영철학과 문화를 포함한다.*

정체성은 오래 지속되며 바꾸기 힘들다. 따라서 경영자들이 조직 정체성을 개발하고 브랜딩을 정의할 때 개방적인 대안을 고려해야 한다.

선택된 대안을 열어놓는 것은 최소한의 관심만 필요하므로 주 시장에 집중하는 능력을 위태롭게 하지는 않는다.

자원할당을 '없음'에서 '많음'까지 연속적인 것으로 생각하라. 대안을 열어놓는 것은 영보다는 많고 대략 5~10% 정도 시간과 관심이 필요할 것이다.

대안을 열어놓기 위해 조금 많은 투자를 하려고 결정할 수도 있다. 이러는 것은 성장대안일 때 특히 관련이 있으며, 실제로는 주 시장기회와 병행해서 지금 바로 추진하려고 결정할 수도 있다.

* Organizational identity/ Albert and Whetten(1985)

GO

지금 대안 추진 병행

성장대안을 주 시장기회와 병행해서 실행하는 것은 두 시장을 동시에 추진하고 성공에 필요한 스킬과 전문성을 개발하는 데 자원과 관심을 할당하는 것을 의미한다.

이 노력의 과정은 인적·재무적 자본이 희소한 작은 벤처에게는 도전이다. 경영진의 관심과 시간은 항상 제한되어 있으며 단순히 너무 많은 일을 벌일 수가 없다. 그러나 몇 경우에는 그러한 병행전략이 효용이 있으며 향상된 결과를 가져오기도 한다.

연구결과 통찰

우리의 한 연구에서 300여 개 이상의 신기술벤처의 전략과 3년차의 성과를 검토했다.

우리는 어떤 조건에서 하나 이상의 시장기회를 병행해서 추진하는 것이 신생 스타트업의 자원 제한에도 불구하고 더 좋은 성과를 얻는지 이해하고자 했다.

결과는 병행전략은 불확실성이 매우 높을 때, 즉 창업자가 고객니즈가 명확히 관련되지 않고 제품으로 명확히 연결되지 않는 시장에서 운영을 할 때 우월한 성과를 가져온다고 나타났다. 그런 불확실성하에서는 병행전략을 채택한 스타트업이 한 번에 하나의 시장기회를 추진한 스타트업보다 성과가 뛰어났다.*

* Experimentation, uncertainty, and the performance of new technology ventures/ Tal, Gruber & de Haan(Dissertation Technion)

대안을 나중을 위해 열어놓을지 아니면 지금 주 시장기회와 병행해서 추진할지를 결정하는 데는 두 가지 주요 사항을 고려해야 한다.

1 이 대안이 벤처의 성과에 얼마나 결정적인가? 만약 주 시장기회가 매우 불확실하고 위험도가 높다면 또는 가치창출 잠재력이 충분히 만족스럽지 않다면, 병행전략을 추진함으로써 이득을 증가시키고 위험을 낮출 수 있다.

2 이 대안이 주 시장기회와 얼마나 관련이 있는가? 기회를 동시에 추진하는 것은 많은 노력과 관심이 필요하므로 병행전략은 대안들이 매우 관련성이 높아 자원과 역량을 지렛대로 활용할 수 있을 때에 실행 가능할 것이다.

그런 병행전략의 한 예로 Camero－벽체 투시 이미지 솔루션 분야의 개척자이자 세계 최고의 제공업체－를 살펴보자. Camero의 제품은 벽이나 장벽 뒤에 숨겨져 있는 정지상태이거나 움직이는 물체를 실시간으로 관찰할 수 있게 해준다. 이 혁명적인 솔루션은 정보 분야와 전술 응용 분야에 적합하다: 군대와 법집행기관에 필요하다. 두 시장 모두 큰 잠재력이 있지만 주요한 장애물은 이 고객들에 접근하는 것과 장기간의 복잡한 판매 프로세스를 견디는 것이었다.

이 위험의 균형을 맞추기 위해 Camero의 경영진은 군대와 경찰 두 시장을 동시에 추진하기로 결정했다. 그들이 필요한 제품은 유사했으며 시장은 둘 다 정부예산에 의존하고 같은 가치와 구전효과를 공유하므로 밀접하게 관련되었다. 매우 밀접한 관련성은 Camero가 병행전략을 추진할 수 있게 해주었으며 최소 노력으로 가치를 높이고 위험을 낮출 수 있도록 해주었다.

이 과정의 마지막에서는 어떤 시장기회가 예비대안과 성장대안이 될지, 각 대안에 얼마나 노력을 투자해야 할지 명확해져야 한다: 지금－주 시장기회와 병행해서－많은 노력을 투자해 전력으로 추진할 것인가, 아니면 노력을 조금 투자해 의식적으로 열어놓을 것인가?

다른 모든 시장기회는 어떻게 할 것인가?

민첩집중전략은 이미 형태를 잡았다. 그러나 하나 더 논의할 항목이 있다: 평가는 했지만 주 시장기회나 예비대안, 성장대안으로 선정하지 않은 다른 모든 시장기회들은 어떻게 할 것인가?

그것들을 버리지 말고, 지금은 '저장'해놓아라. 미래에 가치 있는 대안이 될 수도 있다!

시장기회 저장

시장기회를 '저장'해놓는 것은 지금은 아무것도 안 한다는 것이다.

마음속에 넣어놓기만 하는 것이다. '자원 할당' 연속선상에서 설명했듯이 저장된 대안은 왼쪽 끝단에 있으며 어떤 노력이나 경영진의 관심을 필요로 하지 않는다.

예를 들어, 저장에 적합한 대안은 현재는 너무 멀리 있는 것이다: 선정한 방향과 완전히 떨어졌거나 아직 시간이 안 되었거나.

이 대안들은 언젠가 관련이 되어 당신이 추진하거나 다른 사람에게 라이선싱할 수도 있을 것이다. 다행히도 저장비용은 지불할 필요가 없으며 시장기회는 원하는 기간만큼 저장할 수 있다.

워크시트 3의 아래 부분에 최종 결정을 표시할 수 있다: 어떤 대안을 지금 추진할 것인가? 나중을 위해 열어놓을 것인가? 아니면 저장할 것인가?

축하한다

이제 민첩집중목표도에 전략을 그릴 준비가 되었다.

Augury는 시장 영역에 첫발을 디디면서, 예비대안과 성장대안 둘 다 열어놓기로 의식적으로 결정했다.

그들은 상업용 건물 관리자와 서비스 제공자와 좀 더 익숙해지면 이 대안들을 나중에 더 잘 평가할 수 있을 것으로 생각했다. 그래서 때가 오면 적응을 하거나 변화를 할 준비가 되어 있을 것이다.

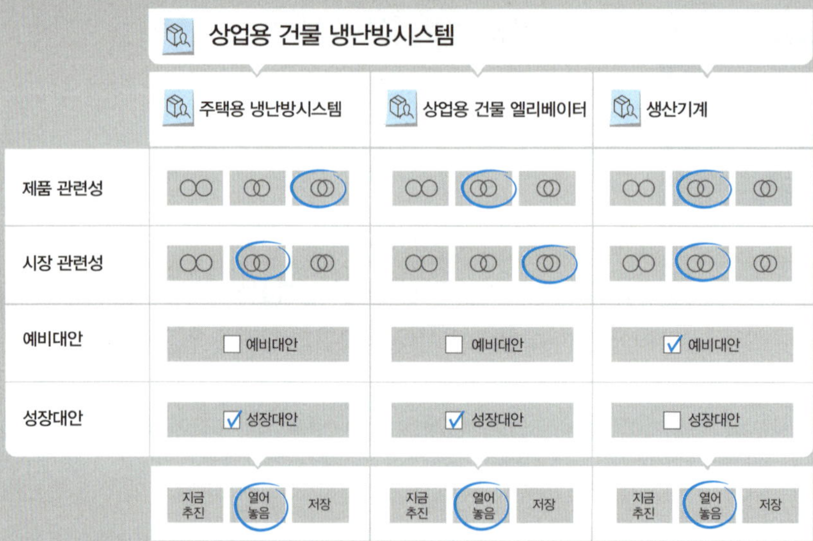

그들은 또한 모든 다른 시장기회는 지금은 결정된 방향과 너무 멀리 떨어져 있으므로 저장해두기로 결정했다.

결과물: 민첩집중목표도

이제 시장기회내비게이터에 민첩집중전략을 그릴 준비가 되었다. 민첩집중목표도를 활용해 주 시장기회와 열어놓을 예비대안 또는 성장대안 그리고 저장할 대안을 표시하라.

> 두 대안을 병행해서 추진하기로 결정하면 둘 다 모두 민첩집중목표도의 중앙에 표시하라.

민첩집중목표도는 당신의 전략을 보여주고 팀 멤버, 직원 그리고 다른 이해관계자들과 논의할 수 있게 해준다. 거기에는 당신의 벤처를 어떻게 구축하고 개발해나갈지 많은 시사점이 있다. 이 시사점들은 다음 장에서 상세하게 논의할 것이다.

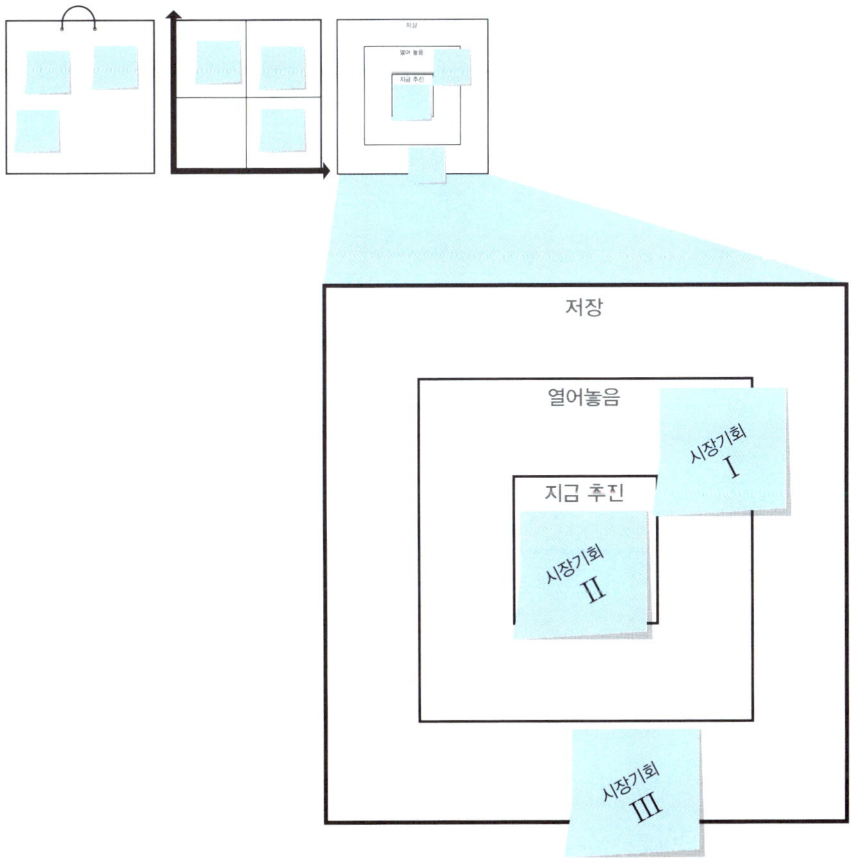

마지막으로 Augury의 민첩집중전략이 수립되었다: 그들은 상업용 건물 냉난방시스템 시장에 집중할 것이고, 예비대안 하나(생산기계)와 성장대안 두 개(가정용 냉난방시스템과 엘리베이터)를 열어놓고 그리고 나머지 시장기회는 모두 저장해놓을 것이다.

그들의 전략은 이제 민첩집중목표도에 나타나 있다.

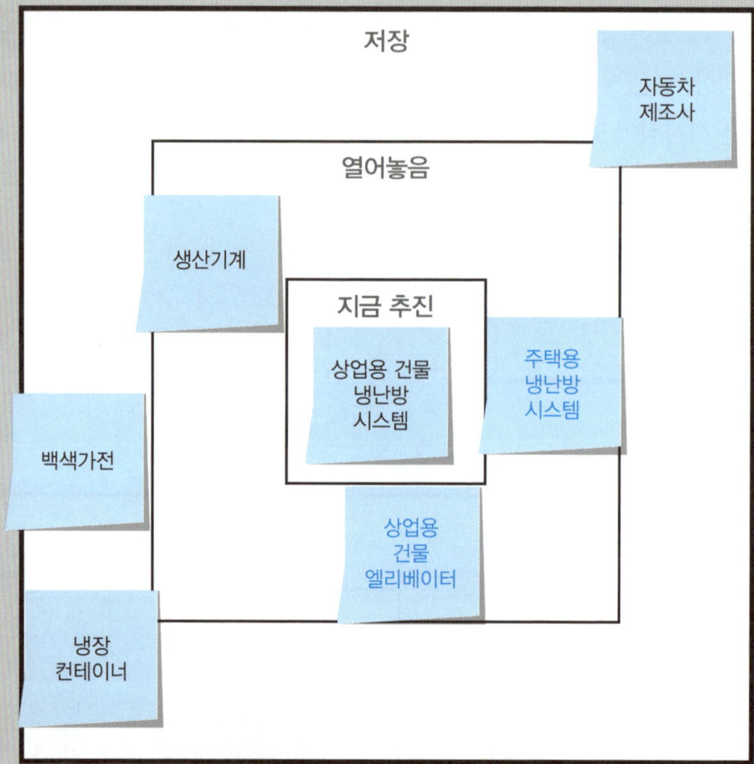

성장대안 두 개는 각기 다른 색으로 표시된 것을 확인하라. 이것은 단지 이 두 시장기회는 아직 평가가 되지 않았다는 것을 시각적으로 표시한 것이다. 그것들은 시장기회세트에도 추가되었지만, 매력도맵에 위치를 잡아야 한다.

시장기회내비게이터는 역동적인 도구로 설계되었으므로 학습을 진행하고 이해해 나가면서 대안을 추가하거나 폐기하는 것은 아주 좋다.

KalOptics의 창업자도 민첩집중전략을 목표도에 그렸다. 그들은 주 시장기회가 무엇인지와 어떤 대안을 열어놓을지를 결정했을 뿐 아니라, 어떻게 시장을 개척해나갈지도 계획했다: 영화 스튜디오에서 시작해서 애니메이션 그리고 게임시장과 디자이너 시장으로 성장해나가는 것. 카탈로그와 광고용 시장은 당분간은 저장에 위치시켰다.

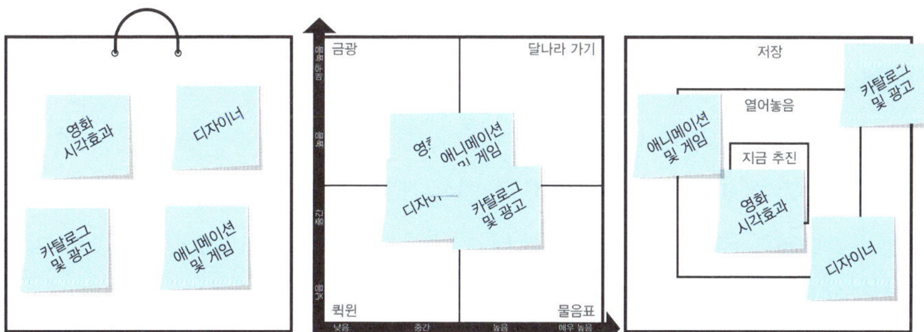

시장기회세트 | 매력도맵 | 민첩집중목표도

자주 묻는 질문

민첩집중이 초점을 잃지 않게 해준다는 것을 어떻게 확신하는가?

우리가 같이 일한 많은 창업자들은 초점을 유지하는 것과 흐트러졌다고 느끼는 것 간의 차이를 명확하게 구분할 수 있다고 했다. 민첩집중전략으로는 정교하게 초점을 약간 넓게 계획해서 민첩성을 높일 수 있다. 그러나 이 과정의 마지막에는 집중전략을 명확하게 정의하고 설명할 수 있어, 길을 잃을 우려를 하지 않아도 된다. 집중에 있어 가장 어려운 부분은 무엇을 하지 않을까 결정하는 것으로 민첩집중전략이 명확한 답을 준다.

전략을 설정한 후에 추가적인 시장기회를 발견한다면 어떻게 해야 하는가?

전략이라는 것은 그렇게 쉽게 바꿀 수 없다. 그러나 민첩집중 사고방식은 인지 유연성을 구축하고 필요하다면 변경할 수 있게 해준다. 새로운 시장기회는 대개는 앞으로 나가면서 노출되고 통찰을 얻으면서 나타날 것이다. 그런 상황이 일어나면 워크시트 2의 평가과정으로 돌아가서 새로운 시장기회를 매력도맵에서 확인해야 한다. 그러고 나서 이 기회가 전략을 (부분적으로) 변경할 가치가 있는지 주의 깊게 살펴보라: 주 시장이 될지 또는 예비대안/성장대안이 될지. 시장기회내비게이터는 새로운 발전에 현명하게 대처하는 것을 도와주는 효과적인 학습 동반자를 제공해 줄 것이다. 한편으로는 새로운 마차에 너무 빨리 올라타지 않도록 해주고, 다른 한편으로는 당신의 상황을 개선시켜준다면 변화나 적응에 열려있도록 해준다.

투자자들은 대개 스타트업들이 오로지 한 목표에 집중한다고 믿을 때만 펀딩을 해준다. 민첩집중전략은 투자자를 찾는 데 관련이 있는 것인가?

투자자, 특히 벤처캐피털은 여러 회사에 투자를 해서 헤징을 하는 것이 사실이고, 당신의 주 시장기회가 충분히 흥미가 있을 때만 투자를 하려고 할 것이다. 그러나 투자자들은 민첩성의 중요성을 이해하고 있고, 당신의 파이프라인에 있는 다른 매력적인 대안이 무엇인지 그리고 당신이 어떻게 적응을 준비하려는지 기꺼이 알려고 할 것이다. 덧붙여서 투자자들은 당신이 잘 정의된 전략을 가지고 있는지 보려고 한다. 잠재적인 시장기회 사이에서 머뭇거리면 그들은 관심을 꺼버린다. 시장기회내비게이터를 활용해서 당신의 전략을 명확하게 의사소통하고, 전략적인 결정의 논리를 전달하라.

비행 로봇 사례를 살펴보자

시장기회내비게이터를 어떻게 적용할지 그리고 복잡한 전략적 선택을 어떻게 구조화된 의사결정과정으로 만들지 다시 개괄해보기 위해 Flyability를 살펴보자.

FLYABILITY

Flyability는 스위스 스타트업 – 로잔에 있는 연방공과대학(EPFL)에서 분사 – 으로 충돌에 견디는 비행 로봇을 개발하고 있다. 이 드론은 독창적이며 새장 모양의 보호용 구조물에 둘러싸여 있어 복잡하고 제한된 공간에서 사람들과 접촉하면서도 날 수 있다.

이 드론을 어디에 응용해야 하는가?

대답은 확실히 머리가 아프다. 왜냐하면 수많은 대안이 있기 때문이다. 그 점이 바로 시장기회내비게이터가 쓸모 있는 부분이다.

1단계: 시장기회발굴

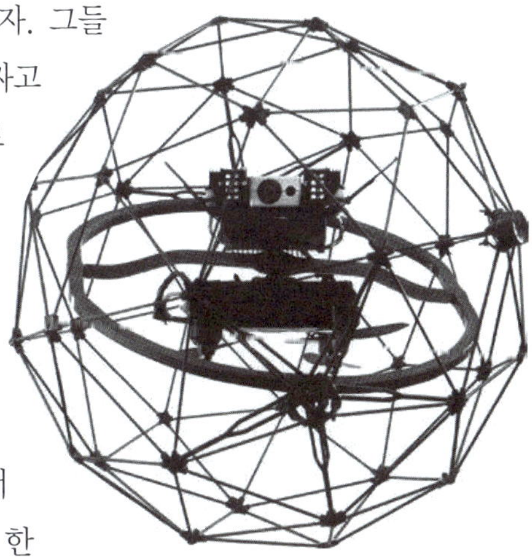

Flyability의 핵심 기술로부터 시작해보자. 그들이 개발을 계획하고 있는 드론은 둘러싸고 있는 분리 가능한 가벼운 보호 구조물로 인해 독창적인 접근능력이 있다. 어떤 표면에서도 비행하거나 구를 수 있으며 넓은 온도 범위(0°C부터 50°C 부근까지)에서 작동할 수 있다. 이 드론은 현장의 영상 화면을 통해 매우 어둡고, 연기가 있거나 먼지가 있는 환경에서도 수동으로 조종할 수 있지만, 배터리 한계 때문에 제한된 시간 동안만 비행할 수 있다. 마지막으로 HD급 해상도와 열상 녹화 기능을 갖춘 전자동 조절이 가능한 화상시스템을 장착하고 있으며 조종 화면에 실시간 스트리밍을 해주고 추후 분석을 위한 녹화가 가능하다.

따라서 Flyability의 독창적인 드론은 접근이 불가능한 곳을 검사하거나 탐색할 수 있다. 장소가 얼마나 복잡하거나 제한적인가에 관계없으며, 위험한 환경에 사람을 보낼 필요가 없다. 이 독특한 능력은 검사, 감시, 배달 또는 오락 등을 포함해 여러 가지에 많이 응용될 수 있다.

초기 단계에서 팀은 시작부터 분명 가치를 가져올 수 있는 여러 유망한 애플리케이션을 확인했다: 복잡한 산업용 기계 검사, 유지보수가 힘든 인프라 검사 그리고 보안 또는 탐색구조 애플리케이션 등. 워크시트 1에 상세하게 나와 있듯이 이 애플리케이션들은 여러 종류의 고객들을 서비스할 수 있다.

초기에 대강 선별한 후에 Flyability팀은 좀 더 접근성이 있어 보이고 특히 실내 탐색(드론의 초기 제한점에 적합한)을 필요로 하는 시장기회를 상세 검토하기로 결정했다.

그들의 시장기회세트에는 5개의 대안이 있었다: 화력발전소의 보일러와 과열기 검사, 원자력발전소의 내부 공간(room) 검사, 오일·가스 업계의 저장탱크 검사, 해사 업계의 선박 검사 그리고 마지막으로 경찰의 정보수집과 감시.

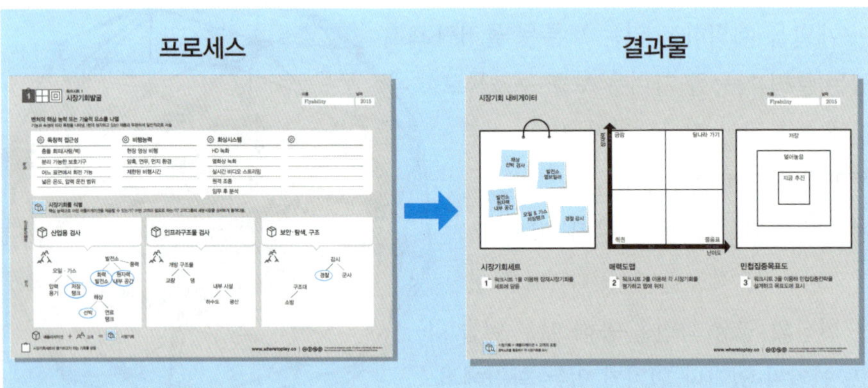

2단계: 시장기회매력도평가

Flyability팀은 다음 단계 준비가 되었다. 워크시트 2를 활용해 각 시장기회를 평가하고 매력도맵에 위치시킬 수 있다.

기회 1:
화력발전소의 보일러와 과열기 검사

열에너지를 전기에너지로 변환시키는 발전소는 거대한 보일러와 과열기가 극한 온도에서 운영된다. 이 시설들은 주기적으로 검사를 받으며, 사람들이 높은 고도에서 밧줄, 고공 사다리 또는 비계 등을 이용해 작업한다. 필요한 안전장치를 하고, 검사 기기를 운빈, 설치하고 수동으로 검사를 수행하는 일이 긴 시간이 걸려 며칠간 가동 중지를 하고 얼마나 비용이 많이 드는 일인지 … 그리고 작업자가 얼마나 큰 위험에 노출되는지 쉽게 상상할 수 있다! 따라서 사람이 개입하는 것을 충돌에 견디는 드론으로 대체하면 발전소에 시간과 비용을 절감해주고 안전을 높여주는 상당한 가치를 줄 수 있다.

다음은 Flyability팀이 이 시장기회를 평가한 것이다.

잠재력

이 드론의 독보적 가치는 '매우 높은' 반드시 구매해야 하는 이유를 만든다. 시장 규모 자체는 크고(전 세계에 약 100,000개소의 발전소가 있다), 높은 마진과 고객 지불능력이 크므로 경제적 가능성도 높다.

전체적 잠재력은 '높음'

난이도

회사는 이미 드론 개발 노하우를 가지고 있고 실행 장애물과 매출까지의 시간은 유통 필요성과 판매 사이클의 길이를 고려해 '중간'으로 추정했다. 외부 위험은 경쟁이 제한적이고 성공은 다른 참여자에 의존하지 않으므로 낮은 것으로 보였다.

전체적 난이도는 '중간-낮음'

전체적으로 이것은 매력적인 시장기회로 매력도맵의 금광 구역에 위치한다.

기회 2:
원자력발전소 내부 공간 검사

다른 시장기회는 원자로의 직접적인 영향을 받는 주변을 정기적으로 검사하는 것으로 극도로 위험한 환경에서 난이도가 높은 작업을 포함하는 것이다. 따라서 원자력발전소의 원자로 운전자는 방사능 구역에서 사람의 작업을 대체하는 어떤 솔루션에 대해서도 강한 관심을 가지고 있다.

다음은 Flyability팀이 이 시장기회를 평가한 것이다.

잠재력	난이도
반드시 구매해야 하는 이유와 경제적 가능성은 '매우 높음'이지만, 시장 규모는 전 세계적으로 450여 기의 원자로가 있으므로 상대적으로 낮다.	방사능의 효과가 불확실하므로 실행 장애물은 '매우 높음'이다. 매출까지의 시간은 '중간'으로 추정되고, 외부 위험은 경쟁 위협과 수용 장벽으로 인해 상대적으로 높다.
전체적 잠재력은 '중간–높음'	전체적 난이도는 '높음'

전체적으로 이것은 매력도맵의 달나라 가기와 물음표 사이에 위치한다.

기회 3:
오일·가스 업계 저장탱크

수년에 한 번씩 정유·가스 회사는 대형 저장 탱크를 철저하게 검사해야 한다. 화재 방지 배관의 시각 검사, 넘침 방지, 지붕 검사 등. 까다로운 작업을 수행하기 위해 검사자들은 대형 탱크 내부로 들어가서 높은 고도와 깜깜한 상태에서 작업을 한다!

일반적인 방법으로 비계나 밧줄로 들어가는 것은 비용이 많이 들고 시간이 많이 걸린다. 충돌에 견디는 드론을 활용하면 정유·가스 회사는 시간과 비용을 상당히 절감할 수 있고 안선을 향상시킬 수 있다.

다음은 Flyability팀이 이 시장기회를 평가한 것이다.

잠재력

이 드론이 가져오는 가치는 '매우 높은' 반드시 구매해야 하는 이유를 만든다. 시장 규모는 '중간'(검사는 특수 검사 회사가 주로 수행)이지만, 경제적 잠재력은 높은 미진과 고객 지불능력으로 여전히 높다.

전체적 잠재력은 '높음'

난이도

이 시장의 주 도전은 폭발성 환경에서 작업하는 규제를 맞추는 것이다. 이것은 상대적으로 '높은' 실행 장애물이고, 매출까지의 시간은 '중간~높음'이다. 외부 위험도 기존의 드론이 대형 탱크에서 부분적으로 작업할 수 있으므로 '중간~높음'이다.

전체적 난이도는 '높음'

전체적으로 이것은 매력도맵의 달나라 가기 구역에 위치한다.

기회 4:
해사 업계 선박 검사

선박은 면허를 유지하기 위해 매 5년마다 검사를 해야 한다. 이 검사는 선박의 안전과 해양 청소를 전담하는 특별 지정 회사가 수행한다. 선박의 깊고, 어둡고, 좁은 공간에서 검사를 수행하고, 또한 외부 개방 공간과 대형 탱크에서도 검사를 한다. 앞에서와 같이 사람의 개입을 충돌에 견디는 드론으로 대체하면 이 고객들에게도 시간과 비용을 절감하고 안전을 향상시키는 상당한 가치가 있다.

다음은 Flyability팀이 이 시장기회를 평가한 것이다.

잠재력	난이도
반드시 구매해야 하는 이유는 '매우 높음'이고 경제적 가능성도 같지만, 상대적으로 적은 규모의 시장으로 특별 지정 회사가 전 세계적으로 매우 제한적인 숫자다.	이 시장은 매우 높은 수준의 비행 안정성을 필요로 하므로 실행 장애물은 '중간–높음'으로 추정된다. 유통과 판매채널은 상대적으로 간단하고 짧고, 매출까지의 시간도 '중간'이다. 외부 위험은 특히 업계 표준과 규제로 인해 '중간–높음'이다.
전체적 잠재력은 '중간–높음'	전체적 난이도는 '중간–높음'

전체적으로 이것은 매력적인 시장기회로 매력도맵의 정 중앙 부근에 위치해 명확한 구역이 없다.

기회 5:
경찰 정보수집 및 감시

벽과 사람 주위로 안전하게 비행할 수 있는 드론은 특히 정보수집, 감시 및 실내 정찰 등 보안 목적상 매우 가치가 있다. 경찰 부대는 범죄 및 테러와 싸우면서 드론으로부터 화상을 이용해 작전 성공과 요원의 안전을 높일 수 있다.

다음은 Flyability팀이 이 시장기회를 평가한 것이다.

잠재력	난이도
드론은 미충족니즈에 효과적인 솔루션으로–따라서 반드시 구매해야 하는 이유는 높다. 시장 규모는 '매우 높음'이지만, 경제적 가능성은 특히 고객의 지불능력과 높은 마진이 의문스러워 '중간'으로 추정되었다.	제품은 매우 안정적이고 조용하며, 경찰 구매채널에 들어가는 것은 어렵다. 따라서 실행 장애물은 높다. 긴 판매 사이클과 긴 훈련기간은 매출까지의 시간을 '매우 높음'으로 만들고, 외부 위험도 경쟁 위협과 제3자에 대한 의존과 높은 수용 장벽으로 '매우 높음'이다.
전체적 잠재력은 '높음'	전체적 난이도는 '매우 높음'

전체적으로 이것은 매력적인 시장기회로 매력도맵의 달나라 가기 구역에 위치한다. 평가가 완료되고, Flyability팀은 이 네 개의 시장기회를 매력도맵에 그리고 매력도를 시각적으로 평가하고 비교할 수 있었다.

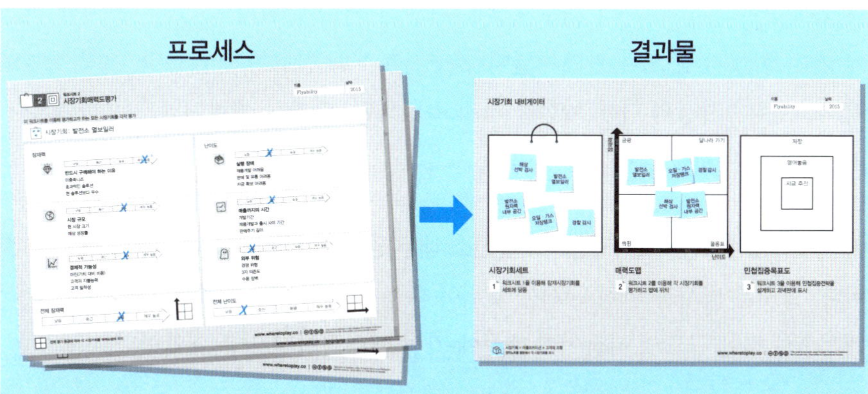

3단계: 민첩집중전략 수립

다음으로 Flyability팀은 워크시트 3을 활용하여 민첩집중전략을 수립하고 목표도에 그린다.

매력도맵을 검토한 결과 **화력발전소 보일러와 과열기 검사**가 현 단계에서는 가장 매력적인 시장기회이다. 그것은 대규모 시장에 명확한 가치제안을 보여주고 성공하는 데 장애물이 가장 적다. 따라서 팀은 이것을 벤처의 주 시장기회로 결정했다.

이제 Flyability의 위험을 줄이고 활동의 가치를 높여줄 예비대안과 성장대안의 효과적인 포트폴리오를 설계할 시간이다. 다음 시장기회들은 관련성 있는 후보들이다.

오일·가스 업계의 저장탱크 검사: 제품은 어느 정도 관련이 되지만(폭발성 환경에서 작업이 가능해야 하므로), 시장은 특히 비파괴 검사 장비의 유통채널을 공유하므로 상대적으로 밀접하다. 전체적으로 이 기회는 향후 성장에 적합하고 따라서 열어놓는다.

해사 업계 선박 검사: 안정성 향상이 어느 정도 필요하지만 제품은 매우 관련성이 높다. 그러나 고객 세분시장은 제한된 유사성만 공유한다. 전체적으로 이것은 미래 성장에 적합한 꽤 매력적인 기회이므로 열어놓는다.

경찰 정보수집 및 감시: 이것은 가장 관련성이 적은 기회다. 제품은 어느 정도 유사성을 공유하지만, 고객 세분시장은 완전히 거리가 멀다. 고객은 동일한 혜택에 가치를 두지 않으며 판매채널이나 구전효과도 공유하지 않는다. 일반적으로 이 기회는 주 시장과 다른 위험을 가지고 있으며, 따라서 예비대안으로 적합하다. Flyability는 이것을 열어놓을 것이다.

마지막으로 검토한 기회 – **원자력발전소 내부 공간 검사** – 는 지금은 저장해놓을 것이다. 그것은 방사능 환경 규제를 맞춰야 하는 독특한 난이도를 가지고 있으며, 상대적으로 작은 규모의 시장이기 때문에 가장 매력적이지 않은 대안이다.

Flyability의 민첩집중전략은 이제 설정이 되었으며 목표도에 그릴 수 있다.

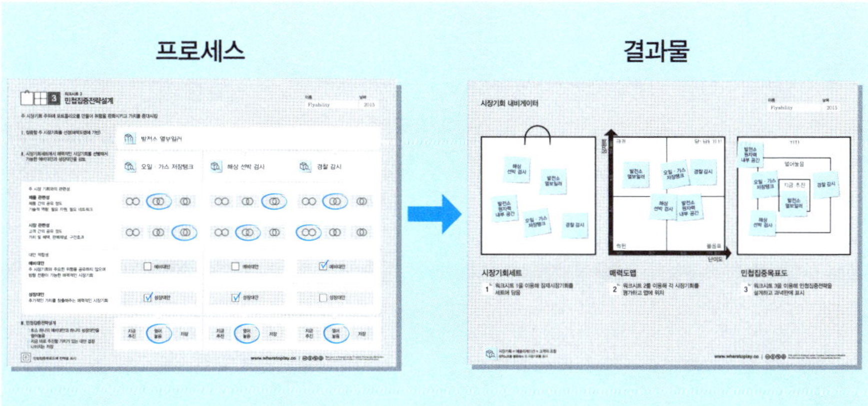

이 전략적인 선택은 Flyability의 경영진에게 명확한 시장진입로드맵과 명확한 기술로드맵을 보여준다. 그것은 적합한 개발 우선순위를 설정하게 해주고, 관련된 네트워크를 구축하고, 적당한 마케팅 자료를 디자인할 수 있게 해준다. 더 나아가 팀은 이제 전략을 다시 생각할 때 활용할 수 있는 잘 구조화된 의사결정과정을 응용하는 적절한 스킬을 갖추었다.

모두 것을 합쳐 다음에 Flyability의 워크시트 전체와 시장기회내비게이터의 주요한 설계판이 있다.

워크시트 1
시장기회발굴

이름: Flyability　　날짜: 2015

벤처의 핵심 능력 또는 기술적 요소를 나열
기능과 속성에 따라 특징을 나타냄. (현재 생각하고 있는) 제품과 무관하게 일반적으로 서술

능력

독창적 접근성	비행능력	화상시스템	
충돌 회피(사람/벽)	현장 영상 비행	HD 녹화	
분리 가능한 보호기구	암흑, 연무, 먼지 환경	열화상 녹화	
어느 표면에서 회전 가능	제한된 비행시간	실시간 비디오 스트리밍	
넓은 온도, 압력 운전 범위		원격 조종	
		임무 후 분석	

시장기회를 식별
핵심 능력으로 어떤 애플리케이션을 제공할 수 있는가? 어떤 고객이 필요로 하는가? 고객그룹의 세분시장을 상세하게 들여다봄.

애플리케이션 / 고객

산업용 검사
- 오일 · 가스
  - 압력 용기
  - 저장 탱크
- 발전소
  - 풍력
  - 화력 발전소
  - 원자력 내부 공간
- 해상
  - 선박
  - 연료 탱크

인프라구조물 검사
- 개방 구조물
  - 교량
  - 댐
- 내부 시설
  - 하수도
  - 광산

보안·탐색, 구조
- 감시
  - 경찰
  - 군사
- 구조대
  - 소방

애플리케이션 + 고객 = 시장기회

시장기회세트에 평가하고자 하는 기회를 담음

워크시트 2
시장기회매력도평가

이름 Flyability 날짜 2015

이 워크시트를 이용해 평가하고자 하는 모든 시장기회를 각각 평가

시장기회: 발전소 열보일러

잠재력

낮음 | 중간 | 높음 | 매우 높음

반드시 구매해야 하는 이유
미충족니즈
효과적인 솔루션
현 솔루션보다 우수

낮음 | 중간 | 높음 | 매우 높음

시장 규모
현 시장 크기
예상 성장률

낮음 | 중간 | 높음 | 매우 높음

경제적 가능성
마진(가치 대비 비용)
고객의 지불능력
고객 밀착성

전체 잠재력

낮음 | 중간 | 높음 | 매우 높음

난이도

낮음 | 중간 | 높음 | 매우 높음

실행 장애
제품개발 어려움
판매 및 유통 어려움
자금 확보 어려움

낮음 | 중간 | 높음 | 매우 높음

매출까지의 시간
개발기간
제품개발과 출시 사이 기간
판매주기 길이

낮음 | 중간 | 높음 | 매우 높음

외부 위험
경쟁 위협
3자 의존도
수용 장벽

전체 난이도

낮음 | 중간 | 높음 | 매우 높음

전체 평가 등급에 따라 각 시장기회를 매력도맵에 위치

www.wheretoplay.co

워크시트 3

민첩집중전략설계

이름: Flyability　날짜: 2015

주 시장기회 주위에 포트폴리오를 만들어 위험을 완화시키고 가치를 증대시킴

Ⅰ. 집중할 주 시장기회를 선정(매력도맵에 기반)

발전소 열보일러

Ⅱ. 시장기회세트에서 매력적인 시장기회를 선별해서 가능한 예비대안과 성장대안을 검토

	오일 · 가스 저장탱크	해상 선박 검사	경찰 감시
주 시장 기회와의 관련성: **제품 관련성** 제품 간의 공유 정도 기술적 역량, 필요 자원, 필요 네트워크			
시장 관련성 고객 간의 공유 정도 가치 및 혜택, 판매채널, 구전효과			
대안 적합성: **예비대안** 주 시장기회와 주요한 위험을 공유하지 않으며 방향 전환이 가능한 매력적인 시장기회	☐ 예비대안	☐ 예비대안	☑ 예비대안
성장대안 추가적인 가치를 창출해주는 매력적인 시장기회	☑ 성장대안	☑ 성장대안	☐ 성장대안

Ⅲ. 민첩집중전략설계

- 최소 하나의 예비대안과 하나의 성장대안을 열어놓음
- 지금 바로 추진할 가치가 있는 대안 결정
- 나머지는 저장

	오일 · 가스 저장탱크	해상 선박 검사	경찰 감시
	지금 추진 / **열어 놓음** / 저장	지금 추진 / **열어 놓음** / 저장	지금 추진 / **열어 놓음** / 저장

민첩집중목표도에 전략을 표시

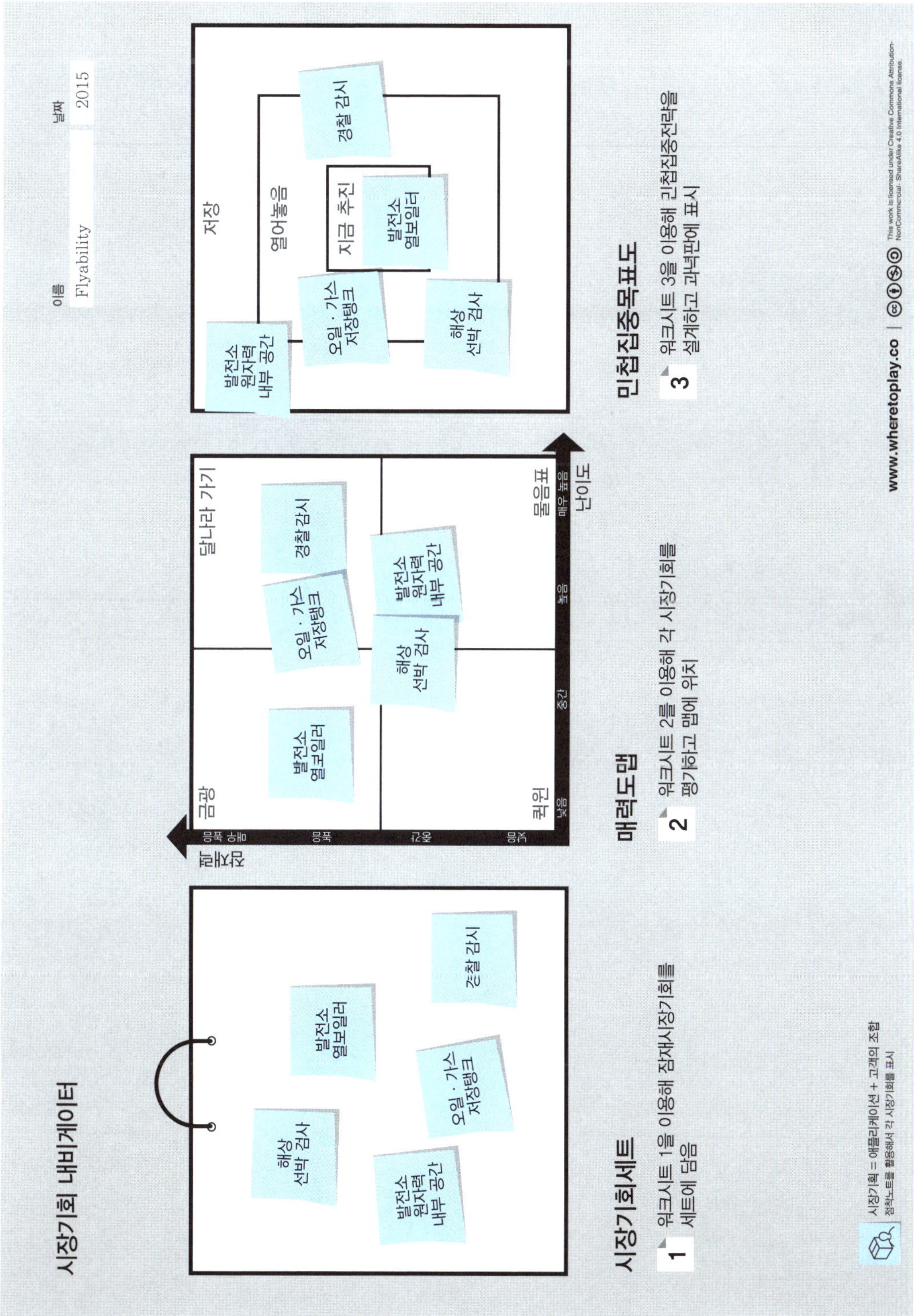

시장기회 내비게이터
이름 Flyability
날짜 2015
시장기회세트
해상 선박 검사
발전소 원자력 내부 공간
발전소 열보일러
오일·가스 저장탱크
경찰 감시
1 워크시트 1을 이용해 잠재시장기회를 세트에 담음
잠재력
매우 높음
높음
중간
낮음
금광
달나라 가기
퀵윈
물음표
발전소 열보일러
오일·가스 저장탱크
경찰감시
해상 선박 검사
발전소 원자력 내부 공간
낮음
중간
높음
매우 높음
난이도
매력도맵
2 워크시트 2를 이용해 각 시장기회를 평가하고 맵에 위치
저장
열어놓음
지금 추진
경찰 감시
발전소 열보일러
오일·가스 저장탱크
해상 선박 검사
발전소 원자력 내부 공간
민첩집중목표도
3 워크시트 3을 이용해 민첩집중전략을 설계하고 과녁판에 표시
시장기회 = 애플리케이션 + 고객의 조합
정착노트를 활용해서 각 시장기회를 표시
www.wheretoplay.co
This work is licensed under Creative Commons Attribution-NonCommercial-ShareAlike 4.0 International license.

THE MARKET OPPORTUNITY NAVIGATOR
ATTRACTIVENESS MAP

3

시사점 및 추가적인 혜택

3.1 민첩집중전략의 시사점
3.2 진행 중에 시장기회내비게이터 사용
3.3 다른 도구와 함께 시장기회내비게이터 사용

시장기회내비게이터는 필요할 때 언제든지 시장기회 전망을 성공적으로 탐색해주는 비즈니스 도구이다.

시장기회내비게이터를 효과적으로 활용하기 위해 다음과 같이 하는 것이 중요하다.

□ 민첩집중전략이 벤처 설립과 혁신 사업화의 주요 이슈에 어떻게 영향을 주는지 이해하기

□ 시장기회내비게이터에서 어떻게 지속적으로 혜택을 얻을 것인지 학습하기

□ 다른 비즈니스 도구와 연결해서 활용하기

3.1 민첩집중전략의 시사점

시장기회내비게이터의 최종 결과물은 민첩집중전략이다. 그것은 시장기회 전망에서 어떻게 현명하게 탐색할 수 있는지 보여준다: 가장 매력적인 기회에 집중할 수 있고 그러면서도 민첩성을 유지할 수 있다. 요컨대 예비대안과 성장대안을 신중하게 열어놓음으로써 자원과 역량이 민첩성을 높일 뿐만 아니라 당신의 인지 유연성을 향상시킨다: 그리고 경영진, 직원과 이해관계자의 인지 유연성도.

요약하면 민첩집중전략은 사업화 노력과 연관된 많은 부분과 활동에 중요한 시사점이 있다.

다음을 생각해보라

- □ 시간이 지나면서 지속 개발하고 구축할 자원과 역량
- □ 벤처의 정체성, 문화와 구조
- □ 사업화 노력에 적용하는 브랜딩과 마케팅
- □ 당신이 관여할 자금조달 노력

자원과 역량: 민첩성을 개발하고 장래를 내다보며 행동

민첩집중목표도는 활용할 수 있는 시장기회의 전체 모습을 보여준다: 지금 그리고 향후. (잠재적으로) 진입할 수 있는 시장에 대해 초기에 그런 이해를 하는 것은 자원과 역량에 대해 주요한 결정을 할 때 그리고 향후 그것들을 어떻게 개발하고자 하는지에 대해 도움을 준다. 핵심은 앞에서 미리 일부 통찰력을 가짐으로써, 유연성과 민첩성을 더 높이는 방식으로 자원과 역량을 개발할 수 있다는 것이다. 그리고 이러한 장점은 다른 시장으로 피봇하거나 새로운 시장으로 다각화하고자 할 때 관건이 된다.

모듈식의 기술 구축

미래 기회를 알고 있다고 한다면, 기술을 적용할 때 유연성이 크도록 모듈식으로 구축하고자 할 것이다: 피보팅을 하거나 추가 시장기회를 활용할 때 시간과 비용을 절감할 수 있다! 어떤 경우든 기술 역량에 있어서 특정한 개발 경로에 구속되지 않도록 하라. 비록 때로는 기술을 하나의 특정 시장의 요구에 맞추려는 유혹이 있을 수 있지만(왜냐하면 그렇게 하면 단기적으로는 시간과 비용이 절감되니까), 기술을 다른 애플리케이션에 맞춰 변경하려면 불가능하지는 않지만 꽤 괴롭게 될 것이다. 따라서, 이것은 매우 엄격하게 하고, R&D팀이 분명히 이 지침에 따르도록 하라.

넓은 지적재산권(IP)망 구축

민첩집중전략은 또한 지적재산권전략에도 영향을 준다. 추가적인 시장기회들도 알고 있으므로 이 영역들에서 당신의 발명을 진취적으로 보호할 수 있다. 특허를 출원할 때 지적재산권의 잠재력이 최대화되도록 미래대안이 청구 항목이나 응용 분야에 반영되도록 하라.

미래 인적 자산 소요를 고려하라

인재를 채용할 때도 미래 시장기회를 고려하는 방식을 생각할 수 있다. 어떤 직원들은 보다 유연한 방식으로 기술을 개발하는 데 필요한 스킬을 가지고 있거나 또는 현재와 미래 시장 영역의 판매와 마케팅에 더 잘 맞는 경우가 있을 것이다. 더 나아가 조직에서 직원들의 역할을 정의할 때 어떻게 하면 열린 태도와 민첩성을 장려할 수 있는지 생각해보라.

이해관계자 네트워크를 구축하고 참여시켜라

이해관계자는 당신이 (잠재적으로) 활용할 시장기회에 대해 주요한 관심을 가지고 있다. 이들은 당신의 투자자, 고문단 또는 잠재적인 파트너와 제휴 대상일 수 있다. 이 모든 이해관계자들은 당신의 민첩집중전략을 인식할 필요가 있으며, 더 중요하게는 실행을 도와줄 수 있다. 따라서 관련 경험과 태도를 갖춘 적합한 사람을 이해관계자 네트워크에 선택하고, 그들이 미래대안을 추진하는 데 구속하지 않도록 하라.

Medic Vision은 이 중요한 점에 대한 사례이다. 회사가 뇌 검사용 컴퓨터 지원 진단 도구를 개발하는 것에서 SafeCT(저선량 CT촬영 부가 장치)를 개발하는 것으로 피봇하려고 결정할 때, 기존 투자자는 초기 아이디어를 추진하는 것에 속박되어 있어 그들은 새로운 투자자를 찾아야 했다. 다행스럽게도 Medic Vision은 이 전략적 전환에 성공했지만, 고통스러웠고 비용이 많이 들었다.

당신 벤처의 정체성, 문화 그리고 구조

회사가 사업을 하는 시장은 가치창출에만 의미 있는 것이 아니다. 시장기회를 선택하는 것은 또한 당신 회사의 유전자에 강력한 영향을 미친다: "당신 회사는 무슨 회사인가" 그리고 다른 사람들(잠재적인 직원, 이해관계자, 고객 등)은 어떻게 인식할 것인가. 실제로 당신이 추진하고자 선택하는 것은 시장기회만이 아니라 이 중요한 특성에 영향을 주는 집중의 범위이기도 하다.

연구결과 통찰

25개의 신생 기술벤처의 탄생을 검토한 연구에서 우리는 여러 형태의 시장 집중이 새롭게 만들어진 회사들의 조직 정체성에 어떻게 영향을 주었는가를 조사했다.*

조사결과 창업자의 "우리는 조직으로서 누구냐"에 대한 정의는 그들이 추진하고자 하는 시장기회에 분명히 의존하는 것을 보여주었다.

- '초집중' 접근을 하는 벤처들은 상대적으로 좁은 정체성을 만드는 경향이 있는데, 정체성은 주로 개발하고자 하는 특정한 제품에 기반하고 있다.
- 민첩집중 접근을 하는 벤처들은 조직의 정체성을 상당히 넓게 정의하는데, 종종 넓은 시장 영역이나 넓게 정의된 니즈를 강조한다.
- 집중이 없는 벤처들(예, 전략적 중점을 아직 채택하지 않은 벤처들)은 주로 개발하고 있는 기술에 기반해서 가능한 최대로 넓게 회사를 정의하려고 한다.

요약하면, 민첩집중전략은 당신의 회사와 문화의 정체성을 형성할 것이다. 또한 회사구조를 어떻게 설계할 것인지에 영향을 준다. 의심의 여지없이 이것들은 당신 벤처에 가장 중요하고 오래가는 특성들이다.

회사의 정체성 각인하기

정체성 선언문은 벤처에 무엇이 중요하고 핵심적인지 정의하며, 대개는 창업자와 벤처의 계획에 이상적인 아이디어를 그린다. 그것은 고객 및 투자자와 직원들이 회사를 어떻게 인식하는지와 관계되며, 다음과 같은 질문에 답을 준다: "우리는 누구인가?" "우리는 무엇을 하고 있는가?" "우리는 미래에 무엇이 되고자 하는가?"

---

* Experimentation, uncertainty, and the performance of new technology ventures/ Tal, Gruber & de Haan(Dissertation Technion)

시장 선택 측면에서 통찰은 "당신은 누구이며 회사로서 누구인가"를 선택하는 통찰로 이어진다. 이것은 미묘한 활동이다. 그렇지만 매우 중요한 활동이다! 정체성은 한 번 널리 알려지게 되면 쉽게 바꿀 수 없다. 따라서 당신의 회사가 무엇이고 무엇에 대한 것일지를 개발하고 형성할 때 시장기회의 범위를 고려하는 것은 중요하다.

예를 들어, Augury의 창업자들은 그들 자신을 "기계의 소리를 들어 새로운 시장에 예지정비를 제공하는 회사"로 정의했다. 사실 그들의 구호는 다음과 같다: "기계는 말을 하고 우리는 듣습니다." "우리는 누구인가"라는 이 정의는 충분히 광범위하여 어떤 기계나 시장도 포괄할 수 있다.

문화를 형성

회사의 문화는 정체성의 관념에 기반하지만 회사에서 사람들이 어떻게 행동하는지를 형성하는 공통의 가정, 가치 및 신념이 강조된다. 모든 조직은 독특한 문화를 개발하고 유지한다. 어느 회사의 문화가 적극적으로 형성되거나 그렇지 않을 수도 있지만, 어쨌든 나타난다. 그러나 회사의 성공에 가장 이로운 방식으로 나타나지 않을 수 있다. 민첩집중전략은 당신 회사에서 개발하고 꽃피울 문화에 영향을 줄 것이다. 특별히 당신은 민첩집중전략을 추진하는 데뿐만이 아니라 경쟁력을 만들고 유지하는 데 필요한 민첩성과 혁신성을 중요하게 여기는 문화를 만들 수 있다.

예를 들어, Augury의 창업자들은 소규모로 직원들이 모여 새로운 아이디어를 함께 토론하는 모임을 주도한다.

조직의 구조를 설계

마지막으로 시장기회에 대한 통찰은 조직의 구조를 형성할 것이다. 당신은 조직에서 역할을 정의할 수도 있고, 현재와 미래의 시장진입 계획에 따라 부문을 구축할 수도 있다. 이러한 계획은 시간이 가며 변할 것이며, 따라서 가장 중요한 요소는 민첩성을 유지하도록 회사의 구조를 만드는 것이라는 것을 명심하라!

브랜딩과 마케팅커뮤니케이션

민첩집중목표도에 있는 정보는 또한 브랜딩 전략과 마케팅커뮤니케이션에 주요한 입력물이 된다. 이제 미래 성장 경로를 그렸으므로 당신 회사는 무엇인지, 무엇이 될 것인지 가장 잘 반영해주는 브랜드 이름을 선정할 기회를 얻었다!

예를 들어, 하나의 특정 애플리케이션에 집중된 브랜드 이름을 선정하면 같은 브랜드 이름으로 새로운 시장에 미래 제품을 판매하는 능력을 잃어버릴 수도 있다(예를 들어, 'Salesforce.com'과 'Oracle' 같은 브랜드 이름을 생각해보라). 특정 애플리케이션에 대응되는 집중된 브랜드 이름을 가지는 것이 이로울 수도 있지만—특히 마케팅커뮤니케이션을 위한 예산이 한정되어 있을 경우—새로운 시장에 진출을 모색할 때 유연하지 못할 수 있다는 점도 고려해야 한다.

더 나아가 향후 브랜드 이름을 바꾸는 것은 그동안 힘들게 쌓아온 명성과 지위를 잃는 것을 의미하며, 대개는 상당한 자금 투자를 필요로 한다.

GetTaxi는 그런 흥미로운 사례이다. GetTaxi는 고객과 택시 기사를 연결해주는 GPS 기반의 앱을 개발했다. 그런데 시간이 가며 동일한 앱이 수요가 있는 것은 무엇이든 간에(미용, 가정 서비스부터 드라이클리닝과 음식까지) 사용될 수 있다는 것이 명확해졌다. 회사의 시장기회가 무엇인지 새롭게 이해하게 되면서 브랜드 이름을 'Gett'로 바꾸는 것이 필요했고, 상당한 비용이 수반되었다.

그러므로 브랜드 이름과 마케팅커뮤니케이션전략을 개발하고 설계할 때 가능한 성장대안이나 피보팅 대안에 방해가 되지 않도록 분명히 하라.

자금 조달 캠페인: 잠재적 투자자와 의사소통하기

투자자들은 종종 사업화 노력의 성공에 결정적이다. 그렇지만 그들은 투자하기 전에 당신의 벤처 프로젝트가 얼마나 가치를 창출할 것인지를 이해하고 가치창출 목표를 달성하기 위한 로드맵을 보기를 원한다.

시장기회내비게이터는 당신의 벤처가 내포하는 잠재적 가치를 단순하면서도 직관적으로 보여줄 수 있고, 투자자에게 시장기회와 시장진입전략을 의사소통하고, 위험 감소전략을 논의하고(즉 예비대안) 그리고 어떻게 자금 소요를 주요한 이정표와 시장진출 계획에 맞추는지를 보여준다.

시장기회내비게이터가 제공하는 체계적인 접근방식과 명확한 표현을 제대로 활용하고자 하면 시장기회내비게이터의 주요 결과물을 발표 자료와 사업계획서에 포함시킬 수 있다. 예를 들어, 투자자들은 당신이 왜 목표 시장기회를 선정했는지 명확히 보여주고, 가치창출 잠재력과 가치획득 난이도를 어떻게 추정했는지를 보여주면 인정해줄 것이다. 그들은 당신이 가장 매력적인 기회에 집중하고 있는지 보려고 할 것이며, 또한 향후 추가 성장대안을 활용해서 어떻게 다음 단계로 회사를 발전시키려고 하는지 이해하고자 할 것이다.

더 나아가 투자자들은 혁신 프로젝트가 종종 높은 불확실성에 갇힌다는 것을 이해한다. 따라서 당신이 예비대안을 보여줄 수 있다면 당신은 벤처 프로세스를 통제하고 있고 불확실한 미래에서 길을 찾아갈 준비가 되어있다는 신호를 줄 것이다.

투자자들은 성공할 팀을 찾고 있으며 단지 성공할 아이디어를 찾는 것이 아님을 명심하라. 시장기회내비게이터를 적용하는 것은 투자자들에게 당신의 팀이 넓은 식견과 장기적 안목으로 주도면밀하고 신중하다는 신호를 보내준다.

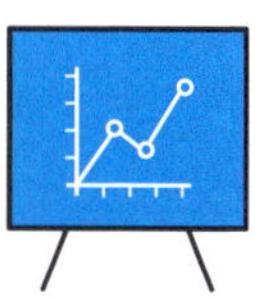

3.2 진행 중에 시장기회내비게이터 사용

올바른 방향으로 달리고 있는가?

이 질문은 창업자와 혁신가가 초기 경로를 선택하는 때뿐만 아니라 그것을 추구하며 애쓰는 시간 내내 괴롭힌다.

당신의 자신감을 쿡쿡 찌르는 의심이 생기는 것은 여러 이유가 있다. 외부 사업환경의 변화나 회사 내부적인 능력의 수정에서 생길 수 있다. 그 이유가 무엇이든 간에 시장기회내비게이터에 있는 체계적인 평가로 항상 되돌아가서, 새로운 가정을 점검하고, 당신의 의심을 지지하거나 반박하고 필요하다면 전략을 정렬할 수 있다. 그것은 당신의 자신감을 구축해줄 것이다. 분석결과 당신이 여전히 올바른 방향으로 달리고 있거나 또는 분석결과 피보팅이 바람직하다면 새로운 방향을 발견하도록 도와줄 수도 있을 것이다.

예고 없이 나타난 새로운 기회는 대개 큰 의문을 제기하기도 한다. 잠재적인 고객이 당신의 기술, 제품에 대해 듣고 찾아와 그들의 영역에서 쓰일 수 있는지 물어볼 수도 있다. 물론 관심 있는 고객이 있다는 것은 좋은 것이다. 그러나 그것 때문에 당신의 제한된 관심을 넓혀야 하고 전략 방향을 재설정해야 하는가? 시장기회내비게이터는 그런 결정을 처리하도록 도와줄 수 있다: 이 새로운 기회를 평가하고, 다른 대안과 상대적으로 비교해보고, 그 기회를 지금이나 나중에 추진할 가치가 있는지 정보에 바탕해 결정을 내릴 수 있다.

올바른 방향으로 달리냐 하는 것도 사업을 성장시킬 때 관련 있는 질문이다. 아직 스타트업이든 큰 회사든 시장기회내비게이터는 성공으로 가는 다음 경로를 찾는 데 활용하는 도구이다.

전반적으로 시장기회내비게이터는 창업과정 전체에 큰 가치가 있을 것이다. 이 프레임워크를 진행에 따라 적용하는 것은 유망한 전략을 수립하는 데 도움이 될 뿐 아니라 당신의 벤처에 적절한 유전자를 개발하는 데도 도움이 될 것이다: 중요한 의사결정이 있을 때 체계적이고 철저한 프로세스를 촉진하는 것이다.

시장기회내비게이터는 동반자다. 계속 활용해 습관으로 만들어라!

어떻게 지속적으로 시장기회내비게이터에서 혜택을 얻을 것인가?

의사결정을 되돌아보고, 제대로 가는지 확인 후 업데이트한다

- □ 직관에서 정보에 기반한 직관으로, 사실에 기반한 의사결정으로 이동하라. 전략을 설정할 정도로 지식이 충분해질 때까지는 지금 가진 정보와 시장기회내비게이터를 활용해 다음 단계 활동 항목을 결정하라(이번 주는 무엇을 해야 하지 같은).
- □ 현 시장기회에 대해 더 학습하고 매력도맵 그리고 아마도 민첩집중목표도상의 위치를 업데이트하라.
- □ 새롭게 떠오르는 시장기회를 체계적으로 검토, 즉 매력도맵에 위치하고 민첩집중목표도에 업데이트를 고려하라.
- □ 학습과정을 만들고 벤처의 진화를 모두가 알 수 있도록 하라.
- □ 업데이트 일정을 표시해서 항상 리뷰를 위해 돌아갈 수 있도록 하라. 이것은 무엇이 변했고 전략의 논리가 어떻게 시간에 따라 발전되었는지를 이해하는 데 도움이 될 것이다.

피보팅과정에서 방향을 잡는다

- □ 일은 잘못되기도 하며 때로는 피봇을 해야 할 것이다. 민첩집중전략은 더 넓은 역량을 개발하고, 예비대안을 가지고 다른 기회에 대해 학습할 수 있도록 해주면서 피보팅을 도와줄 것이다.
- □ 매력도맵과 민첩집중전략을 업데이트해서 피보팅 선택이 보다 명확해지게 하라.

성장과정에서 방향을 잡는다

- □ 민첩집중전략은 성장기회를 보고 활용할 수 있게 도와준다. 노력이 성공적이라면, 시장기회내비게이터를 활용해 다음 목표기회를 결정할 수 있다. 매력도와 관련성은 워크시트 3에서 강조한 것처럼 아마도 주요한 고려사항이 될 것이다.
- □ 저장해놓은 대안을 활용해 라이선싱 기회로 만들어 중요한 추가 수익을 창출할 수 있다는 것을 명심하라.

3.3 다른 도구와 함께 시장기회내비게이터 사용

사업전략을 설계하는 것은 학습, 계획과 검증을 반복하는 복잡한 일이다. 수많은 훌륭한 사업 도구들이 이 도전을 극복하고 이기는 전략을 수립하려고 분투할 때 도와줄 것이다.

다음이 왜 우리가 시장기회내비게이터를 아래와 같은 방식으로 설계한 이유다

- □ 다른 주요 사업 도구들과 매끈하게 연결된다.
- □ 다른 도구를 더 가치 있게 만들면서 상호 강화한다.

다음에는 어떻게 시장기회내비게이터를 전략을 계획하는 훌륭한 프레임워크인 사업모델캔버스 및 가치제안캔버스 그리고 당신의 전략을 검증하는 주요한 방법인 린스타트업 방법론과 같이 사용할 수 있는지 설명한다. 당신이 유망한 경로를 찾으려 애쓸 때 그것들은 긴밀하게 결합하여 계획과 검증과정을 명확히 그리는 강력한 도구 모음이 된다.

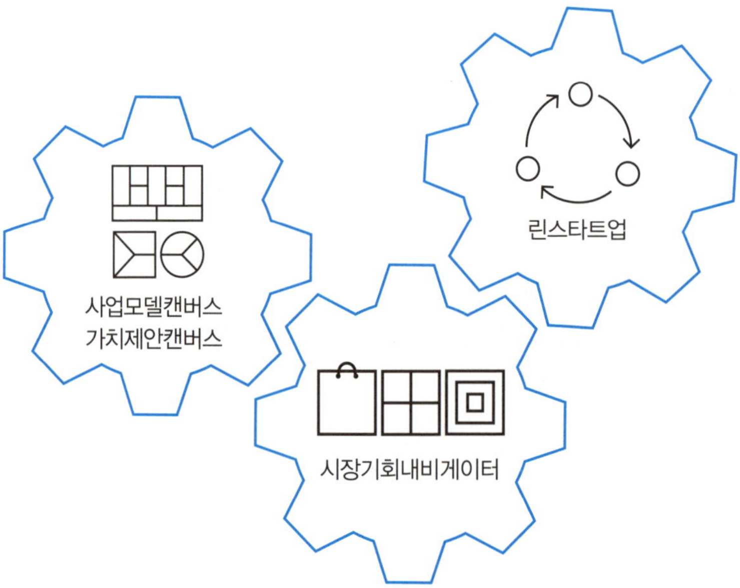

사업모델캔버스와 가치제안캔버스: 전략기획 프레임워크를 향상

시장기회내비게이터가 완전한 기회 전망을 평가하는 훌륭한 프레임워크라면, 사업모델캔버스와 가치제안캔버스는 특정 시장기회를 상세하게 들여다보는 훌륭한 프레임워크이다.

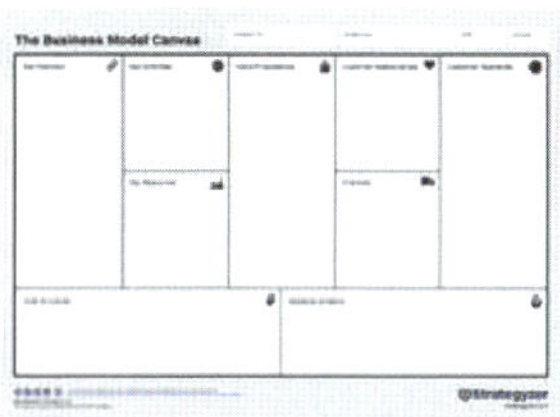

사업모델캔버스는 Alexander Osterwalder와 Yves Pigneur가 개발했으며 사업모델을 설계하는 데 가장 많이 쓰인다.
그것은 제공물(가치제안), 고객(고객 세분시장, 유통 채널, 관계), 인프라(자원, 활동, 파트너) 그리고 재무(비용, 매출)를 사용하기 쉬운 한 장의 양식에 담아 사업이 어떻게 제공물을 가지고 가치를 창출하고자 하는지 설명한다.

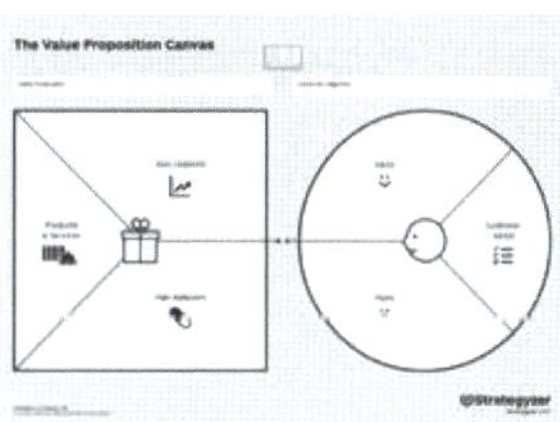

가치제안캔버스는 Alexander Osterwalder, Yves Pigneur, Greg Bernarda와 Alan Smith가 개발했으며 사업모델캔버스의 주요한 2칸인 가치제안과 고객 세분 시장을 상세하게 들여다본다. 이 캔버스는 혁신가들이 제공물(좌측면)과 고객(우측면) 간의 적합성을 찾는 것을 도와준다. 특히 이 캔버스의 여러 요소를 분석하고 설계하면서 혁신가들은 어떻게 하면 고객에게 가치를 주는 매력적인 오퍼링을 만들 수 있는지 더 잘 이해할 수 있다.*

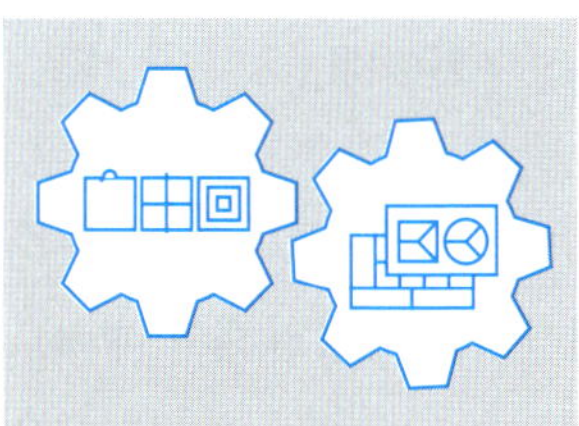

시장기회내비게이터는 사업모델캔버스 및 가치제안캔버스와 매끄럽게 통합되며 그 프레임워크에 더해 큰 가치를 제공한다. 이 도구들은 물림기어처럼 상호 강화하면서 함께 쓰이며, 당신의 전략을 수립하는 데 필수적인 다양한 수준의 분석을 제공한다.

* To find out more about the Business Model Canvas and the Value Proposition Canvas, take a look at the creators of the canvases: Strategyzer and strategyzer.com

거시적 관점과 미시적 관점의 결합

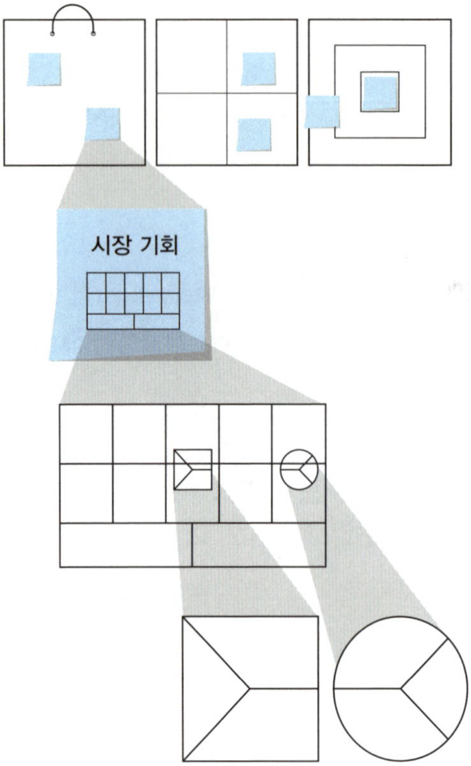

시장기회내비게이터는 기회의 전망에 대해 강력한 '거시 관점'을 제공한다. 이 풍경에 있는 각 시장기회는 특정 고객세트에 대한 당신 능력의 응용을 말한다.

그렇게 시장기회내비게이터는 사업모델캔버스의 네 가지 핵심 요소의 내용과 그 사이의 연결을 이해할 수 있게 해준다: 독창적 능력에서 형성되는 '자원', '활동', '가치제안'과 '고객'.

궁극적으로는 각 시장기회에는 사업모델(즉 어떻게 회사에 가치를 창출하는가)과 가치제안(즉 어떻게 고객에게 가치를 창출하는가)에 대해 상세한 '미시적 계획'이 분명히 있어야 한다.

그러나 이러한 요소들을 적절하게 설정하려면 모든 분석이 핵심적이기 때문에 각 수준의 분석을 모두 이해해야 한다. 거시적 관점은 어느 시장에서 사업을 할 것인지 선정을 할 수 있는 대안을 발견하고 비교하는 데 핵심적이며, 미시적 관점은 그 시장에서 실제로 어떻게 사업을 할 것인지 이해하는 데 필수적이다.

각 수준의 분석은 다른 수준에 중요한 입력을 제공해주어 깊게 파고들거나 위로 올라가는 작업을 반복적으로 할 수 있다. 예를 들어, 시장기회를 평가해서 매력도 맵에 위치시키려면 가치제안캔버스를 이해할 필요가 있으며, 이기는 사업모델을 설계하려면 민첩집중전략을 이해할 필요가 있다.

매력적인 시장기회를 추진하는 사업모델설계

시장기회내비게이터의 조망을 가지면 가장 매력적인 시장기회를 선정하는 데 도움이 되고, 이 유망한 경로를 공략하는 이기는 사업모델을 설계할 수 있다.

무엇보다 중요하게 그것은 "어떤 고객 세분시장이 자원을 투입해야 하는 최상의 고객이냐?"에 대한 답을 준다. 이것은 종종 혁신가가 가장 압박받는 질문 중 하나이며, 거기에 좋은 답이 없다면 사업모델 설계과정은 고생스러울 것이다.

사업모델을 유연하게 설계하라

사업모델의 구성 블록을 유연한 방식으로 설계해서 민첩집중전략과 정렬시킬 수 있다. 당신의 파트너, 채널 그리고 핵심 활동과 자원을 생각하라. 심지어는 고객과 구축할 관계의 형태도 생각하라. 그것들은 모두 효과적인 포트폴리오를 염두에 두고 장래에 원활한 피보팅이나 용이한 성장을 가능하게 설계할 수 있다.

사업모델설계에 영감을 얻기 위해서는 55개의 성공적으로 실행된 모델을 모아놓은 사업모델탐색기를 살펴보라.*

요약하면 시장기회내비게이터와 사업모델캔버스 및 가치제안캔버스를 결합하는 것은 각 도구가 제공하는 통찰을 훨씬 넘어선 강력한 통찰을 제공한다. 이 도구들은 상호 강화하며 당신의 노력에 가장 비옥한 토양을 찾는 데 필요한 포괄적인 계획을 제공한다.

실제로 이 물림 기어 중 어느 것이 먼저 돌아가든 중요하지 않다. 궁극적으로 당신이 이기는 전략을 만드는 데 모두 필요할 것이다.

* The Business Model Navigator/ Gassmann, Frankenberger & Csik(2014)

린스타트업 방법론: 전략 검증과정을 향상

린스타트업 방법론은 Eric Ries와 Steve Blank가 개발했으며 혁신가들에게 고객을 위한 제공품을 신속하게 시험하고, 배우고, 변형할 수 있는 과정을 제공해서 유명해졌다. 그것은 당신이 시장기회에 대해 학습해가며 당신의 가정을 끄집어내고 검증하게 함으로써 시장기회내비게이터에 큰 가치를 더해준다.

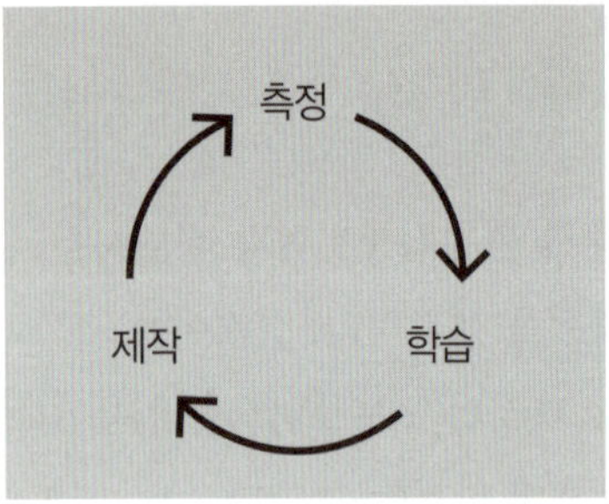

특히 이 방법론은 혁신가는 제품 개발과 회사 설립 전에 목표 고객을 찾아내서 검증해야 한다고 제안한다. 따라서 혁신가는 신속한 제작-측정-학습 사이클을 채택하여 가정을 설정하고, 검증하고, 필요하면 수정해야 한다.*

시장기회내비게이터와 린스타트업 방법론은 여러 측면에서 상호 보완적이다. 바로 앞에서처럼 두 접근방법은 물림 기어처럼 상호 강화하며 맞물려 돌아간다.

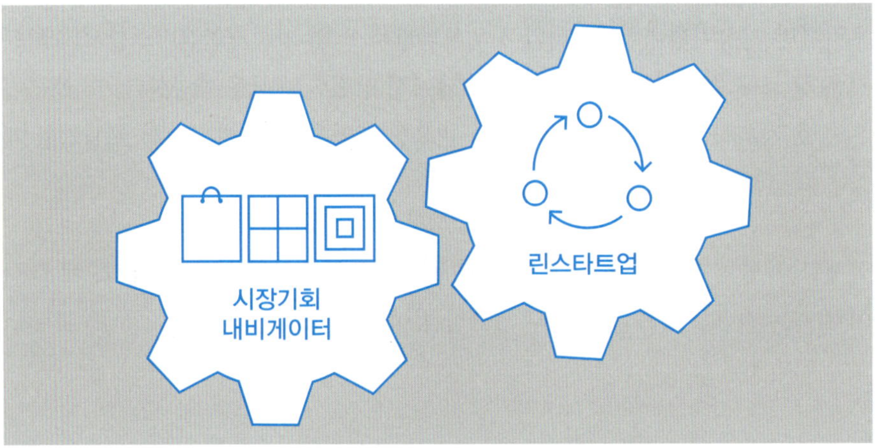

* The Lean Startup/ Eric Ries(2011); The Four Steps to the Epiphany/ Steve Blank(2005); Running Lean/ Ash Maurya(2010); Lean strategy/ David Collis(2016)

어떻게 이 도구들을 함께 사용하면서 큰 효과를 얻을 수 있는가

1. 계획과 실험을 결합한다

시장기회내비게이터는 전략을 계획하고, 학습한 것을 통찰해서 필요하면 조정하는 도구이다. 이 계획-통찰-조정 과정은 린 방법론의 신속 실험 사이클을 향상시킨다. 그것들은 함께 예측적이면서 적응적인 완전한 학습과정을 만든다. 이 반복과정은 대개 계획으로 시작한다. 시장기회내비게이터상에 있는 지식을 모으고 전략적 경계를 이해하고 설정해서 의미 있는 실험을 할 수 있다. 그리고 나서 최소기능제품을 만들고, 현장에 나가 – 린 방법이 안내하는 대로 – 실제 고객의 니즈를 학습하라. 그리고 다시 시장기회내비게이터로 돌아가서 반영하고 조정하라: 학습결과에 따라 시장기회세트, 매력도맵 그리고 민첩집중목표도를 업데이트하라. 이제 다시 제작-측정-학습을 반복하라.

요약하면, 시장기회내비게이터는 엄밀하게 계획하고 시장 영역을 정의하는 과정을 제공하며 린 방법론은 엄밀한 계획에서도 종종 미리 알려지지 않는 고객니즈를 이해하고 검증하는 과정을 제공한다.

2. 넓고 목표 지향적인 관점을 결합하라

린 방법론은 하나의 목표 경로를 검토하도록 밀어붙인다. 그것이 '틀린' 경로로 판명나면 당신은 그 경로에서 흥미로운 분기를 찾아 피봇해야 한다. 그러나 시장기회내비게이터는 넓은 기회 풍경을 보도록 안내한다. 이 전체 전망은 실험을 할 때 잘못된 길로 빠지는 것이나 더 유망한 기회를 놓치는 것에서 구해준다. 거기에 더해 그것은 시장기회세트에 반영을 계속해 나가고 민첩집중전략을 따라 일부 대안을 열어놓으면서 장래 피보팅에 더 잘 준비할 수 있게 해준다.

요약하면, 이 넓은 시각은 다양한 대안을 더 잘 조송해서 국지적인 극대가 아니라 '전체적인 극대점'을 찾을 수 있도록 도와준다.

3. 고객과 시장 가정을 결합하라

린 방법론은 신속한 실험을 통해 고객에 대한 가정을 검증하도록 압박한다. 이 가정들은 대개는 사업모델캔버스의 9개 구성 블록에 기반하고 있으며 주로 가치제안 측면을 강조한다. 시장기회내비게이터는 잠재력과 난이도에 기반해 기회의 매력도를 검토한다. 워크시트 2에 있는 체계화된 검증은 시장과 환경 맥락에 대한 다른 측면(경쟁사, 가치사슬 참여자 등)을 검토하는 추가적인 가정세트의 기반이 된다. 그렇게 해서 고객에 대한 가정에 더해 시장에 대한 가정을 도출하고 전략적인 선택을 보다 포괄적인 고려사항에 근거하게 한다.

4. 단기와 장기 학습 루프를 결합하라

린 방법론은 신속한 제작-측정-학습 루프의 중요성을 강조한다. 그러나 예를 들어, KalOptics와 Microbot 같은 겨우 많은 아이디어가 여러 번의 실험에서 단순히 빠르고 저렴하게 시험되었다. 그것들은 연구개발에 상당한 초기 투자를 필요로 했고, 아마 장기적으로도 필요할 것이다. 그것들은 아마 빠른 고객 평가를 하기에는 너무 새롭거나 너무 복잡할 수도 있다. 즉 그러한 혁신을 가진 기업들은 상당한 비용을 지출해야 한다는 것이다. 그러므로 어떤 경로를 따를 것인지 매우 주의할 필요가 있다. 만약 당신도 이런 경우라면 시장기회내비게이터는 가장 유망한 경로를 확인하고 나중에 적응이 필요할 경우 민첩함을 유지할 수 있도록 해주는 중요한 답을 제공할 수 있다. 따라서 민첩집중전략은 신속 실험이 타당해 보이지 않을 때 필수불가결하다.

요약하면, 시장기회내비게이터와 린스타트업 방법론을 결합하는 것은 강력하며, 상호 강화해서 넓고 완전한 전략 검증과정을 만들어준다. 다시 한 번 말하지만 이 물림 기어 중 어느 것을 먼저 사용하느냐는 관계가 없다. 궁극적으로 당신은 이기는 전략을 수립하기 위해 둘 다 필요할 것이기 때문이다.

NAVIGATOR
EPFL

4

스트타업을 넘어: 다음 사람들을 위한 시장기회내비게이터

4.1 기존 기업을 위한 시장기회내비게이터
4.2 투자자를 위한 시장기회내비게이터
4.3 기술이전부서를 위한 시장기회내비게이터
4.4 교육자 및 액셀러레이터를 위한 시장기회내비게이터

새로운 시장기회를 식별하고, 평가하고 활용하는 것은 벤처 창업과정, 기존 기업의 경쟁력 그리고 더 일반적으로 가치창출의 핵심이다.

"시장기회내비게이터는 새로 창업한 벤처 외에 다음과 같은 사람에게 새로운 통찰력을 제공해주고 가치를 창출해준다."

- 기존 기업: 혁신을 사업화하고자 하고 새로운 사업기회를 찾을 때
- 투자자: 새로운 벤처를 선별하고 향후 성장전략을 안내하고자 할 때
- 기술이전부서: 발명가와 일하고 특허출원을 검토할 때
- 교육자 및 액셀러레이터: 창업자와 혁신가에게 지식을 제공하고 학습에 동반자가 되고자 할 때

그리고 비록 당신이 이런 부류가 아닐지라도 시장기회내비게이터의 프로세스(또는 그 일부)는 특정한 사업환경을 좀 더 철저하게 이해하고 더 나은 전략적 선택을 가능하게 해주는 가치 있는 통찰을 일으킨다.

4.1 기존 기업을 위한 시장기회내비게이터

모든 회사는 생존하기 위해서는 스스로 혁신해야 하고 새로운 성장기회를 잡기 위해 도전해야 한다: 경쟁력을 유지하고, 새로운 비옥한 곳을 찾고 주주를 만족시키기 위해 분투한다.

그러나 새로운 성장 임무를 발견하고 실행하는 것은 기존 기업에게 매우 도전적인 일이다. 실제로 연구결과는 이런 노력은 매우 높은 비율로 실패하고, 대부분의 회사에게 이익을 동반한 성장은 점점 어렵고 더 달성하기 힘들다는 것을 보여준다.*

왜 이런 것일까? 조직은 전형적으로 현 상태를 보호하고, 이미 하는 것을 더 잘하는 쪽으로 설계되어 있다. 따라서 조직은 대개 실행은 잘하지만, 기업가정신에 관여하는 것에는 거의 맞게 설계되지 않았다. 제대로 된 성장기회를 찾아내고 성공적으로 잡으려면 대부분의 관리자와 직원의 사고방식을 바꾸는 것이 필요하다. 그것은 또한 여러 이해관계자의 협력이 필요하다: 각 이해관계자가 자신들의 의제와 유인에 따르고, 어느 정도의 확장 시도를 수용하느냐를 제한하는 각자 다른 위험 선호도를 가지고 있다. 전체적으로 당신의 회사가 시간이 지나며 점점 더 커지고, 복잡해지고, 내부 중심적으로 될수록, 조직을 원활하게 운영해주고 현 사업을 실행해주는 바로 그 힘에 의해 성장은 억제된다.

Chris Zook는 〈핵심으로부터의 성장(*Profit from the Core*)〉, 〈핵심을 넘어서(*Beyond the Core*)〉라는 책에서 이익을 동반한 성장기회를 찾을 때 기존 핵심 역량을 활용하는 것이 중요함을 강조했다. 이 인접 다각화는 새로운 영역에서 경쟁우위를 구축하기 위해 기존 고객관계, 기술 또는 핵심 사업 스킬을 활용한다.**

실제로 자신들의 성공과 실패를 더 잘 이해하기 위한 연구에서 3M은 오래된 역량에 기반한 신사업이 핵심 스킬을 활용하지 않은 사업보다 훨씬 더 성공할 가능성이 높다는 것을 발견했다.

* The Growth Gamble/ Campbell & Park(2005)

** Beyond the Core/ Chris Zook(2004); Profit from the Core/ Chris Zook(2001)

거기에 더해 성공한 성장 시도는 의사결정을 정확하게 하고, 가능성을 유리하게 만들고, 실패가 발생하더라도 실패비용을 통제하는 방법을 적용하는 것에 크게 의존한다. Chris Zook에 따르면 이런 측면을 조금만 개선해도 신사업기회를 성공적으로 사로잡을 가능성이 상당히 증가한다.

시장기회내비게이터는 바로 그것을 달성하는 것을 지원한다: 그것은 당신의 고유한 능력에서 나오는 새로운 시장기회를 발견하도록 도와주고, 가장 유망한 기회로 안내하며, 진행에 따라 위험을 통제할 수 있도록 도와준다.

그러므로 당신이 최고경영자, 사업개발 임원, 혁신 관리자 또는 다른 신성장 경로를 찾는 도전적인 역할을 맡고 있다면, 시장기회내비게이터는 당신 회사의 성공을 향한 내부 기업가적 시도가 더 잘 자리 잡을 수 있도록 여러 가지 주요한 혜택을 제공한다.

그물을 넓게 던진다

특정한 성장기회에 집중하기 전에 당신은 넓은 범위의 사업 콘셉트를 확실하게 개발해야 한다. 뛰어난 기회는 드물며, 그런 기회를 만날 확률은 당신 회사가 식별할 사업기회의 숫자에 직접적으로 비례한다.

신사업대안의 세트를 만들어내기 위해서는 진정으로 참신한 기회를 찾아내는 능력을 개발하는 명확한 프로세스가 필요하다. 시장기회내비게이터의 1단계는 그러한 명확한 프로세스를 제공한다. 그것은 어떻게 하면 핵심 능력을 현재 생산하고 있는 특정 제품이나 접근하고 있는 특정 고객에서 분리하는지 안내한다. 그것은 핵심 능력을 '그 자체'로서 특성화할 수 있도록 도와주어, 새로운 시장기회를 체계적으로 탐색할 수 있게 해준다. 중요한 것은 이 프로세스는 인접 시장기회를 발견하는 것을 지원할 뿐 아니라 멀리 떨어진 새로운 기회를 찾는 것을 촉진한다: 현시장의 '폭군'이라고 잘 알려진 현상을 극복할 수 있도록 도와준다.

'의사결정'하는 법을 결정한다

사업 확장은 미지의 영역으로의 여정이다. 기회들을 선별하고 평가하는 것은 어려우면서도 매우 중대한 일이다. 실제로 성공적인 회사들은 최적의 성장 의사결정을 하는 데 필요한 기준과 프로세스를 개발하는 데 많은 투자를 한다. 예를 들어,

Microsoft의 혁신센터에서는 혁신깔때기 같은 것이 활용된다. 구조적이며 다단계인 프로세스는 새로운 기회를 선별하는 네 개의 관문을 포함한다: 많은 기회의 인식에서부터 여러 기회의 평가 그리고 소수의 기회의 전략과 전술 개발까지.

시장기회내비게이터는 성장기회를 선별, 평가 매핑을 하는 데 증명된 사용하기 쉬운 프로세스를 제공한다. 2단계는 기회에 고유한 잠재력과 난이도를 평가하는 포괄적인 체크리스트를 제공하고 하나의 명확한 전체 모습에 매력도를 매핑하는 방법을 안내한다. 이 기준들은 성장대안이 내부 또는 파트너십이나 인수 같은 외부에 기반하든 관계없이 적용 가능하다.

당신의 특정 니즈에 따라 프로세스를 조정할 수도 있다. 예를 들어, 필요하다면 추가적인 요인을 잠재력을 형성하는 요인(예로 기존 사업에의 영향도)이나 난이도를 형성하는 요인(예로서 조직문화에 적합한 정도)으로 포함할 수 있다.

전체적으로 이 철저한 평가 프로세스는 잡초를 뽑아내고 보석을 발견할 수 있게 도와준다: 현명한 성장 의사결정을 하게 해준다.

관련성을 전면으로 가져온다

기회들의 관련성을 평가하는 것은 두 가지 주요한 시사점이 있다.

첫째 관련성을 측정해 현 사업과 새로운 성장대안과 연결을 이해할 수 있다. Chris Zook는 강력한 핵심 사업과 관련성이 가치창출에 가장 강력한 엔진이라고 제안하고, 가장 성공적인 성장 회사들 중 많은 회사는 현 사업과 새로운 인접 사업 간에 강한 강화작용을 유지할 수 있었다고 보여준다. 따라서 현 사업과 대안 성장기회 사이의 상대적 거리를 평가하는 것은 가능한 투자를 절대적 기준으로 평가할 때나 서로 비교할 때나 유용하다.

둘째 성장기회가 선호하는 대안으로 정해지면, 관련성을 장기적인 관점에서 다단계의 수를 계획하는 데 활용할 수 있다. 즉 이 주 기회 주변에 관련된 성장대안과 예비대안을 포트폴리오로 구축할 수 있다. 더 나아가 관련성의 논리는 모든 기회를 큰 그림으로 생각하게 해주며 개별로 가장 가능한 투자대안 주위에 '미래 수들의 군집'을 구축하고 여러 전략 시나리오를 비교하는 것을 도와준다.

결국 하나의 기회에 투자하는 것은 다른 가능성을 제쳐놓는 트레이드오프를 항상 수반하므로 미래 포트폴리오를 이해하는 것은 좋은 의사결정을 하는 데 중요하다.

워크시트 3은 제품과 시장 관련성을 어떻게 평가할지 명확히 안내해준다. 이 측정 방법을 두 가지 목적으로 사용할 수 있다: 하나의 기회와 현 사업의 관련성을 측정하는 것과 그 주위에 대안들의 포트폴리오를 구축하는 것. 이것은 올바른 우선순위를 설정하고, 신중하게 현금을 쓰며, 궁극적으로는 혁신 노력에서 이익을 최대로 수확하는 것을 도와줄 것이다!

위험을 통제

혁신과 성장 프로젝트의 가장 큰 도전 중 하나는 그런 시도에 고유한 위험을 관리하는 것이다. 경영자로서 당신은 위험한 성장 프로젝트를 관리하는 동시에 기존 사업에서 나오는 수익을 확실하게 유지해야 한다: 기존 사업을 활용하고 신규 사업을 개척해야 한다. 시장기회내비게이터는 위험한 성장 프로젝트의 균형을 잡고, 실패할 경우 실패비용을 통제하는 데 도움을 준다. 특히 민첩집중전략은 예비기회와 미래 확장기회에 대해 미리 살펴보고, 현명한 대안 포트폴리오를 열어놓을 수 있도록 도와준다. 그러한 미래에 대한 신중한 통찰은 여러 이해관계자들에게 당신이 불합리한 도박을 하는 것이 아니라 정보에 기반한 위험을 감수하고 있다는 신호를 줄 것이다.

조직 내에서 아이디어를 설득하기

마지막으로 큰 중요한 도전은 미래 성장 경로에 대해 이해관계자의 동의, 지원과 공약을 얻는 것이다. 신규 프로젝트 초기 단계에서 당신은 최소한 후원자와 아이디어를 착수할 수 있는 소규모 인큐베이션팀이 필요할 것이다. 시장기회내비게이터는 여러 방식으로 회사 내에서 당신의 아이디어를 진척시키려고 노력할 때 도움을 줄 수 있다.

시장기회내비게이터는 첫째로 조직 내에서 논의를 촉진하고 합의에 이르는 공통의 언어를 확립하는 데 도움을 준다. 논의 프로세스의 단계가 명확하게 정해지고 가시화된다: 동료든 중요한 이사회에서든 기회를 보다 효율적이고 효과적으로 논의할 수 있다.*

둘째로 시장기회내비게이터에 나온 것처럼 명확한 전략적 비전을 형성하는 것은 회사에서 변화를 이끌고 몰입을 만드는 데 중요하다. 〈변화의 리더(*Leading Change*)〉의 저자인 John Kotter에 의하면 명확한 계획을 의사소통하고, 그것을 업데이트하고 살아 숨 쉬게 해주는 것은 조직에서 당신의 아이디어를 받아들이게 할 때 필수적이다.

마지막으로 Kotter는 또 단기 성공 사례를 만드는 것이 당신의 주 아이디어에 합의와 후원을 얻는 데 크게 도움이 된다고 제안한다. 따라서 매력도맵을 사용해서 '퀵 윈'을 확인하고 전략을 맞춰 설계할 수 있다.

전체적으로 시장기회내비게이터는 주요한 신규 성장 기회를 식별하고 활용할 수 있게 해줄 뿐 아니라 핵심 활동에서도 체계적으로 역량을 구축할 수 있게 해주는 아주 중요한 도구이다: **기회 관리 역량.**** 이 역량은 대량의 더 다양한 신규 기회세트를 식별하고, 이 대안들을 효율적으로 평가해서 우선순위를 정하고, 유망한 기회 포트폴리오를 만드는 우월한 스킬을 포함한다.

시장기회내비게이터를 가지고 회사의 현재 자산을 활용해 어떻게 다음 큰 것을 찾아내고, 혁신 깔때기를 보다 효과적으로 관리할 것인지 알 수 있다.

추가적으로 시장기회내비게이터의 프로세스가 여러 시장기회를 비교하고 회사의 성장전략을 설정하는 데만 유용한 것이 아니라 부서나 특정 조직에서 여러 투자대안의 우선순위를 설정할 때도 유용하다. 예를 들어, 다음 해에 어떤 특장점을 개발할지 결정해야 하는 제품 관리자는 동일한 프로세스를 사용해서 우선순위를 적절히게 정할 수 있다. 물론 대안의 잠재력과 난이도를 결정하는 요인은 조정해야 할 것이지만 전체적인 프레임워크는 여전히 도움이 될 것이다. 요약하면 시장기회내비게이터는 조직의 여러 수준에서 여러 부류의 관리자가 여러 형태의 투자 선택을 결정할 때 실제로 적용될 수 있다.

---

* Leading Change/ John Kotter(1996)

** 기존 기업에서 기회관리에 대해 더 알아보려면 다음을 참조한다. The Entrepreneurial Mindset/ McGrath & MacMillan(2000); DiscoveryDriven Growth/ McGrath & MacMillan(2009); The End of Competitive Advantage/ Rita McGrath(2013); The process of technological competence leveraging/ Erwin Danneels(2007)

4.2 투자자를 위한 시장기회내비게이터

시장기회내비게이터는 투자자를 두 가지 주요한 방식으로 지원할 수 있다. 첫째, 그것은 신규 벤처들과 벤처가 추진하고자 하는 기회들을 보다 효과적으로 선별해 준다. 둘째, 그것은 시간이 지나면서 포트폴리오 회사들을 관리하는 것을 개선해 준다.

개인 투자자이든 기업 투자자이든 또는 벤처 투자자이든 시장기회내비게이터에서 여러 방식으로 혜택을 누릴 것이다.

투자 의사결정의 선별 프로세스를 지원

투자자로서 당신은 주로 상대적으로 짧은 기간 내에(대개는 최대 5~7년 이내) 상당한 성장을 가능케 하는 벤처 딜을 주로 찾고 있다. 펀딩 요청을 거절하는 주요 이유는 벤처의 목표 시장이 상당한 가치창출 잠재력이 없거나 또는 최소한 이 기간 내에 안 되거나일 것이다. 그러나 어떤 경우에는 창업자들이 벤처에 고유한 잠재력이 있음에도 불구하고 제대로 의사소통하지 못한다!

시장기회내비게이터는 벤처들이 투자자들에게 그들의 기회와 시장 진입전략을 매우 설득력 있게 의사소통하는 방법을 제공한다. 특히 시장기회내비게이터는 창업자가 그들의 벤처에 고유한 잠재력을 보여주고, 위험 완화전략(예, 예비대안)을 논의하고, 펀딩 필요성과 주요 이정표와 미래 성장을 정렬하도록 해준다. 그것은 또 창업자와 투자자가 가진 지식의 차이와 다른 시각을 연결하는 것을 도와준다.

투자자로서 당신의 입장에서는 창업자들의 전략 계획을 파악하고 벤처 제안의 전망을 보다 더 잘 이해할 수 있다. 당신은 또한 창업자에게 피드백을 보다 효과적으로 의사소통할 수 있다: 예를 들어, 벤처가 가치는 있지만 최적의 시장기회를 활용하지 못한다고 믿는다면.

더 나아가 창업팀이 시장기회내비게이터를 적용한 것을 보고 당신은 그들이 기회들을 어떻게 관리하고 얼마나 유연하게 생각하는지 이해할 수 있으므로 당신의 투자 결정을 형성하는 다른 주요 요소에 대해 추가적인 통찰을 얻을 수 있다.

> 투자자들은 창업자에게 투자 제안 자료에 시장기회내비게이터를 사용하라고 요구할 수 있다. 그에 따라 대안 시장기회와 검증된 로드맵에 대해 철저하게 논의할 수 있다.

전체적으로 시장기회내비게이터는 당신이 창업자들과 의사소통하는 능력을 향상시켜주고 투자 의사결정을 더 좋게 더 빨리 내릴 수 있게 해준다.

포트폴리오 회사들의 관리 지원

투자가 이뤄지면 창업자들은 벤처가 번성하는 데 활발한 관심을 가진다. 벤처 개발 프로세스 동안 시장기회내비게이터는 벤처 경영진을 지원하는 중요한 도구가 될 수 있다: 예를 들어, 대안 시장이나 추가적인 성장기회를 추신하는 피봇을 계획하고 실행하는 것에서.

시장기회내비게이터는 또 전략을 설정할 필요가 있다면 이사회에서 유익한 논의를 하고 여러 이해관계자들의 기대사항을 정렬시키는 명확한 언어를 제공한다.

4.3 기술이전부서를 위한 시장기회내비게이터

기술이전부서의 핵심 미션 중 하나는 대학과 연구기관으로부터 지식과 기술을 광범위한 사용자에게 이전하고, 그러한 지식과 기술이 신제품, 서비스, 공정 등에 광범위하게 활용될 수 있도록 하는 것이다. 이 기술사업화 프로세스는 신규 벤처의 설립, 라이선싱 계약, 파트너십과 합작투자 같은 구조를 포함한다. 그러한 많은 계약의 기초는 상용화될 기술적 지식을 코드화해놓은 특허다.

기술이전부서는 대개 특허 프로세스와 관련자 간 계약과정에 필요한 높은 법률적 전문성을 가지고 있다. 그들은 또한 부서 안이나 발명가가 기술이전부서에 제공하는 강한 기술적 전문성이 있다.

그러나 우리가 관찰한 많은 기술이전부서는 시장기회 및 관련된 애플리케이션에 대한 지식이 제한적이다. 대체적으로 그런 지식은 다른 종류의 스킬과 역량을 필요로 하고 상대적으로 작은 규모의 기술이전부서에서는 드물다.

그러므로 당신이 기술이전부서의 팀원이라면 시장기회내비게이터를 활용해 업무를 개선할 수 있다. 실제로 시장기회내비게이터를–당신이나 발명자 스스로–연구프로젝트에 적용하는 것은 기술의 잠재적 애플리케이션에 대해 향상된 시각을 줄 것이다. 그러한 향상된 시각은 다음과 같은 것을 포함해서 여러 방식으로 당신을 지원해줄 것이다.

- □ 어떤 제안 기술들이 추진할 가치가 있는지 아닌지, 제안 기술의 가치에 대해 더 잘 이해
- □ 더 향상된 사업화 의사결정(어떤 기회가 어떤 구조로 활용되어야 하는지)
- □ 적용 분야가 더욱 명확하게 표현될 수 있는 강력한 특허 작성
- □ 잠재적인 라이선스 사용자와 다른 파트너에 대해 더 나은 지식을 얻음
- □ 파트너와 좀 더 명확한 계약서를 작성

추가적으로 시장기회내비게이터는 당신과 발명자 사이에 훌륭한 의사소통 도구가 될 수 있다. 그것은 기술을–그 자체로–더 잘 이해하게 해주고, 그 한계와 가능성을 인식하게 해주며, 연구자가 자신의 작업의 응용성과 그 가치를 최대로 확보하기 위해 아직 필요한 추가적인 노하우를 더 잘 이해하게 해준다.

특히 기술이전부서는 기술을 동시에 여러 방법으로 사업화할 수 있다. 기술을 여러 영역의 독점권에 기반해서 여러 당사자에게 동시에 라이선스할 수 있고 또는 동일한 특허에 기반한 여러 분사 회사를 만드는 것을 지원할 수 있다. 따라서 민첩집중전략–자원이 제한된 벤처에 필요한 요소인–은 복수의 사업화 경로를 추진하는 것과는 관련성이 제한적이다. 그러나 기술이 분사를 통해서 한 번 사업화되면 민첩집중전략은 강력해지고, 시장기회내비게이터는 다시 벤처의 경영을 지원하는 중요한 도구가 될 수 있다.

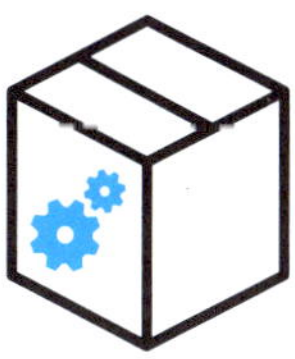

4.4 교육자와 액셀러레이터를 위한 시장기회내비게이터

시장기회내비게이터는 교육자에게 핵심적인 도구이다: 그것은 스타트업과 기존 기업에게 가장 힘든 고민인 가치창출을 위해 기회를 어떻게 식별하고 혜택을 볼 것인가에 대해 다루기 때문이다.

교육기관과 액셀러레이터는 훈련생들을 교육시키고 미래 성공을 촉진하는 가치 있는 지식과 도구상자를 제공하려고 한다. 시장기회내비게이터는 그런 도구상자의 필수적인 부분이다.

시장기회내비게이터를 고등교육기관에서 활용하기

교육자로서 당신은 시장기회내비게이터를 수업에 활용할 수 있다. 이 충실한 도구를 가지고 당신은 학생들이 가치 있는 기회를 발견하고 전략을 수립하는 방법뿐 아니라 혁신이나 벤처창업과정 중에 어떻게 체계적인 분석을 하고 인지 유연성을 유지할 수 있는지 가르칠 수 있다. 요약하면 그것은 단지 학생들에게 제공할 수 있는 역량일 뿐 아니라 동적인 역량이다!

시장기회내비게이터는 기업가정신, 혁신 그리고 전략 영역의 최신 사고에 견고하게 기반을 두고 있으므로 그것은 당신의 학습교과과정에 바로 통합할 수 있다: 기존 과목에 부분적으로 독립과정 또는 워크샵 형태로.

우리가 가르친 과정에서 시장기회내비게이터를 아주 다양한 교육환경에서 활용해서 놀라운 성과를 얻었다. 특히 우리는 시장기회내비게이터 프로세스가 창업, 혁신과 전략 과목에 잘 맞고 또한 학사, 석사, 고위 관리자 과정에서도 가르칠 수 있는 것을 알았다.

시장기회내비게이터는 단계적 프레임워크를 제공하므로 강의와 과제를 수업시간 중이나 숙제로 꽤 쉽게 구조화할 수 있다.

워크시트는 실무 연습을 제공하고 학생들을 실제 문제해결 과제에 참여시키는 최신 트렌드와도 잘 맞는다. 이러한 실무 과제는 수업시간에 토론과 상호 학습을 촉진하는 방식으로 활용할 수도 있다.

더 나아가 교재와 참고 자료가 이론적인 배경과 실무 실행내용을 둘 다 사용하기 쉬운 형태로 설명하고 있어 당신에게는 훌륭한 교습 동반자이자 학생들에게는 중요한 학습 동반자가 된다.

과정을 설계할 때 도움이 될 몇 가지 통찰이 다음에 있다.

먼저 우리는 교과과정에 실제 기술을 포함한다. 그것은 학생들의 실제 스타트업 아이디어나 대학교의 연구 프로젝트에 근거할 수 있다. 이런 '실제' 사례는 학생들에게 동기부여를 할 뿐 아니라 혁신가를 도와준다. 궁극적으로는 중요한 가치를 만들 수 있다!

둘째로 우리는 경영 관련 교육을 받고 있는 학생들과 그렇지 않은 학생들(예를 들어, 공학 쪽 학생)을 섞어서 하는 것이 시장기회내비게이터 3단계에 서로 다른 시각과 전문성을 기여할 수 있기 때문에 가장 좋다는 것을 알았다. 그러므로 가능하다면 다양한 참여자를 과정에 모이게 하라.

당신이 시장기회내비게이터를 어떻게 활용할 수 있는지 대략의 아이디어를 보여주기 위해 신기술의 시장기회에 대한 워크샵 구조 예를 다음에 보여준다.

워크샵 제안: 신기술의 시장기회

준비: 기술 발굴하기(강사나 수강생)

1주 배경, 시장기회내비게이터와 워크시트 1, 2, 3 설명

2주 기술 설명(발명가)
팀빌딩: 기술별로 학생 3~4명이 팀 작업
합동(반 전체) 시장기회 브레인스토밍
워크시트 1: 사전 초안
기술별로 시장기회세트를 채우기 시작
숙제: 기회 확인을 계속하고 평가를 위해 워크시트 2 활용

학생들이 기회 확인과 평가 작업을 할 시간

3주 결과 발표(시장기회세트, 매력도맵) 및 백업 워크시트 1, 2

4주 외부 전문가와 워크샵(예, 벤처투자자, 엔젤투자자, 스타트업 컨설턴트)을 통해 시장기회와 평가에 대한 이해 진척
숙제: 기존 통찰력을 향상시키고 워크시트 3 활용

학생들이 민첩집중전략 개발을 할 시간

5주 최종 발표: 시장기회세트, 매력도맵, 민첩집중목표도
발명가와 다른 이해관계자 초청해서 피드백과 러닝포인트 청취

시장기회내비게이터를 액셀러레이터와 인큐베이터에서 활용

액셀러레이터와 인큐베이터는 스타트업의 성공을 높이기 위한 방법을 지속적으로 찾고 있다. 사실 액셀러레이션 프로그램은 주로 초기 창업자를 육성하고 가치창출에 필요한 플랫폼과 노하우를 제공한다. 더 나아가 액셀러레이터와 인큐베이터의 성공은 대부분 스타트업의 성공에 따라 정해진다!

당신이 액셀러레이터 프로그램을 운영하든 스타트업을 훈련하든, 시장기회내비게이터는 당신의 프로그램에 이상적인 부가장치이다. 다른 사업 도구(예, 사업모델 캔버스)와 비슷하게 시장기회내비게이터는 인큐베이팅 기간에 걸쳐서 쉽게 가르치고 적용할 수 있다. 창업자가 그들의 시장기회를 식별하고, 평가하고 전략을 현명하게 수립하는 합동 워크샵이나 일대일 미팅을 할 수 있다. 이 훈련은 시각적이고 재미있다. 당신은 시장기회내비게이터의 주 작업판을 벽에 붙이고, 점착 노트를 활용해 각 그룹이 고려하고 있는 확인된 시장기회를 보여줄 수 있다. 시장기회내비게이터의 3단계를 발표하는 것은 흥미로운 토론을 촉진하고, 훌륭한 상호 학습을 만들 수 있다: 초기 단계의 창업자에게는 매우 중요하다.

많은 스타트업들이 프로그램에 참여할 때 이미 생각하고 있는 시장기회가 있기 때문에 그들은 시장기회내비게이터의 2단계부터 시작해 그 기회들이 얼마나 가치가 있는지 평가하고 매력도맵에 위치시킬 수 있다. 이 분석이 완성되면 창업자들은 그 기회들이 주 시장으로서 추진할 가치가 있는지 볼 수 있다. 그러나 그들의 결정에 관계없이 1단계로 돌아가서, 추가적인 시장기회를 도출하고, 평가하고, 그에 맞게 민첩집중전략을 수립하는 것이 중요하다. 이 과정에서 그들은 더 좋은 기회를 발견할지도 모른다.

더 나아가 시장기회내비게이터는 진행 중에 지속적으로 사용하면 가장 이점이 크므로 액셀러레이션 기간 동안 통찰 도구로 실제 활용 가능하고, 학습과정 내내 사용될 수 있다. 창업자들은 시장기회내비게이터를 적절한 시기에 업데이트할 수 있으며, 학습한 것을 요약하고, 공통의 언어로 전략 구축의 진전내용을 논의할 수 있다.

전체적으로 시장기회내비게이터는 초기 벤처에 매우 중요한 도구이며 그들의 성공에 크게 기여할 수 있다: 그리고 당신의 액셀러레이터와 인큐베이터에도!

5

맺음말:
시장기회내비게이터의
시장기회내비게이터

시장기회내비게이터를 위한 전략 수립

시장기회내비게이터는 창업자가 시장기회전략을 수립하도록 지원해주는 사업 도구이다.

그러나 우리가 그것을 개발하기 시작했을 때 우리의 고유한 노하우-이 도구가 기반한-는 실제로 다른 시장의 세분시장 니즈에도 활용될 수 있을 것이라는 점이 분명해졌다. 우리는 매력적인 시장에 매력적인 오퍼링을 개발하고자 이 대안들을 확인하고 검토하고 우선순위화해야 했다. 즉 우리는 우리의 조언을 따라 이 도구를 스스로 사용해야 했다. 우리가 시장기회내비게이터를 위해 어떻게 시장기회내비게이터를 활용했는지 다음에 있다.

첫째 단계는 우리의 고유한 능력을 분석하고 추가적인 시장기회를 발견하기 위해 넓게 탐색해서 시장기회세트를 만드는 것이었다. 워크시트 1은 그 목적에 안성맞춤이었다.

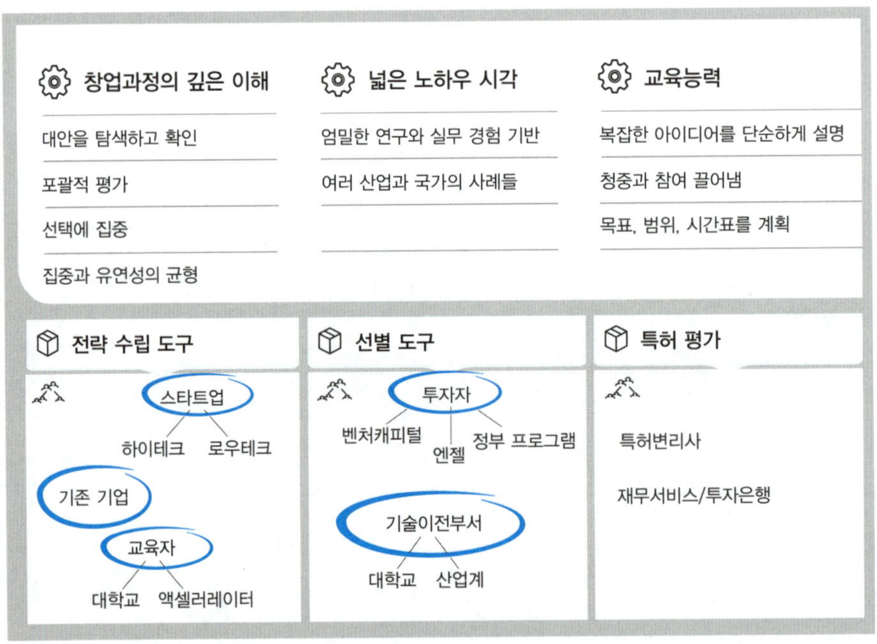

무엇보다 우선적으로 우리의 고유한 노하우는 대안의 확인, 평가기준, 선택구조와 중요한 선택을 할 때 집중과 유연성 사이의 균형을 잡는 것 등을 포함하는 창업과정에 대한 깊은 이해에 기초한다. 이 노하우는 또한 광범위한 학문 연구와 실무 경험에 따른 넓은 시각에 기반하며 여러 산업과 국가의 수많은 사례에 근거를 두고 있다. 우리는 또한 교육자로서 – 우리 둘 다 해당 분야에서 매우 잘 인정받는 강사이다 – 고유한 능력을 가지고 있다.

이 고유한 능력은 스타트업 및 기존 기업과 교육자 모두에게 활용될 수 있는 시장기회의 선택을 관리하는 전략 수립 도구를 만드는 데 응용될 수 있다. 그것은 또한 선별 도구로서 응용될 수 있다: 특히 어려운 선별 의사결정이 사업 성공의 핵심인 투자자와 기술이전부서에게. 추가적으로 우리는 우리의 능력을 특허변리사나 투자은행 같은 재무 서비스 회사에게도 유용한 특허 평가방법을 만드는 데 응용할 수 있었다.

이러한 대안들의 조사를 시작하고 다양한 잠재적인 고객들과 논의를 하면서 우리는 특허 평가 애플리케이션은 우리의 전문성에서 너무 멀리 떨어져 있음을 이해했고 다음 다섯 개 시장을 평가하기로 결정했다: 스타트업, 교육자, 기존 기업, 투자자, 기술이전부서. 우리의 시장기회세트는 다음 준비가 되었다.

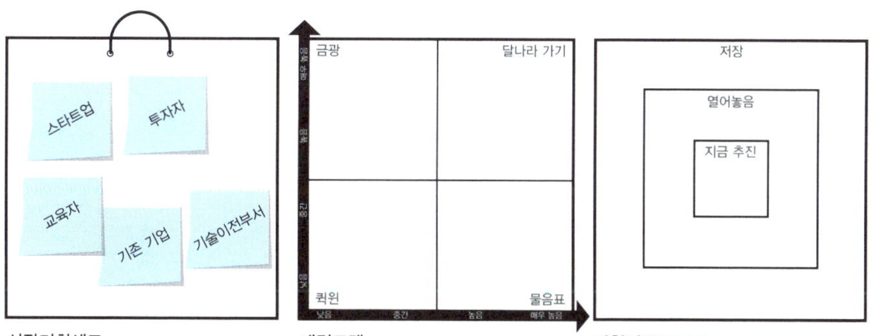

시장기회세트 매력도맵 민첩집중목표도

우리는 워크시트 2를 이용해 다음 시장들을 평가했다

스타트업

여러 종류 중 신생 벤처는 이 프로젝트를 시작했을 때 우리가 생각했던 본래의 사용자다. 우리는 이 시장기회의 잠재력을 '높음', 전반적인 추진 난이도를 '중간'으로 평가했다. 다음은 이렇게 평가하며 주요하게 고려한 내용이다.

우리는 스타트업의 니즈를 매우 잘 이해하고 있으며 그들이 반드시 구매해야 하는 이유를 편안하게 '높음'으로 점수를 준다. 시간이 갈수록 우리는 창업자들이 그들을 도와줄 구조화된 프레임워크 하나 없이 시장 선택을 할 때 고생하는 것을 보았다.

시장 규모는 매우 높다. Global Entrepreneurship Monitor의 조사에 의하면 미국에서 1,500만 명 이상의 성인(18~64세)이 창업에 적극적으로 종사하고 있으며, 영국에서는 200만, 전 세계적으로는 3억 8,800만이다.

스타트업은 자금 평가가 안 좋으므로 이 시장의 경제적 가능성은 '중간'이다. 시장기회 내비게이터를 고객이 밀착해서 지속적으로 사용할 수 있도록 설계했지만, 책이나 소프트웨어를 판매하는 마진은 높지 않다.

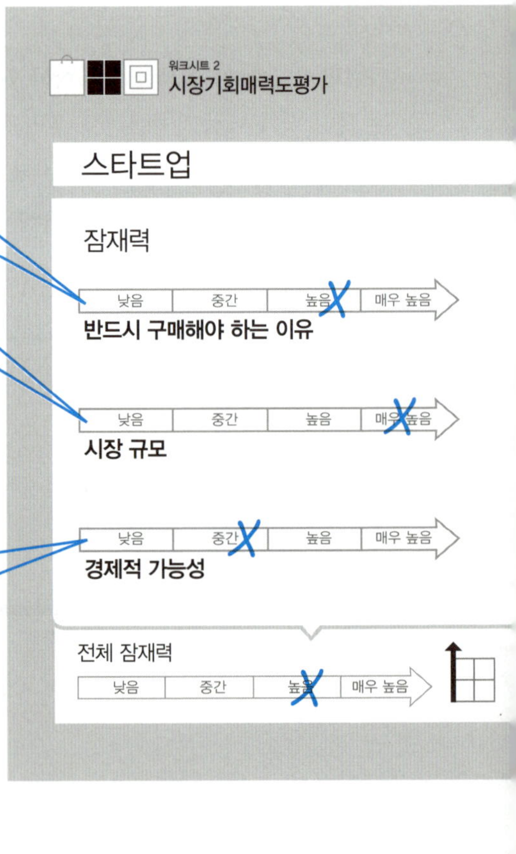

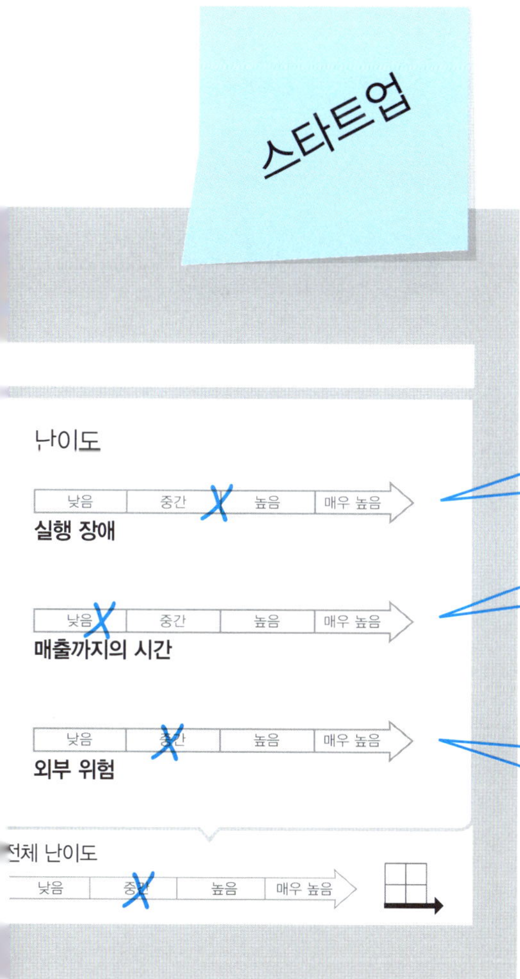

우리는 실행 장애물은 '중–상'으로 평가했다. 우리는 우리 제품이 편안하고 사용하기 쉬운 인터페이스를 갖춰야 하는 것을 충분히 잘 알고 있지만, 이 시장에 접근하는 데는 아직도 사용하기 쉬운 인터페이스를 개발하는 데 많이 투자해야 할 것이다.

우리는 시장이 준비가 되어 있고 판매 사이클은 짧으므로 매출까지의 시간은 상대적으로 짧은 것으로 추정했다.

우리가 부딪힐 외부 리스크는 이미 시장에는 창업자에게 좋은 조언을 주는 책들이 많기 때문에 '중간'으로 추정된다.

교육자

우리들 스스로 교육자로서 – 대학교에서 기술사업화와 창업과정을 가르치는 – 이 시장에 대해 매우 잘 알고 있으며 상대적으로 쉽게 접근할 수 있다.

우리는 이 시장의 전체적인 잠재력은 '높음', 전체적인 난이도는 '중간'으로 추정했다. 다음은 이렇게 평가하며 주요하게 고려한 내용이다.

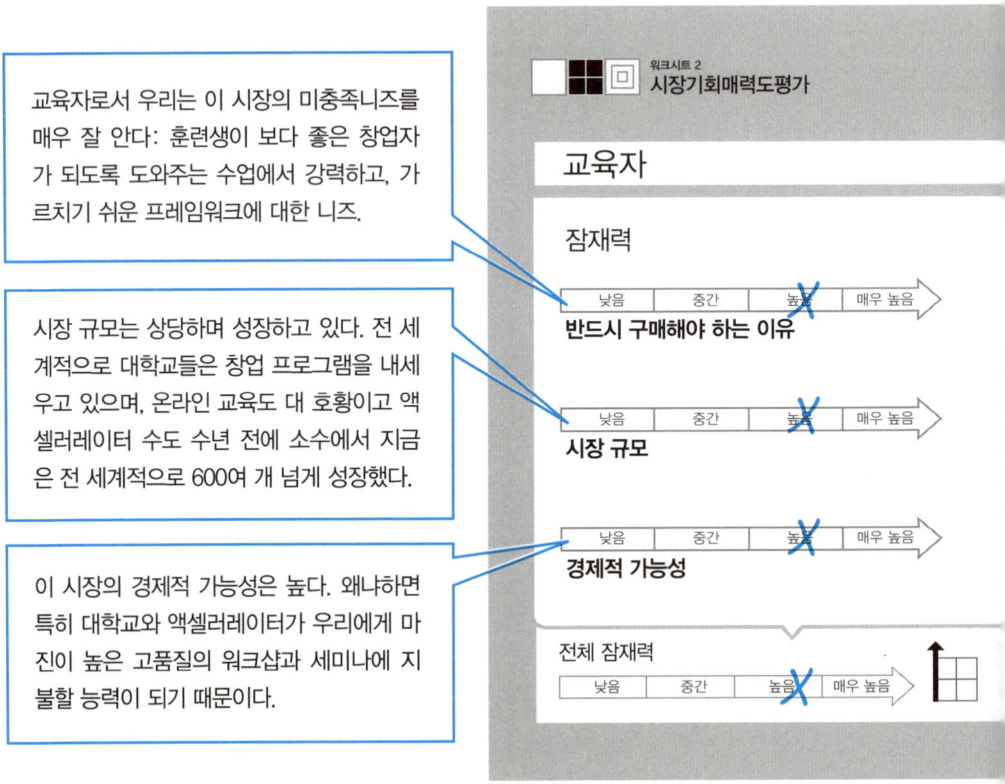

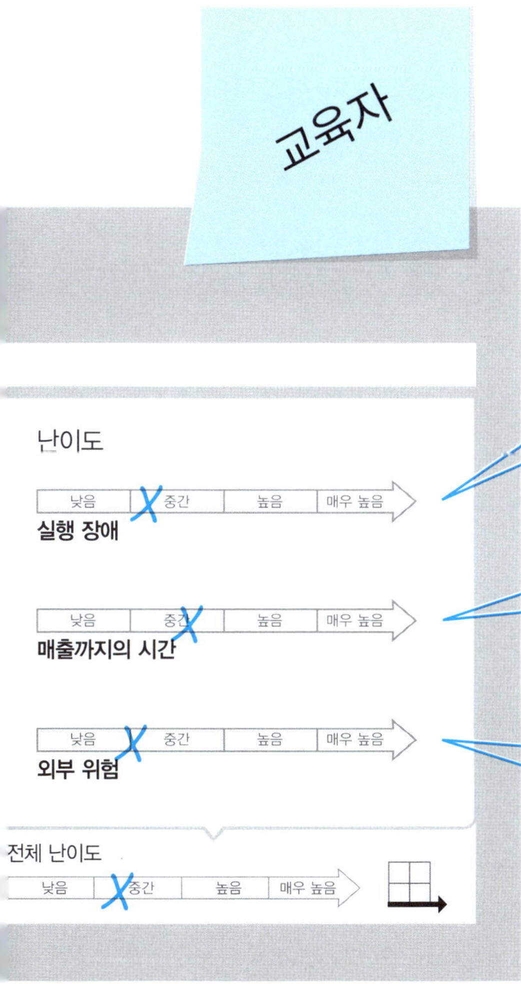

도구가 개발되면, 과정을 개발하고 우리의 현재 연결과 네트워크를 활용해 시장에 접근하는 것은 상대적으로 용이하다.

매출까지의 시간은 스타트업보다는 조금 높을 것이다. 왜냐하면 특히 대학교와 액셀러레이터에 워크샵을 판매하는 것을 포함해 판매는 시간이 걸릴 것이기 때문이다.

외부 위험은 상대적으로 낮다. 왜냐하면 창업자가 옆에 놓고 사용하는 사업 도구는 흔하지 않고 시장은 혁신적인 아이디어에 수용적이기 때문이다.

기존 기업

기존 기업은 경쟁력을 유지하고 새로운 성장기회를 찾기 위해 혁신해야 한다. 그렇지 않으면 시장점유율을 잃고 결국에는 사라지게 될 것이다. 기존 기업의 경영자는 시장기회내비게이터를 응용해 성장대안을 식별하고 우선순위화할 수 있을 것이다.

우리는 이 시장의 전체적인 잠재력은 높음과 매우 높음 사이 쯤으로, 그렇지만 전체적인 추진 난이도는 상대적으로 높은 것으로 추정했다. 다음은 이렇게 평가하며 주요하게 고려한 내용이다.

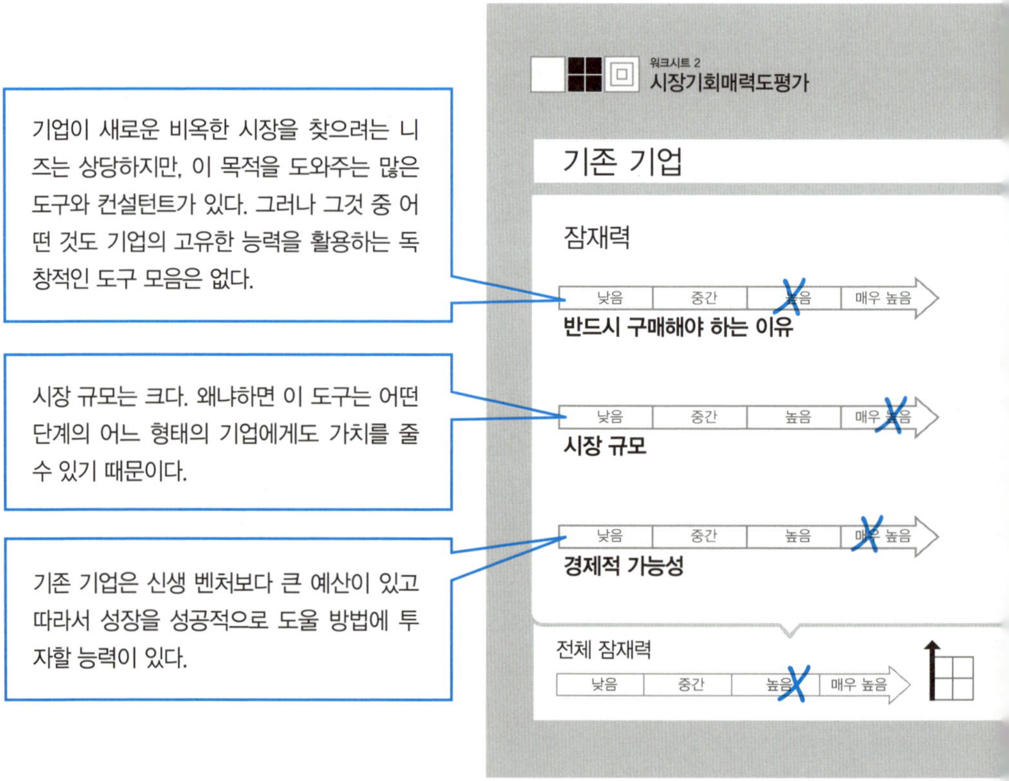

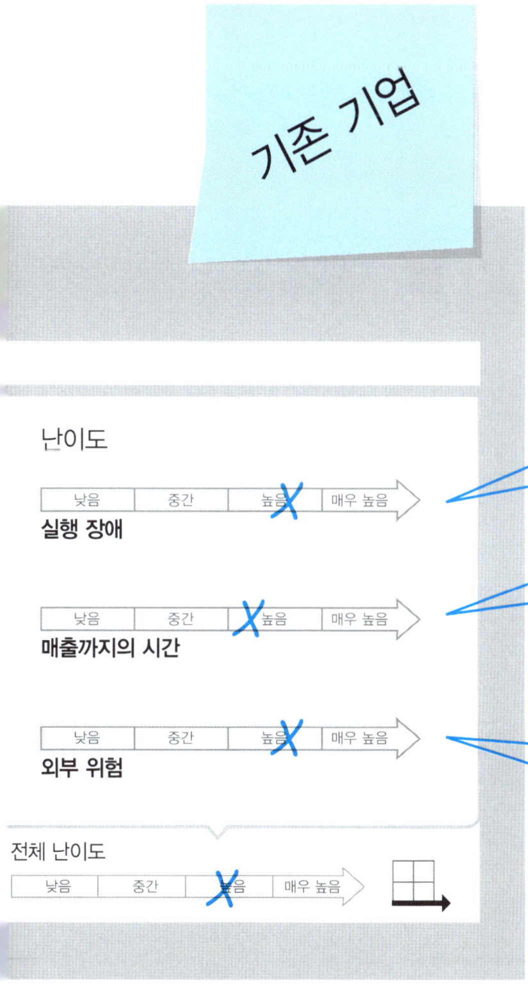

우리가 이 시장에 접근하는 것은 상대적으로 어렵고, 판매에는 고유한 노력이 필요할 것이다. 제품 변경이 또한 필요할 것이다.

매출까지의 시간은 매우 높다. 왜냐하면 판매 사이클과 전개는 오래 걸릴 수 있기 때문이다.

여기에서 우리가 처할 외부 위험은 상대적으로 높다. 왜냐하면 기존 기업은 때로는 개방적이지 않고 현 시장에 중점을 두기 때문이다.

기술이전부서

기술이전부서는 상용화 관심이 있는 연구를 찾아내고 그것을 어떻게 활용할 것인가 하는 전략을 개발하는 부서이다. 기술이전부서는 대학교와 연구기관, 정부, 심지어는 대기업을 대표해서 일한다. 그들은 시장기회내비게이터를 선별 도구로 활용할 수 있다: 혁신의 잠재력을 충분히 이해하고 그것의 사업화(예, 특허, 라이선싱)에 투자해야 하는지를 결정하는 도구.

우리는 이 시장의 전체적인 잠재력과 전체적인 난이도도 '중간'으로 추정했다. 다음은 이렇게 평가하며 주요하게 고려한 내용이다.

기술이전부서는 혁신의 사업화를 병행해서(분사, 라이선싱 등) 하므로 민첩집중전략을 만들 필요가 없다. 그러나 가능한 발명을 선별하고 사업 잠재력을 이해하는 구조화된 방법은 필요하다.

기술이전부서의 전체적인 활동은 전 세계적으로 증가하고 있지만(특허 등록기준), 이 시장의 전체 규모는 상대적으로 작다.

세미나와 워크샵의 마진은 상대적으로 높지만, 기술이전부서는 대개 예산이 적으며 그런 활동에 자원을 쓰지 않는다.

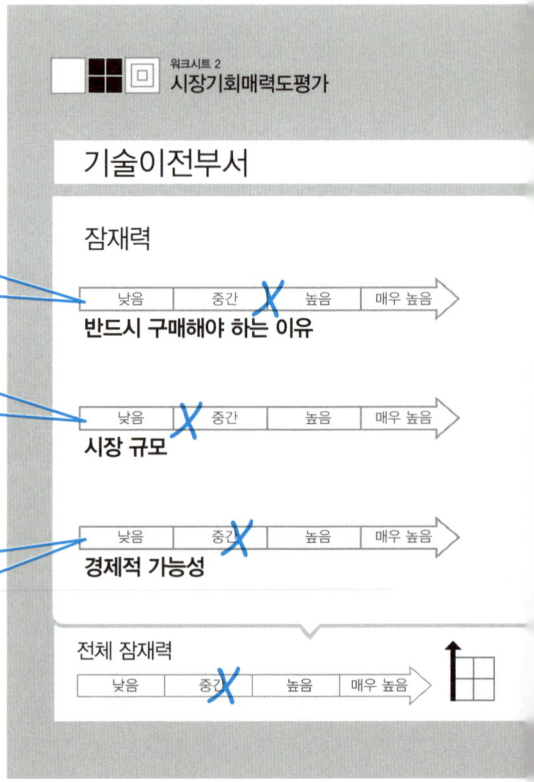

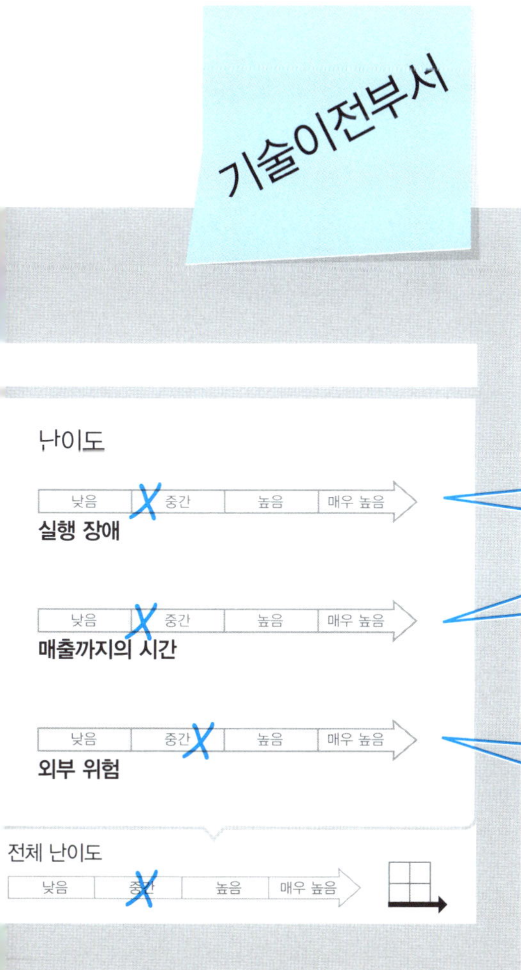

대부분의 기술이전부서는 대학교에 있어, 우리가 이 고객에 익숙하고 제품은 그들의 특정 니즈에 맞출 수 있이 상대적으로 쉽게 접근할 수 있다.

짧은 개발기간과 시장 준비도를 볼 때 매출까지의 시간은 상대적으로 짧다.

이 고객의 예산은 대학교의 정책에 의존하는 것을 주로 고려하면 우리는 위험을 '중간'으로 추정한다.

투자자

초기 단계의 스타트업 투자자는 지속적으로 유망한 사업을 찾고 있다. 시장기회내비게이터는 그들의 딜 흐름을 선별하고, 투자 파트너와 계약을 완료할 때까지 도울 수 있다.

우리는 이 시장의 전체적인 잠재력은 '중간–높음'으로, 전체적인 추진 난이도는 높음으로 추정했다. 다음은 이렇게 평가하며 주요하게 고려한 내용이다.

효과적이고 효율적인 선별에 대한 니즈는 분명히 존재하지만, 투자자는 대개는 매우 경험이 많고 자신만만한 사람들이라서 그들을 도울 수도 있는 구조화된 프레임워크를 찾지 않는 경향이 있다.

초기 투자의 딜 숫자는 벤처투자회사와 엔젤이 활발하며 미국과 유럽에서 최근 수년간 증가하고 있다.

고객들은 선별 도구에 지불할 자금이 충분하지만 우리는 경제적 가능성은 불명확한 마진과 고객 밀접성으로 중간으로 추정했다.

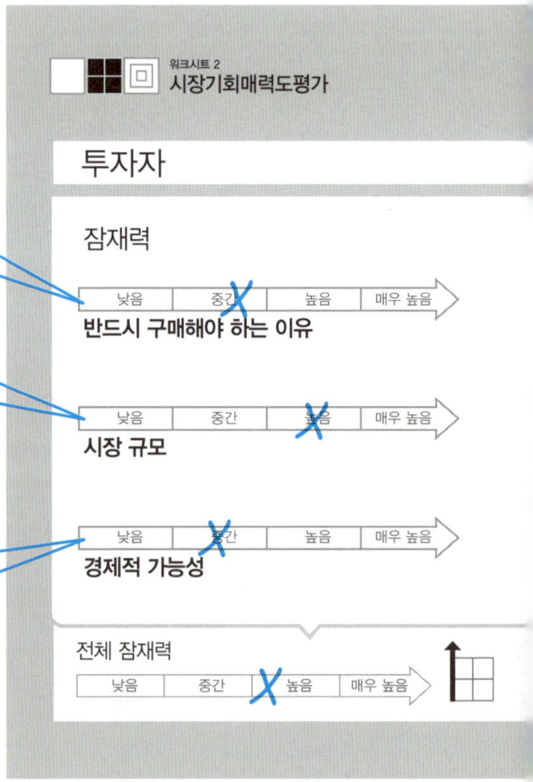

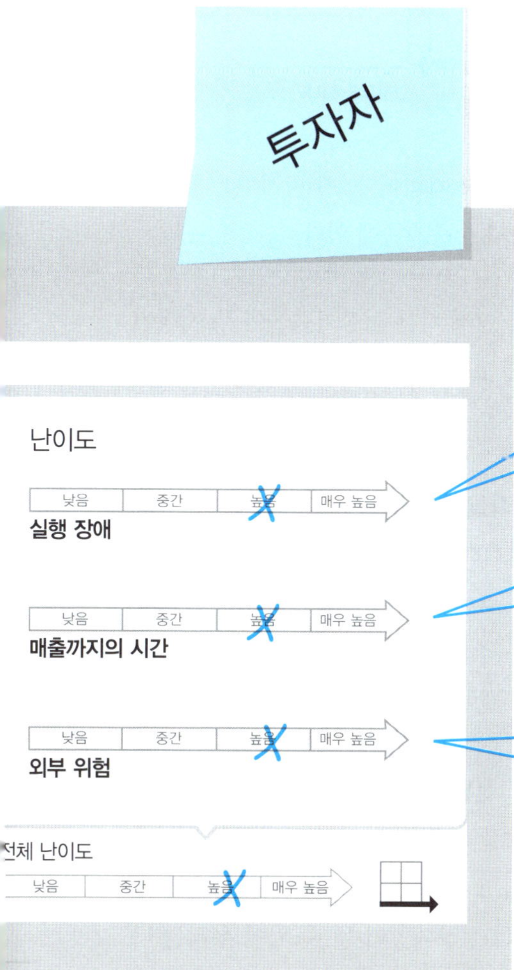

실행 장애물은 높다고 추정했다. 왜냐하면 제품은 이 시장의 특정 니즈와 언어에 맞게 수정해야 하며, 시장에 접근하는 것은 특별한 노력이 필요하기 때문이다.

투자자들은 우리 제품을 스타트업 시장에서 성공적으로 판명된 후에야 채택할 것으로 추정했고 그에 따라 매출까지의 시간은 상대적으로 길 것이다.

위험은 경쟁 위협과 수용 장벽으로 상대적으로 높음으로 추정된다.

이제 각 시장기회의 전체적인 등급이 매력도맵에 그려질 수 있고, 우리의 대안들을 특징짓고 비교하는 것을 도와줄 수 있다.

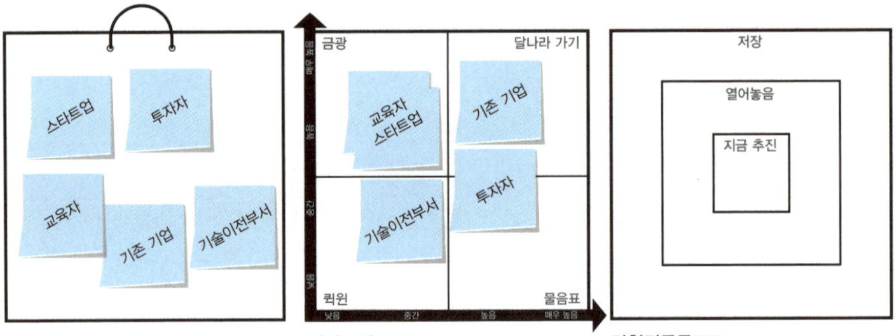

시장기회세트 매력도맵 민첩집중목표도

매력도맵에 따르면 스타트업과 교육자 시장이 금광 기회이다. 기존 기업은 달나라 가기 기회이고 기술이전부서는 퀵윈이다. 투자자는 중간쯤에 있다.

우리는 스타트업이 주 시장기회라고 결정했다. 이제 다른 시장기회들이 주 시장기회와 어떻게 연결되는가를 이해하고 그 주위에 효과적인 포트폴리오를 구축할 시간이다.

다음으로 워크시트 3을 사용해서 민첩집중전략을 설계하자

교육자는 스타트업 다음으로 가장 매력적인 기회다. 이 기회는 스타트업과 강하게 관련되어 있다: 제품과 시장 관점에서. 그러므로 우리는 상대적으로 적은 노력으로 가치를 높일 수 있다. 우리는 이 성장대안을 주 시장과 병행해서 추진하기로 결정했다.

기술이전부서는 다음에 분석했다. 우리 제품을 선별 도구로 변환하기 위해서는 어느 정도 각색할 필요가 있어, 제품 관련성은 중간 수준이고, 시장 관련성도 스타트업과 기술이전부서가 서로 다른 채널이 필요하고 서로 반드시 참조하지는 않으므로 역시 중간 수준이다. 기술이전부서는 여전히 성장대안이 될 수 있어 우리는 나중을 위해 열어놓기로 결정했다.

기존 기업은 우리 도구에 높은 잠재력을 보여준다. 그들이 필요로 하는 제품은 스타트업과 어느 정도 관련이 있지만 시장은 관련성이 낮다. 이 기회가 미래에 유망한 성장기회가 될 수 있지만 예비대안이 될 수도 있다: 우리가 창업자 시장에 실패하면. 우리는 이것을 열어놓기로 결정했다.

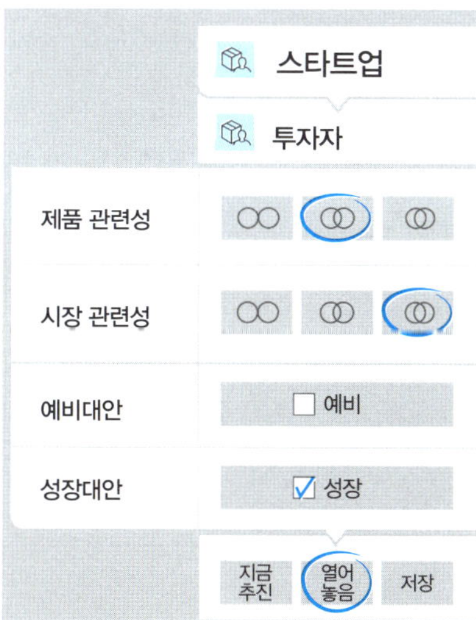

마지막으로 우리는 투자자들을 보았다. 제품은 각색할 수 있어 어느 정도만 관련성이 있고, 스타트업과 시장 관련성은 두 시장이 강력한 구전효과를 공유하므로 밀접했다.

이 기회는 우리가 미래에 성장하도록 도울 수 있어서 역시 열어놓기로 결정했다.

마지막으로 이제 이 의사결정들을 모아 민첩집중목표도에 우리의 전략을 그릴 때였다: 우리는 스타트업과 교육자를 추진하는 데 집중하고, 기술이전부서와 투자자를 미래 성장을 위해 열어놓고, 기존 기업을 예비대안으로 열어놓았다.

다음은 이런 과정을 거쳐서 나온 시장기회내비게이터의 시장기회내비게이터 모습이다.

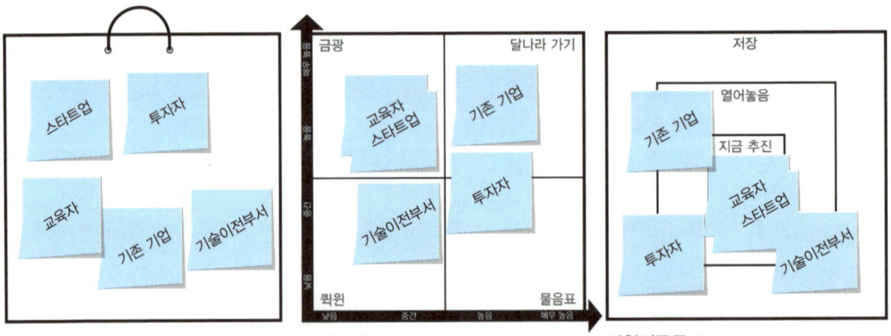

시장기회세트 매력도맵 민첩집중목표도

이 의사결정에 기반해서 우리는 도구를 창업자에 맞추었고, 이 책을 쓰고 온라인 과정의 녹화를 착수하기로 했다. 그리고 우리는 교육자 시장을 병행해서 접근하기 위해 여러 교육과정 프로그램을 개발했다.

전체적으로 우리 자체의 민첩집중전략은 우리가 로드맵을 만드는 것뿐 아니라 마케팅 자료와 핵심 메시지를 구체화하는 데 도움을 주었다.

자, 이제 당신이 어디에서 사업을 할 것인가 찾을 차례이다. 시장기회내비게이터를 적용해서 당신이 올바른 방향으로 달리고 있는지 집중을 잃지 않고 유연성을 유지하고 있는지 분명히 하라!

다음 워크시트는 당신을 위한 것이다.

시장기회내비게이터

이름 날짜

시장기회세트

1 워크시트 1을 이용해 잠재시장기회를 세트에 담음

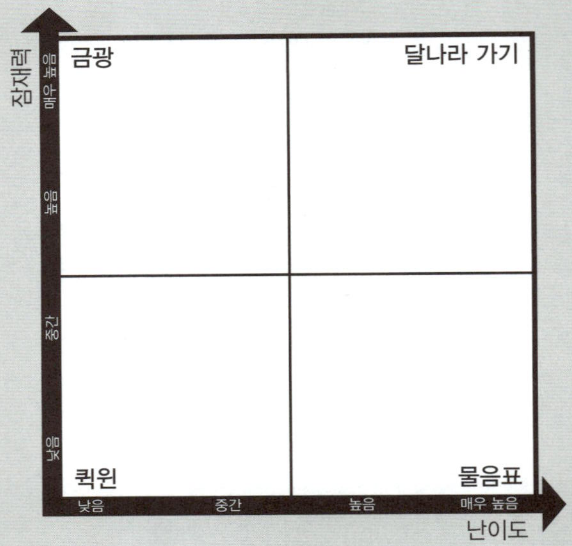

매력도맵

2 워크시트 2를 이용해 잠재시장기회를 평가하고 맵에 위치

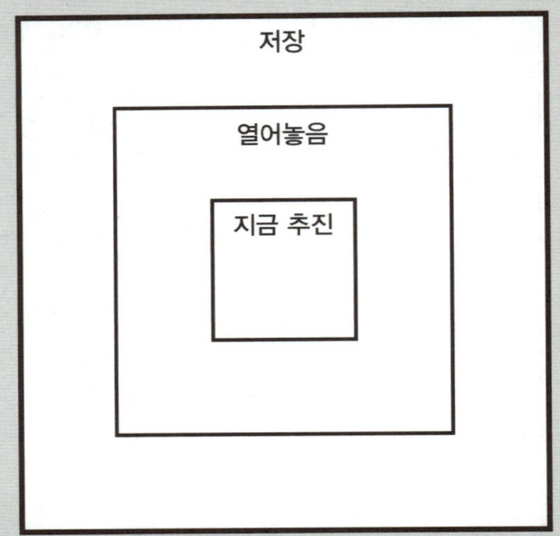

민첩집중목표도

3 워크시트 3을 이용해 민첩집중전략을 설계하고 과녁판에 표시

시장기회 = 애플리케이션 + 고객의 조합
점착노트를 활용해서 각 시장기회를 표시

www.wheretoplay.co

워크시트 1

시장기회발굴

이름

날짜

벤처의 핵심 능력 또는 기술적 요소를 나열

기능과 속성에 따라 특징을 나타냄. (현재 생각하고 있는) 제품과 무관하게 일반적으로 서술

능력

시장기회를 식별

핵심 능력으로 어떤 애플리케이션을 제공할 수 있는가? 어떤 고객이 필요로 하는가? 고객그룹의 세분시장을 상세하게 들여다봄.

애플리케이션

고객

애플리케이션 + 고객 = 시장기회

시장기회세트에 평가하고자 하는 기회를 담음

워크시트 2

시장기회매력도평가

이름

날짜

이 워크시트를 이용해 평가하고자 하는 모든 시장기회를 각각 평가

시장기회

잠재력

낮음	중간	높음	매우 높음

반드시 구매해야 하는 이유

미충족니즈

효과적인 솔루션

현 솔루션보다 우수

낮음	중간	높음	매우 높음

시장 규모

현 시장 크기

예상 성장률

낮음	중간	높음	매우 높음

경제적 가능성

마진(가치 대비 비용)

고객의 지불능력

고객 밀착성

전체 잠재력

낮음	중간	높음	매우 높음

난이도

낮음	중간	높음	매우 높음

실행 장애

제품개발 어려움

판매 및 유통 어려움

자금 확보 어려움

낮음	중간	높음	매우 높음

매출까지의 시간

개발기간

제품개발과 출시 사이 기간

판매주기 길이

낮음	중간	높음	매우 높음

외부 위험

경쟁 위협

3자 의존도

수용 장벽

전체 난이도

낮음	중간	높음	매우 높음

전체 평가 등급에 따라 각 시장기회를 매력도맵에 위치

워크시트 3
민첩집중전략설계

이름 　　　　 날짜

주 시장기회 주위에 포트폴리오를 만들어 위험을 완화시키고 가치를 증대시킴

Ⅰ. 집중할 주 시장기회를 선정(매력도맵에 기반)

Ⅱ. 시장기회세트에서 매력적인 시장기회를 선별해서 가능한 예비대안과 성장대안을 검토

주 시장 기회와의 관련성: **제품 관련성** 제품 간의 공유 정도 기술적 역량, 필요 자원, 필요 네트워크			
시장 관련성 고객 간의 공유 정도 가치 및 혜택, 판매채널, 구전효과			
대안 적합성: **예비대안** 주 시장기회와 주요한 위험을 공유하지 않으며 방향 전환이 가능한 매력적인 시장기회	☐ 예비대안	☐ 예비대안	☐ 예비대안
성장대안 추가적인 가치를 창출해주는 매력적인 시장기회	☐ 성장대안	☐ 성장대안	☐ 성장대안

Ⅲ. 민첩집중전략설계
- ☐ 최소 하나의 예비대안과 하나의 성장대안을 열어놓음
- ☐ 지금 바로 추진할 가치가 있는 대안 결정
- ☐ 나머지는 저장

지금 추진 / 열어 놓음 / 저장	지금 추진 / 열어 놓음 / 저장	지금 추진 / 열어 놓음 / 저장

민첩집중목표도에 전략을 표시

찾아보기

가설을 지식으로 전환 ··· 53
가치사슬 ··· 54
가치제안캔버스 ··· 10, 169
가치창출 잠재력 ··· 8
개발기간 ··· 77
개인적인 적합성 ··· 116
거시적 관점과 미시적 관점의 결합 ··· 170
경쟁 위협 ··· 80
경쟁자 ··· 54
경제적 가능성 ··· 67
계획과 실험을 결합 ··· 173
고객 ··· 39
고객과 시장 가정을 결합 ··· 174
고객 밀착도 ··· 68
고객의 세계를 학습 ··· 54
고객의 지불능력 ··· 68
관련성 ··· 181
관련성 대비 위험 균형 ··· 132
교육자와 액셀러레이터를 위한 시장기회내비게이터 ··· 188
그물을 넓게 던진다 ··· 180
극선명 집중 ··· 19, 105
금광 ··· 89
기술이전부서를 위한 시장기회 내비게이터 ··· 186
기술주도형 ··· 17
기존 기업을 위한 시장기회내비게이터 ··· 179

난이도 ··· 73
난이도 개선 ··· 98
넓고 목표 지향적인 관점을 결합 ··· 173

단기 대비 장기 관점 ··· 87
단기와 장기 학습 루프를 결합 ··· 174
달나라 가기 ··· 90
대각선의 트레이드오프 ··· 114
대륙과 국가 ··· 42
대안을 열어놓기 ··· 133
대안의 초기 선별 ··· 45

린스타트업 방법론 ··· 172

마일스톤 ··· 55
마진(가치 대 비용) ··· 67
마케팅커뮤니케이션 ··· 164
매력도 대비 관련성 ··· 132
매력도맵 ··· 51, 88
매력도맵 고려사항 ··· 114
매출까지 시간 ··· 77
모듈식의 기술 구축 ··· 160
문화를 형성 ··· 163
물음표 ··· 91
민첩집중목표도 ··· 15, 139
밀집된 대안들 ··· 115

반드시 구매해야 하는 이유 ····· 61
벤처의 정체성 ····· 161
볼링 핀 모형 ····· 125
분석 마비 ····· 18
불확실성 ····· 53
브랜닝 ····· 164
빠르고 간략한 평가 대비 철저한 분석 87

사업모델설계 ····· 171
사업모델캔버스 ····· 169
사업환경에 대해 학습 ····· 54
산업과 시장 목록 ····· 44
3자 의존도 ····· 81
상세하게 가까이 들여다보고 또 멀리서 떨어져 본다 ····· 41
상자 밖으로: 넓게 생각하기 ····· 36
성장대안 ····· 107, 121, 128
수용 장벽 ····· 81
시장 관련성 ····· 122, 124
시장 규모 ····· 64
시장기회내비게이터 ····· 169
시장주도형 ····· 17
실행 장애물 ····· 74

예비대안 ····· 107, 121, 127
외부 위험도 80
웨이즈 ····· 68
유연한 자원과 역량 구축 ····· 133
유효시장 ····· 64
의문을 제기하는 것 대비 답을 찾는 것 86
이해관계자 네트워크 ····· 161
이해관계자의 이익과의 적합성 ····· 116
인적 자산 소요 ····· 161
인지 유연성 ····· 28, 109, 142

자금 조달 캠페인 ····· 165
자금 확보 어려움 ····· 75
자원 제약 ····· 116
잠재력 ····· 60
잠재력 개선 ····· 98
잠재적 투자자와 의사소통 ····· 165
절대적 분석 대비 상대적 분석 ····· 86
정보를 계속 유지 ····· 133
정체성 개발 ····· 134
제품개발과 출시 사이 기간 ····· 77
제품개발 어려움 ····· 74
제품 관련성 ····· 122, 123
조직 내에서 아이디어를 설득하기 ····· 182
조직의 구조를 설계 ····· 163
주 시장기회 ····· 97, 112
주 시장기회를 선정 ····· 113
주 시장기회와의 관련성 ····· 122
지금 대안 추진 병행 ····· 135
지적재산권망 ····· 160
질적인 점수 평가 대비 양적인 점수 평가 ····· 87

총 시장 ····· 64
추가적인 시장기회를 발견 ····· 142

퀵윈 ····· 90, 128

투자 의사결정의 선별 프로세스를 지원 ····· 184
특허 검색 ····· 45

판매와 유통의 어려움 ····· 74
판매주기 길이 ····· 78
팜파일럿 ····· 37

페이팔 ···· 37
포트폴리오 회사들의 관리 지원 ···· 185
피보팅과정에서 방향을 잡는다 ···· 167

후지필름 ···· 39

3M ···· 179
Alexander Osterwalder ···· 169
Augury ···· 25, 33, 40, 43, 47, 55, 63, 66, 69, 71, 76, 79, 82, 92, 119, 126, 129, 138, 140
Biotia ···· 34
E Ink ···· 90
Elon Musk ···· 128
EPFL ···· 143
Flickr ···· 35
Flyability ···· 143
ForNova ···· 41
GetTaxi ···· 164
Given Imaging ···· 90
Gold Mine ···· 89
Gusto ···· 89
IP ···· 160
KalOptics ···· 120, 130, 141, 174
Market Pull ···· 17
Medic Vision Imaging Solutions ···· 35
Microbot ···· 72, 85, 174
Moon Shot ···· 90
NanoAF ···· 37
PalmPilot ···· 37
PayPal ···· 37
Questionable ···· 91
Quick Win ···· 90
Reid Hoffman ···· 108
SafeCT ···· 161
SAM ···· 64
TAM ···· 64
Technology Push ···· 17
Tesla ···· 91, 128
TripAdvisor ···· 106
Yves Pigneur ···· 169

| 역자약력 |

변남석
신사업전략연구소 파트너
전) 서강대학교 기술경영전문대학원 초빙교수
LG전자 에어컨&에너지솔루션사업본부 전략담당(상무)
LG전자 본사 전략부문 사업기획/경영전략그룹장
매사추세츠공과대학교(MIT) 슬로안경영대학원 기술경영학석사

함성훈
중앙대학교 산학협력단 산학협력중점교수 겸 CTO
전) LG전자 중국 연구소장(상무)
LG전자 본사 기술전략팀장(상무)
일리노이주립대학교(UIUC) 경영학석사

박재현
(주)후로스 대표이사(2016년 창업)
중국법인 T&F Instrument(2018년 창업)
전) (주)에프앤에스 플러스 팀장
아주대학교 공학박사

최용석
중앙대학교 교수
중앙대학교 창업교육지원센터장
한국벤처창업학회 이사
(사)여성스타트업포럼 자문위원
중앙대학교 경영학박사

어느 시장에서 사업을 할 것인가

2021년 6월 10일 1판 1쇄 인쇄
2021년 6월 15일 1판 1쇄 발행

저　자 | Marc Gruber · Sharon Tal
역　자 | 변남석 · 함성훈 · 박재현 · 최용석
발행인 | 이수영
발행처 | 도서출판 청람
서울시 마포구 독막로 288(대흥동, 세양상가 109호)
전　화 | 02)3272-2601~2
팩　스 | 02)3272-2603
이메일 | crbooks@daum.net
홈페이지 | http://www.crbooks.co.kr
등　록 | 2000년 8월 26일 제6-0509호

ISBN 978-89-5972-820-6　93320　[정가 19,000원]